잘 되는 사람은
무슨 생각을 할까?

千年哲理書 作者：何山
copyright ⓒ 2013 by 中國華僑出版社 All rights reserved.
Korean Translation Copyright ⓒ 2013 by SaironBooks CO.,LTD.
Korean edition is published by arrangement with 中國華僑出版社
through EntersKorea Co.,Ltd,Seoul.

이 책의 한국어판 저작권은 ㈜엔터스코리아를 통한 중국의 中國華僑出版社와의 계약으로 도서출판 새론북스가 소유합니다.
신 저작권법에 의하여 한국 내에서 보호를 받는 저작물이므로 무단전재와 무단복제를 금합니다.

잘되는 사람은 무슨 생각을 할까?

지은이 · 허샨 | **옮긴이** · 박수진
펴낸이 · 오광수 외 1인 | **펴낸곳** · 새론북스
편집 · 김창숙, 박희진 | **마케팅** · 김진용
주소 · 서울시 용산구 백범로 90길 74, 대우이안 오피스텔 103동 1005호
TEL · (02) 3275-1339 | **FAX** · (02) 3275-1340 **출판등록** · 제 2016-000037호

jinsungok@empal.com

초판 1쇄 인쇄일 · 2013년 7월 1일 · 초판 3쇄 발행일 · 2017년 2월 15일

ⓒ 새론북스
ISBN 978—89—93536—36—2 (03820)

*도서출판 꿈과희망은 새론북스의 계열사입니다.
*책값은 뒤표지에 있습니다. 잘못된 책은 바꾸어 드립니다.

잘되는 사람은 무슨 생각을 할까?

허산 지음 박수진 옮김

서문 | 잘되는 사람은 무슨 생각을 하며 살까

    우리는 무의식중에 세상을 보고 느낀다. 그리고 성장하면서 부딪치는 모든 것들은 하나하나 차곡차곡 우리의 가슴에 쌓인다.
    인생이란 무엇일까? 그것은 우리에게 주어지는 단 한 번의 행운이자, 흥미롭고 박진감 넘치는 소중한 여정이다. 하지만 현실은 그렇지 않다. 정신없이 바쁘게 살아가는 사람들의 마음 한구석에는 '인생의 나그네'라는 낙인이 찍혀 있다. 바쁜 일상을 살아가는 현대인들은 이미 지칠 대로 지쳐버렸다. '성공해야 돼, 나는 성공해야 돼'라는 강박관념에 사로잡혀 정신없이 여기저기를 뛰어다니며 자신이 얼마만큼 왔는지, 또 얼마만큼 더 가야 하는지를 측정하는 것이 중요한 일과가 되었다고 하면 지나친 말일까?
    각박한 현실 속에서 사람들이 진정으로 원하는 것은 마음의 휴식이다. 그것이 비록 잠시라 할지라도……. 당신의 마음이 약해졌을 때 가장 필요한 것은 무엇일까? 또 당신의 의지가 약해졌을 때 가장 필요한 것은 무엇일까? 아마 따뜻한 위로와 인생을 다시 시작하게 하는 용기일 것이다.
    살아가면서 우리는 많은 일들을 경험한다. 즐겁고 행복한 날도 있지만 힘들고 고통스러운 날도 있다. 과연 우리는 그 위기를 어떻게 극복할 수 있을까? 그 답은 바로 선인들의 지혜에서 찾아볼 수 있다. 그렇게 할 수 있다면 분명 위기 상황에서 벗어나 행복한 일생을 살 수 있을 것이다. 성공한 사람의 발자취에서는 성공 비법을 찾을 수 있고, 실패한 사람의 어두운 뒷모습에서는 다듬고 가꿔야 할 실패의 흔적들을 발견할 수 있다.

 이 책에 선별해놓은 인생철학과 관련된 120가지 이야기는 인간의 본성과 성숙한 인품을 다루고 있다. 또한 인생에 대한 깊은 성찰과 사랑에 대한 심오한 메시지도 담고 있다. 강한 정신력과 마음의 위안을 바라는 많은 현대인들에게 이 책은 진실한 삶의 정의를 깨달을 수 있는 절호의 기회가 될 것이다.

 삶의 진정한 의미를 깨달은 사람은 인생에서 커다란 업적을 쌓은 것이나 다름없다. 우리가 이 땅에 사람으로 태어난 것은 삶의 진정한 의미를 찾기 위해서이기에…….

 인생은 눈 깜짝할 사이에 흘러가지만 곳곳에 뚜렷한 흔적을 남기며 예측하기는 어렵지만 신념을 가진 사람에게 미래를 살짝 엿볼 수 있는 기회를 준다.

 하는 일마다 잘되지 않아 미래에 대한 희망을 모두 잃었는가? 그런데도 살아가면서 얻을 수 있는 수많은 아름다움에 대한 동경을 버릴 수 없는가? 그렇다면 지혜로운 사람들의 가르침을 따르라. 천년이라는 시간을 초월한 인생철학을 단 하나도 빠뜨리지 말고 가슴 깊이 새겨라.

 이 책에 소개된 이야기들은 비록 짧고 간단하지만 당신의 감성에 종을 울릴 것이다. 그리고 경이로운 생명에 대한 존엄성을 이해하고 아름다운 삶에 대한 소중함을 깨닫게 해줄 것이다.

 이 책의 이야기들이 한 줄기 맑고 시원한 시냇물이 되어 당신의 마음을 촉촉이 적셔주기를 기대한다. 부디 당신의 인생을 바꿀 수 있는 이 소중한 기회를 무심코 지나쳐버리지 않길 바라며…….

서문 | 잘되는 사람은 무슨 생각을 하며 살까_4

chapter 1 ✻ 운명의 비밀

들에 피는 백합에게도 봄은 온다_10 당신만을 위한 천국의 문_13 세상에서 가장 뛰어난 사람은 바로 당신이다_16 나는 호랑이다_19 멀리서 찾지 마라_22 스스로를 존중하라_25 마법사와 용기의 검_28 꿈을 포기하지 마라_30 자기 자리 찾아가기_33 진정한 유명 가수_36 끊임없이 노력하는 자만이 승리를 얻는다_39 목표는 원대하게, 계획은 치밀하게_41 사고방식은 삶의 지휘자_43 작은 일부터 최선을 다하자_45 1년에 한 작품만_47 포부를 가진 사람이 되자_49 세상은 당신의 마음속에 있다_51 인생의 전환점_54 영웅의 배경은 묻지 마라_57 시간을 낭비하지 마라_59 모든 사람은 자기 운명의 설계자다_62 내일은 인생이 만든 최고의 걸작품_64 자기 자신을 최고로 만들자_67 경쟁은 인생의 촉매제_70

chapter 2 ✻ 생존의 기술

모든 일에는 끝이 있다_74 사자의 조기교육_77 인생에는 두 번째 기회란 없다_80 책임을 회피한 목수_82 아버지의 가르침_84 인생의 최고봉에 오르는 길_88 두 다리만 있다면 세상 어디든 갈 수 있다_90 무림 최고 스승의 가르침_92 강해지기 위해 노력하라_94 생각의 차이로 결정되는 전혀 다른 인생_96 두려워하지 말고, 후회하지 마라_98 인격이 삶의 질을 결정한다_100 어떤 라이벌을 선택할 것인가_103 자기 자신만의 우물을 파라_105 약점을 강점으로 삼아라_107 선택하는 법을 배워야 포기하는 법도 알게 된다_109 사심 없는 기쁨_112 마음의 두 손_114 버려야 얻는다_116 일의 성패는 작은 틈새에 의해 결정된다_118 고학력자의 뜻밖의 좌절_120 학문은 꾸준한 배움_123 당신의 몸값은 얼마입니까?_126

chapter 3 ✻ 삶의 단계

생명의 쇠사슬_130 누가 이 나라를 무너뜨렸는가?_132 유언비어는 그것을 듣고 믿을 때 만들어진다_135 다른 각도로 생각하라_137 마태 효과_139 불리함이 유리함으로 바뀌다_141 희망은 마법의 반지_143 인생, 끊임없이 고치고 다듬어라_146 인생의 돛단배에 짐을 싣지 마라_148 동물들의 습성 평가 보고서_151 저승사자의 장부_154 타인의 시선으로 자기 자신을 단정 짓지 마라_156 하나의 사건 그리고 엇갈린 운명_158 공동의 승리_160 총명한 유대인 부호_162 성공은 노력으로 쟁취하는 것_165 세상에서 유일한 사람이 되어라_167 좌절 속에도 기회는 있다_170 고개를 들고 성공을 향해 걸어라_172 지혜는 부(富)의 원천_174 하늘이 무너져도 솟아날 구멍은 있다_177

chapter 4 * 영혼의 메아리

다시 태어날 수 있는 기회가 주어진다면_182 당신을 상대의 포로로 만드는 유혹과의 협상_186 세상에서 가장 소중한 물건_190 지나친 풍요는 마음의 눈을 가린다_193 부메랑_196 분노는 흉터를 남긴다_198 두 마을_200 다른 사람을 돕는 일은 결국 자기 자신을 돕는 일_202 인생을 바꾸는 결정적인 기회는 좌절이다_203 착한 사람은 정신병자인가요?_205 감사하라_208 매일 아침 맞이하는 인생의 갈림길_211 살아 숨 쉴 수 있다는 행복_214 인생의 수만 가지 척도_216 세 번째 소원_218 누구나 고민거리를 가지고 있다_220 행복의 여신과 불행의 여신_222 탐욕의 늪_224 좋은 소식_226

chapter 5 * 인생의 깨달음

생각을 바꾸면 인생이 달라진다_230 마음가짐은 인생에 대한 태도를 결정한다_233 불로장생을 위한 마법의 약_235 금 못과 망토_238 천사와 악마_240 행복은 어디에 있나요?_242 마음의 힘_245 행복을 위한 적극적인 자세_247 인생의 아쉬운 결말_250 행복의 수많은 얼굴_252 행복의 열쇠_256 복수는 양날의 칼_258 건강, 참으로 커다란 재산_261 분노를 다스려라_264 인생의 감초, 재기 발랄한 유머_266 인생의 고마운 동반자, 희망_268 기다림을 배워라_270 나뭇가지의 행복_274 주어진 것에 만족하는 기쁨_276 거짓말은 인생의 텃밭에 꽃을 피울 수 없다_278 신의 소원_281

chapter 6 * 사랑의 감동

넌 행복하게 잘 살아야 해!_286 시간, 사랑의 결정적인 증거_288 열린 문_291 사랑은 가장 당연하고도 평범한 일상_295 하루에 한 번, 1분 동안 꼭 안아주기_298 진정한 친구_301 사랑과 우정 사이_303 완벽한 사랑을 꿈꾸는 노인_306 사랑은 너그럽다_309 오랜 친구일수록 더 소중히 아끼고 사랑하라_313 사랑은 한 움큼의 모래_315 사랑이 그리운 아이_316 진정한 사랑에는 수많은 눈물이 담겨 있다_319

잘되는 사람은 무슨 생각을 할까?

chapter 1 운명의 비밀

긍정적 사고, 자신감, 강한 의지는 인생의 3대 보물

들에 피는 백합에게도 봄은 온다

어느 인적 드문 산골 가파른 언덕에 언제부턴가 야생 백합이 자라기 시작했다. 이제 막 싹이 튼 야생 백합은 마치 잡초 같았다. 그래서 모두 야생 백합을 잡초라고 불렀다. 하지만 어린 야생 백합은 자기는 잡초가 아니라는 굳은 신념을 키워나갔다.

'나는 백합이지 잡초가 아니야. 그래, 내가 백합이라는 걸 증명할 수 있는 방법은 아름다운 꽃을 피우는 일일 거야.'

야생 백합은 건강하고 아름다운 꽃을 피우기 위해 많은 수분과 양분을 흡수하고 땅속 깊은 곳까지 뿌리를 내렸다. 그리고 궂은 날씨와 다른 동식물들의 갖은 핀잔을 잘 참고 견뎠다.

어느 봄날의 맑은 새벽, 야생 백합의 꼭지 부분에서 첫 번째 떡잎이 삐져나왔다. 백합은 자신의 첫 결실에 매우 행복해했다. 하지만 그 모습을 본 주위의 잡초들은 속으로는 놀랐으면서도 겉으로는 깔깔대며 비웃었다. 게다가 자기네들끼리 소곤대는 것도 모자라 공개적인 장소에서 백합을 비꼬았다.

"저 녀석, 잡초 주제에 바득바득 꽃이라고 우기는 것 좀 봐. 아직도 자기가 꽃이라고 생각하나? 흥! 웃겨! 꼭지 부분에 난 건 떡잎이 아니라 혹이야, 혹."

"이제 꿈 좀 깨시지. 네가 정말 꽃을 피울 수 있다 하더라도 이 황량한 들판에 있는 이상 우리랑 별반 다를 게 없다구!"

심지어는 벌, 나비, 새 들마저 모두 백합에게 괜한 고생하지 말라며 충고했다.

"설사 이 가파른 언덕에서 네가 세상에서 가장 아름다운 꽃을 피운다고 해도 그걸 알아주는 사람은 아무도 없을 거야!"

그러자 백합이 대답했다.

"내가 꽃을 피우려는 건 나 자신이 아름다운 꽃이라는 사실을 알고 있기 때문이야. 나는 꽃으로서의 사명을 완성하고, 내 존재를 반드시 증명해보이고 말 거야. 알아주는 사람이 없어도, 너희들이 나를 놀려도 상관없어. 난 반드시 꽃을 피울 테니까!"

잡초, 벌, 나비, 새 들의 곱지 않은 시선 속에서도 백합은 자신의 잠재적 능력을 발휘하기 위해 열심히 노력했다.

그러던 어느 날, 백합은 마침내 꽃을 피웠다. 새하얀 백합의 생기 있고 아름다운 자태는 가파른 언덕 위에서 장관을 이루었다. 백합의 소망이 실현되자 감히 어느 누구도 백합을 비웃지 못했다.

백합은 매일매일 아름다운 꽃을 피웠고, 예쁜 꽃송이에는 맑고 투명한 물방울이 맺혀 있었다. 잡초들은 그것을 보고 간밤에 맺힌 이슬일 것이라고 생각했지만, 사실 그것은 백합이 흘린 기쁨의 눈물방울이었다.

그 후 백합은 해마다 봄이 되면 열심히 꽃을 피웠고, 그 씨앗은 바람을 타고 수많은 산골짜기, 초원, 산기슭에 떨어졌다. 여기저기에서 새하얀 백합이 피어나기 시작했다.

몇 해가 흘렀다. 백합에 대한 소문을 들은 사람들이 언덕에 핀 아름다운 백합을 보기 위해 도시와 시골에서 천리 길도 마다하지 않고 찾아왔다. 새하얀 백합이 핀 언덕 아래에서 아이들은 백합의 향기를 맡으며 즐겁게 뛰어놀았고, 연인들은 서로 포옹하며 영원한 사랑을 약속했다. 어떤 사람들은 백합의 아름다운 자태를 보고 눈물을 흘리기도 했다.

가파른 언덕에 가득한 백합을 보고 사람들은 백합의 순결한 의지와 숭고한 정신을 눈이 아닌 가슴으로 느꼈다. 그리고 사람들은 마치 약속이나 한 듯 그곳을 '백합천국'이라 불렀다.

온 산 가득 아름다운 꽃을 피워낸 첫 번째 백합은 말했다.

"자기 자신의 존재를 증명하기 위해서는 반드시 열과 성을 다해 아름다운 꽃을 피워야 해요."

잘되는 사람의 생각

한 번쯤은 반드시 '난 아름다운 인생을 살겠다!' 라고 다짐해보라. 또한 그 다짐을 인생의 사명으로 삼고 끝없이 되새겨라. 그 어떤 고난, 멸시, 조롱을 받는다 해도 자신의 신념을 잊지 않는 일. 이것이 바로 소중한 생명을 아름답게 가꾸기 위한 방법이다.

아름다운 영혼을 가꾸기 위해 부단히 노력하는 사람만이 자신의 진정한 가치를 발견할 수 있다. 가파른 언덕 위에 꽃을 피워 아름다운 장관을 만들어내는 사람이 바로 당신일 수 있다.

당신만을 위한 천국의 문

옛날 옛적에 천국의 문 앞에서 문지기가 보초를 서고 있었다. 그런데 어느 날 난데없이 한 남자가 찾아와 다짜고짜 안으로 들어가게 해달라며 문지기에게 떼를 썼다.

"지금은 들어갈 수 없소."

그러자 남자가 물었다.

"지금은 안 돼도 나중에는 들어갈 수 있단 말이지요?"

"나중에는 그럴 수도 있겠지만, 여하튼 지금은 안 되오."

"그런데 천국으로 통하는 문은 언제나 활짝 열려 있잖아요?"

"그렇소. 항상 열려 있소."

문지기의 말을 들은 남자는 천국의 내부를 보기 위해 허리를 구부렸다. 그 모습을 지켜보던 문지기가 웃으며 말했다.

"정 그렇게 들어가고 싶으면 한번 들어가보시오. 난 아무래도 상관없으니. 하지만 저 문을 통과해도 천국은 볼 수 없을 거요. 천국까지 가려면 거쳐야 할 문이 굉장히 많거든. 또 그 문마다 다른 문지기들이 서 있지. 게다가 안으로 들어가면 갈수록 문지기들이 강한 무기를 들고 있을 테니 각오해야 할 거요."

남자는 그렇게 많은 난관이 있을 줄은 꿈에도 생각지 못했다. 그래서 정식으로 출입 허가가 떨어질 때까지 기다려보기로 했다. 그 후 하루가 지나고, 이틀이 지나고, 1년이 지났다. 남자는 변함없이 천국의 문밖에서 출입 허가가 떨어지기만을 기다리고 있었다. 물론 그동안 천국에 들어가려고 수많은 시도를 해봤지만 그의 요청은 받아들여지지 않았다. 남자는 점점 지쳐갔다. 집을 나올 때 가지고 나온 돈도, 귀중품도 모조리 다 써버렸다. 귀중품들은 문지기에게 뇌물로 줬는데, 별다른 소용이 없었다. 문지기는 남자가 주는 것은 다 받아 챙기면서도 한결같이 이렇게만 말했다.

"기어코 주겠다고 하니 받긴 하겠지만, 당신이 허탕 치고 있다는 생각을 하지 않게 하려고 받는 것이니 딴생각은 하지 마시오."

그런데 이상하게도 남자는 이 문 다음에 또 다른 문이 기다리고 있다는 사실을 새까맣게 잊고 있었다.

'왜 하필 저렇게 지독한 문지기한테 걸린 거람. 젠장, 저놈만 아니면 천국으로 들어갈 수 있을 텐데.'

남자는 이런 생각을 하며 자신의 신세를 한탄했다.

세월에는 장사 없다고 남자도 결국 노인이 되고 말았다. 시력도 거의 잃었고 거동도 쉽지 않았다. 남자는 손짓으로 문지기를 불러 말했다.

"이보쇼, 누구나 천국에 가고 싶어하는데 왜 지금까지 나 말고는 이곳에 와서 들어가게 해달라고 조르는 사람이 한 명도 없는 거요?"

문지기는 남자의 질문을 듣는 순간, 그 남자가 무심히 흘려보낸 오랜 세월에 대한 안타까움을 느꼈다. 남자는 임종을 앞둔 시점에서야 겨우 천국으로 향하는 문의 진실을 깨닫기 시작한 것이다.

문지기가 대답했다.

"허가를 받고 이 문으로 들어가는 사람은 아무도 없소. 이 문은 오직 당신을 위해 열려 있었으니까……. 오늘에야 비로소 이 문을 닫을 수 있겠군."

| 잘되는 사람의 생각 |

인생은 하나의 거대한 유혹이다. 모든 욕망과 기대, 그리고 이상은 인생의 긴 여정에서 반드시 거쳐야 하는 큰 문과 같다. 어떤 사람은 그 문을 열고 들어가 당당히 유혹에 맞서고, 어떤 사람은 지레 겁먹고 문을 열 생각조차 하지 않는다. 과연 어떤 사람이 더 보람되고 행복한 삶을 살 수 있을까? 누구든지 간절히 원하면 다른 사람의 도움 없이도 스스로 아름답고 행복한 인생을 창조해낼 수 있다. 자신을 진정한 삶으로 인도하는 것은 오직 자기 자신뿐이기 때문이다.

세상에서 가장 뛰어난 사람은 바로 당신이다

고대 그리스의 위대한 철학자 소크라테스의 처지가 마치 바람에 흔들리는 촛불과 같았던 당시, 그는 아직 마지막 임무를 완성하지 못한 터라 편안히 눈을 감을 수가 없었다. 소크라테스는 살날이 얼마 남지 않았다는 사실을 잘 알고 있었기에 하루라도 빨리 훌륭한 계승자를 찾고자 했다. 그래서 그는 우수한 조수를 방으로 불러 말했다.

"내 초가 다 닳아 없어지기 전에 내 불꽃을 다른 초에 옮기고 싶구나. 무슨 뜻인지 알겠느냐?"

"네, 스승님. 스승님의 사상은 후세에 길이 전해져야 합니다."

역시 똑똑한 조수는 소크라테스의 뜻을 잘 이해하였다.

"나는 훌륭한 계승자를 원해. 지혜롭고 자신감에 넘치는 용감한……. 요즘에는 이런 인재를 찾기가 쉽지 않을 텐데, 자네가 찾아줄 수 있겠나?"

소크라테스가 조심스럽게 말했다.

"그럼요, 물론입니다. 스승님의 가르침과 믿음을 저버리지 않도록 최선을 다해 찾아보겠습니다."

조수가 진심을 다해 대답하자 소크라테스는 웃음을 지었다.

충직하고 성실한 조수는 어떤 고생도 마다하지 않고 모든 방법을 동원하여 적합한 인물을 찾기 시작했다. 하지만 그가 아무리 많은 인재를 데려와 추천을 해도 소크라테스는 번번이 퇴짜를 놓았다. 한번은 조수가 아무런 소득도 없이 돌아왔다. 그 모습을 본 소크라테스는 꾸중하기는커녕 조수의 어깨를 토닥이며 말했다.

"정말 수고가 많네. 그런데 지금까지 자네가 데려온 사람 중에 자네만 한 인재가 없더구먼."

그 즉시 조수가 정중히 대답했다.

"더욱 열심히 찾겠습니다. 온 세상을 다 돌아서라도 가장 우수한 인재를 반드시 찾아드리겠습니다."

소크라테스는 이번에도 웃기만 할 뿐 아무 말도 하지 않았다.

반년 후, 소크라테스는 숨 쉬는 것조차 버거워하며 힘겹게 병상에 누워 있었다. 그의 죽음이 코앞에 다가왔는데도 여전히 계승자는 결정되지 않은 상태였다. 소크라테스가 임종하기 직전, 조수는 눈물범벅이 된 얼굴로 스승 곁에 앉아 무겁게 입을 열었다.

"스승님, 실망시켜드려서 정말 죄송합니다."

"실망한 사람은 나지만, 자네는 자신에게 가장 미안해해야 하네."

소크라테스는 잠시 말을 멈추고 눈을 감았다가 다시 말했다.

"내가 본 인재 중에 자네만 한 사람은 없었네. 자넨 세상에서 가장 우수한 인재야. 스스로를 과소평가하고 믿지 못하는 것만큼 치욕인 일은 없다네. 사실 모든 사람이 우수하지. 그런데도 모든 사람이 다른 삶을 사는 이유는 자신을 믿고, 인정하고, 아는 정도가 다르기 때문이지……."

임종을 지켜보던 주위의 모든 철학자들은 소크라테스의 말에 감탄을 금치 못했다. 잠시 후 그는 조용히 눈을 감았다.

자신의 진정한 가치를 깨닫지 못했던 조수는 남은 반평생을 후회와 자책으로 보냈다.

> 잘되는 사람의 생각
>
> 자신감은 큰 임무를 맡기 위한 첫 번째 필수 조건이다. 자신감 없이는 성공도 없다. 자신의 가능성과 가치를 믿는 사람만이 훌륭한 사람으로 성장할 수 있다.
> 자신감을 가지고 자신을 대하라. 굳은 의지와 자신감은 당신의 목표를 현실로 만든다. 그렇게 하면 당신은 언제나 봄날처럼 따사로운 삶을 살아가게 될 것이다. 인생의 아름다운 계절은 그리 멀지 않은 곳에 있다는 사실을 명심하자.

나는 호랑이다

어미를 잃은 후 산양의 보살핌을 받고 자란 새끼 호랑이가 있었다. 산양들 틈에서 성장한 새끼 호랑이는 어미 산양의 젖을 먹고 자라면서 다른 새끼 산양들과 친해지려고 노력했다. 그리고 꼭 훌륭한 어른 산양이 되겠다고 다짐했다. 하지만 호랑이의 바람과는 달리 시간이 흐를수록 상황은 점점 나빠지기만 했다. 아무리 열심히 노력해도 새끼 호랑이는 산양이 될 수 없었다. 생김새나 성격뿐만 아니라 우는 소리까지 달랐다. 아무리 가는 목소리를 내보려고 애써도 굵고 우렁찬 목소리가 나왔다. 게다가 새끼 호랑이는 다른 산양들보다 몸집도 컸고 놀 때도 상당히 거칠었다. 그래서 산양들은 모두 새끼 호랑이를 멀리했다.

"에잇! 다 내가 못난 탓이야! 난 왜 쟤들처럼 안 되지? 젠장!"

산양의 무리에서 소외당한 호랑이는 매일 자책하며 멋진 산양이 되기 위해 열심히 노력했지만 좋은 성과를 거두지 못했다.

그러던 어느 날, 어디선가 우렁찬 울음소리가 들려왔다. 깜짝 놀란 산양들은 사방으로 도망쳤다. 하지만 새끼 호랑이만은 그 자리에서 꿈쩍도 하지 않았다. 그 울음소리가 왠지 익숙했기 때문이다. 그의 눈에는 바쁘게 도망치는 산양들이 이상하게만 보였다.

'어? 대체 왜들 저러지?'

그 순간 덩굴 속에서 나타난 거대한 그림자가 새끼 호랑이를 향해 다가왔다. 그의 몸은 검은 줄무늬가 있는 갈색 털로 뒤덮여 있었고, 눈은 불처럼 이글이글 타오르고 있었다. 침입자가 새끼 호랑이에게 말했다.

"네 이놈! 대체 산양들 틈에서 뭐하고 있는 게냐?"

"예? 저, 저기요……, 저는 산양인데요?"

새끼 호랑이가 눈을 동그랗게 뜨며 대답했다.

"날 따라오너라!"

거대한 짐승은 권위적인 말투로 새끼 호랑이에게 명령했다. 주눅이 든 새끼 호랑이는 벌벌 떨면서 그를 따라 숲 속으로 들어갔다. 큰 강가에 이르자 거대한 짐승은 고개를 숙여 물을 마셨다.

"너도 이리 와서 물 좀 마시거라."

새끼 호랑이는 거대한 짐승이 시키는 대로 강으로 다가갔다. 그는 물을 마시려고 머리를 숙이다가 강물에 비친 자신의 모습을 보았다. 그리고 자신의 모습이 곁에 있는 거대한 짐승의 모습과 똑같다는 사실을 깨달았다. 비록 크기는 서로 달랐지만 그들은 똑같은 검은색 줄무늬에 갈색 털을 가지고 있었다.

"어, 물속에 있는 건 누구죠?"

새끼 호랑이가 물었다.

"똑똑히 봐! 그게 바로 진짜 네 모습이니까."

"아니에요, 저는 산양이란 말이에요!"

새끼 호랑이는 고개를 가로저으며 인정하려들지 않았다. 그러자 거대한 짐승이 몸을 일으키더니 마치 숲 전체가 떠나갈 듯 크게 울부짖었다.

"너도 나처럼 해보거라!"

"헤헤, 저는 산양이라니까요. 그런 목소리가 나올 리 없죠."

새끼 호랑이는 장난 삼아 입을 크게 벌리고 한번 울어보았다. 처음에는 기침만 나오고 잘되지 않았지만 금세 비슷한 소리를 낼 수 있었다.

"그래, 잘했어. 한 번만 더 해봐! 넌 할 수 있어!"

거대한 짐승이 소리쳤다. 거대한 짐승의 울음소리를 흉내내던 새끼 호랑이는 점차 잠재되어 있던 야생 본능을 느끼기 시작했다. 그 야릇한 감정은 이내 온몸을 휘감았고, 새끼 호랑이는 복받쳐오는 어떤 감정을 느꼈다.

"너는 산양이 아니라 호랑이란다!"

마침내 포효하는 데 성공한 새끼 호랑이는 그제야 그동안 자신이 다른 산양들과 어울리지 못한 이유를 깨달았다.

이때부터 새끼 호랑이는 자신의 정체성이 흔들릴 때마다 몸을 일으켜 큰 소리로 울부짖곤 했다. 비록 어른 호랑이만큼 크고 우렁차지는 않았지만, 그가 누구인지를 모르는 동물은 아무도 없었다.

잘되는 사람의 생각

자기 자신을 정확히 아는 사람은 자신의 잠재된 능력을 발견하고, 그 능력을 양지로 이끌어내 자신만의 특별한 기술로 발전시킬 수 있다. 인생은 단 한 번 주어지는 길고도 기묘한 여정이지만, 한편으로는 뱅글뱅글 도는 수레바퀴와도 같다. 비록 긴 여정 중에 당신의 자아 정체감이 변질되고 망가진다 하더라도, 인생의 수레바퀴는 결국 가장 처음 자아 정체감을 깨닫던 그 순간으로 당신을 되돌려놓을 것이다. 사람들이 인생의 갖은 유혹과 비난에도 쉽게 흔들리지 않는 이유는 무엇일까? 바로 자기 자신을 지키는 힘, 자아 정체감을 가지고 있기 때문이다. 당신의 진정한 자아를 찾아라. 그리고 잠재된 능력을 발휘함으로써 성공한 사람의 생활 습관을 몸에 익혀라. 이러한 노력 가운데서라면 반드시 성공의 비결을 발견할 수 있을 것이다.

멀리서 찾지 마라

"엄지손가락만 한 다이아몬드만 있으면 이 근처에 있는 모든 토지를 살 수 있을 거야."

"가끔 마을에 내려오는 노승이 그러는데, 글쎄 다이아몬드 광산이 있다지 뭔가?"

"물론 있기야 있겠지, 그런데 그걸 어찌 찾나?"

"음, 노승은 알고 있지 않을까? 그 광산만 얻는다면 우리 아들을 왕위에 올려놓을 수도 있을 텐데……."

"하하하! 자네 꿈 한번 야무지구먼. 노승이 그걸 가르쳐줄까?"

부유한 상인 알리는 우연히 사람들의 대화를 들은 후부터 줄곧 다이아몬드에 대해 생각했다. 다이아몬드 광산에 비하면 자신이 가진 것은 보잘것없게만 느껴졌다. 그는 며칠 동안 잠도 이루지 못하고 밤을 꼬박 샜다. 그러던 어느 날, 결국 날이 밝기가 무섭게 그는 하인을 시켜 노승을 불러오게 했다.

"제발, 어디로 가야 다이아몬드 광산을 찾을 수 있는지 가르쳐주시오."

알리의 간곡한 부탁에도 불구하고 노승은 고개를 가로저으며 단호하게 말했다.

"그냥 일찌감치 단념하시지요."

하지만 포기하라는 말이 귀에 들어올 리 없었다. 알리는 끈질기게 노승에게 매달렸고, 결국 노승도 두 손을 들었다.

"그렇게 간곡히 부탁하시니 내 알려드리리다. 어느 깊은 산속에 하얀 모래가 깔린 강이 있습니다. 만약 이 강을 찾기만 한다면 하얀 모래 속에 섞여 있는 다이아몬드는 전부 당신 것이 되지요."

알리는 즉시 모든 재산을 처분하고 집안 식구들마저 이웃에게 부탁한 채 다이아몬드를 찾기 위해 먼 길을 떠났다.

그 후 알리는 오랜 시간 동안 수많은 산을 샅샅이 뒤졌지만 다이아몬드를 찾기는커녕 실패에 대한 절망감만 점점 커져갔다. 결국 절망감에서 헤어나지 못한 그는 바다에 몸을 던져 자살하고 말았다.

잠깐! 이야기는 아직 끝나지 않았다. 이제부터가 시작이다.

알리의 집에는 다른 사람이 들어와 살았는데, 어느 날 그는 낙타에게 물을 먹이려고 뒤뜰 근처에 있는 작은 강으로 낙타를 데려갔다. 그런데 낙타가 강물에 코를 담그는 순간, 그는 강물 바닥에 깔린 모래에서 이상한 빛이 나는 물건을 발견했다. 그는 그 신기한 물건을 집으로 가져와 선반 위에 올려두었다.

며칠 후, 알리에게 다이아몬드에 대해 이야기해주었던 노승이 이 집을 방문했다. 문에 들어선 노승은 선반 위에서 빛나고 있는 광물을 보고 깜짝 놀라며 소리쳤다.

"아니, 이건 다이아몬드가 아니오? 드디어 알리가 돌아왔군!"

"아니오. 아직 알리는 돌아오지 않았소. 그리고 이 돌은 뒤뜰 근처에 있는 작은 강에서 내가 주운 거요."

"무슨 소리! 당신, 지금 나를 속이려는 거요? 난 이것을 보자마자 다이아몬드라는 사실을 알았소. 이래 봬도 진짜 다이아몬드쯤은 단번에 알아볼 수 있단 말이오."

노승이 그의 말을 믿지 않자 그는 노승을 작은 강으로 데려가 노승 앞에서 모래를 헤집었다. 그랬더니 눈부신 다이아몬드가 반짝이며 모습을 드러냈다. 그들이 발견한 다이아몬드는 처음 발견했던 것보다 더 반짝였다. 그 후로도 이 작은 강에서는 수많은 다이아몬드가 나왔다. 전해지는 말에 의하면 인도에서 빅토리아 여왕에게 바친 유명한 다이아몬드도 이 강에서 나온 것이라고 한다. 게다가 그 무게만도 100캐럿이 넘는다고 하니, 과연 얼마나 많은 다이아몬드를 얻었는지 짐작할 수 있을 것이다.

만약 알리가 멀리 떠나지 않고 자기 집 뒤뜰부터 차근차근 찾아보았다면 작은 강에 숨어 있던 수많은 다이아몬드는 자연히 그의 것이 되었으리라.

우리는 왜 가까이 있는 것은 하찮게 여기고, 멀리 있는 것만을 동경할까? 멀리 있는 것에 대한 지나친 동경은 자기 곁에 있는 물건을 찾기 위해 먼 길을 떠나는 어리석은 행동을 부추길 뿐이다.

잘되는 사람의 생각

곁에 있는 것은 가장 현실적이며 손에 넣기 쉽다. 그런데도 항상 무시하는 이유는 무엇일까? 자신에게 낯선 것은 아름답고, 익숙한 것은 볼품없다고 생각하기 때문이다. 이처럼 많은 사람들이 먼 곳에 있는 유혹에 약하다. 아무리 발버둥 쳐도 잡을 수 없었던 유혹의 손길은 우리가 그것을 완전히 포기했을 때에야 손을 뻗어 온다. 멀리 있던 유혹이, 그것을 잡을 힘도 없을 때 우리 앞에 나타나는 이유는 우리를 놀리기 위함이 아니다. 단지 원래부터 우리 곁에 있었던 그것이 전과 다른 빛을 내는 것일 뿐이다.

스스로를 존중하라

의지할 데라곤 전혀 없는 고아 청년이 있었다. 그는 농사지을 밭도, 장사할 밑천도 없었기에 항상 여기저기를 떠돌아다니며 간신히 목숨을 부지했다. 어느 날, 청년은 한 고승을 찾아가 그동안 맺혔던 괴로움을 토로했다.

"저는 가진 것도 없고 뛰어난 재주도 없습니다. 어떻게 살아가야 할지 눈앞이 깜깜해요."

그러자 고승이 말했다.

"자네는 왜 다른 일은 하지 않나?"

"아무것도 가진 것이 없는데, 무슨 일을 할 수 있겠어요? 전 아무것도 할 수가 없어요!"

그가 자포자기하며 대답하자 고승은 느닷없이 말을 꺼냈다.

"밖에 나가서 잡초가 자라는 돌덩이 하나를 주워오게."

"네?"

그는 영문도 모른 채 고승이 시키는 대로 했다. 고승은 청년이 가져온 돌덩이를 가리키며 말했다.

"내일 날이 밝자마자 이것을 장터로 가져가서 좌판에 내놓게. 단, 돌덩이를 사겠다는 사람이 나타나도 절대 팔아선 안 되네."

돌덩이를 받아 든 청년은 코웃음을 치며 속으로 생각했다.

'아니, 이깟 돌덩이를 돈 주고 사려는 사람이 어딨겠어? 미친 사람이면 몰라도. 뭐, 뾰족한 수도 없으니 그냥 시키는 대로 해봐야지……'

다음 날 새벽, 그는 돌덩이를 들고 장터에 나갔다. 그러고는 눈에 띄지 않는 곳에 자리를 잡은 뒤 돌을 좌판에 올려놓았다. 하지만 그 돌은 누가 봐도 흔한 돌덩이에 불과했으니, 사람들이 아무런 관심을 보이지 않는 것은 당연한 일이었다. 하루가 지나고 이틀이 지나도 힐끔거리는 사람조차 없었다.

그런데 셋째 날이 되자 어떤 사람이 와서 돌덩이를 살펴보고 갔다. 넷째 날에는 돌덩이를 사겠다는 사람이 나타났고, 다섯째 날이 되자 돌덩이는 아주 괜찮은 가격까지 올랐다.

청년은 고승에게 돌아갔을 때까지도 흥분이 가라앉지 않았다.

"스님, 정말 믿을 수가 없어요. 이깟 돌덩이에 그만 한 가격이 매겨지다니……"

그러자 고승이 웃으면서 말했다.

"내일은 이 돌덩이를 가지고 금(金) 도매시장에 가보게. 이번에도 아무리 많은 돈을 준다 해도 절대 팔아선 안 되네!"

다음 날 청년은 돌덩이를 가지고 금 도매시장에 갔다. 처음 하루, 이틀은 그냥 지나가더니 셋째 날이 되자 주위를 어슬렁거리는 사람이 나타났고 가격을 묻기까지 했다. 장터에서처럼 날이 갈수록 돌덩이의 가격을 묻는 사람들이 점점 많아졌다. 그리고 며칠 뒤, 돌덩이의 가격은 고가의 금과 맞먹을 정도까지 올랐다. 그러나 청년은 고승의 말대로 돌덩이를 팔지 않았다. 그럴수록 사람들의 호기심은 점점 커졌고, 돌덩이의 가격도 덩달아 올라갔다.

청년이 이 사실을 알리자 고승은 이번에는 보석 거래소에 나가보라고 했다. 물론 보석 거래소에서도 똑같은 상황이 벌어졌다. 그리고 마침내 돌덩이의 가격은 그곳에서 파는 어떤 고가의 보석보다 높게 매겨졌다. 아무리 높은 가격을 불러도 번번이 거절당하자 사람들은 이 돌덩이를 '세상에 오직 하나뿐인 보물'이라고 불렀다.

하잘것없던 돌덩이가 '세상에 오직 하나뿐인 보물'로 변화하는 과정을 지켜본 청년의 의문은 더욱 커졌다. 마침내 고승이 입을 열었다.

"세상 모든 만물은 다 거기서 거기라네. 만약 자네가 자기 자신을 하잘것없는 돌덩이쯤으로 여긴다면 자네는 고작 돌덩이에 지나지 않지. 하지만 자네 스스로 자신을 가치를 매길 수 없는 귀한 보석이라고 믿는다면 자네는 무한한 가치를 지닌 보석이 될 수 있다네."

기억하자. 하잘것없는 돌덩이도 '세상에 오직 하나뿐인 보물'이 될 수 있음을……

잘되는 사람의 생각

인간은 스스로 운명을 만든다. 먼저 자신의 가치를 인정하라. 세상에 오직 하나뿐인 자신의 존재를 귀중하게 여기고, 스스로를 세상에서 가장 위대한 사람이라고 생각하라.
스스로의 가치를 인정해야만 다른 사람도 당신의 가치를 제대로 인정하고, 나아가 온 세상이 당신을 가치 있는 보물로 대할 것이다.

마법사와 용기의 검

어느 겁쟁이 기사가 용을 죽이는 기술을 배우기 위해 마법사를 찾아갔다. 수업 첫날, 겁쟁이 기사는 마법사에게 한 가지를 못 박았다.

"전 겁이 아주 많습니다. 저 같은 겁쟁이가 정말 용을 잡을 수 있을까요? 용 앞에 서면 무서워서 벌벌 떨기만 하고 아무것도 못할 거예요."

그러자 마법사가 기사를 격려하며 말했다.

"걱정하지 말게. 내가 용을 죽일 수 있는 '용기의 검'을 주겠네. 이 검은 용을 죽이기 위해 특별히 만들어진 거라네. 누구든 이 검만 사용하면 어떤 용이라도 잡을 수 있지."

특별한 검이 있다는 말에 안도의 한숨을 내쉰 기사는 이내 기분이 좋아졌다. 그 검만 손에 쥐면 능력이 있든 없든 누구라도 용을 죽일 수 있다니, 천만다행이었다. 얼마 후 겁쟁이 기사는 마법사의 가르침에 따라 '용기의 검'으로 차례차례 용을 처치했고, 용에게 잡혀 있던 소녀들도 모두 구해냈다.

그러던 어느 날, 기사가 거의 모든 용을 처치할 즈음, 마법사는 기사를 한번 시험해볼 요량으로 그를 가장 무서운 용이 사는 곳으로 가게 했다.

사기충천한 겁쟁이 기사는 재빨리 용이 살고 있는 동굴로 달려갔다. 그리고 소녀를 구하려는 순간, 크고 날카로운 이빨 사이로 뜨거운 불을 내뿜는 용이 나타났다. 기사는 재빨리 검을 꺼내 공격할 자세를 취했다. 그런데 검을 휘두르는 순간 그는 소스라치게 놀랐다. 이럴 수가! 검을 잘못 가져온 게 아닌가!

기사가 뽑아 든 검은 '용기의 검'이 아닌 그저 평범한 검이었다. 하지만 눈앞에 용이 나타난 이상 도망가기에는 너무 늦어버렸다. 기사는 마법사에게 배운 대로 용의 공격을 막으면서 손에 들고 있는 평범한 칼로 최선을 다해 싸웠다. 역부족일 것이라는 예상과는 달리 그는 순식간에 용의 머리를 베어버렸다. 용의 머리를 허리춤에 차고, 평범한 칼을 손에 든 채 기사는 자신이 구출한 소녀와 함께 의기양양하게 마법사에게로 돌아왔다.

그는 자기가 검을 잘못 들고 갔던 일과 전에는 결코 이해하지 못했던 '용기'라는 것에 대해 마법사에게 이야기했다. 그러자 마법사는 기뻐하며 웃었다. 그리고 겁쟁이 기사, 아니 젊고 용감한 기사에게 말했다.

"어쩌면 눈치 챘을지 모르지만, 원래 '용기의 검' 같은 것은 세상에 존재하지 않는다네. 또 평범한 검을 '용기의 검'으로 만들 수도 없지. 단지 내가 쓴 유일한 마법은 자네에게 자신감을 심어준 것뿐이라네."

잘되는 사람의 생각

만약 당신이 진정한 자신감을 가지고 있다면, 살면서 부딪치게 될 수많은 난관을 용감하게 헤쳐나갈 수 있을 것이다. 뿐만 아니라 자신감에 무한한 잠재력까지 더한다면, 당신은 더욱더 아름다운 삶을 살아갈 수 있다. 자신감은 당신의 두 눈을 빛내게 하는 신비한 힘을 가지고 있다. 그 힘은 삶의 전환점에 섰을 때, 당신이 용감하게 당찬 발걸음을 내딛을 수 있도록 인도할 것이다.

꿈을 포기하지 마라

스티브 로든은 캘리포니아에 거대한 농장과 널찍한 저택을 가지고 있었다. 그는 불우한 청소년들의 생활 보조금을 마련하기 위해 종종 자신의 저택에서 후원 행사를 열었다.

한 모금 행사에서 그는 사람들에게 말했다.

"여러분의 도움과 적극적인 지지 덕분에 이번 행사가 성공리에 개최될 수 있었습니다. 지금부터 제가 한 어린 소년의 이야기를 들려드리겠습니다."

아버지가 기마술(騎馬術) 전문가인 어린 소년이 있었다. 소년은 어릴 때부터 아버지를 따라 방방곡곡을 누비고 다녔다. 그리고 이 마구간에서 저 마구간으로, 이 농장에서 저 농장으로 옮겨다니며 말을 훈련시키는 일을 도왔다. 한곳에서 오랫동안 머물러본 적이 없는 소년은 학교 친구들과 어울리거나 학교 공부를 제대로 따라가기가 어려웠다.

소년이 중학교에 다닐 때의 일이다. 하루는 국어 선생님이 반 아이들에게 '장래 희망'이라는 주제로 글을 써오게 했다.

소년은 심혈을 기울여 A4용지 일곱 장이나 되는 분량에 자신의 원대한 꿈을 빼곡히 적었다. 소년의 꿈은 자신의 말들이 편히 쉴 수 있는 큰 농장을 하나 갖는 것이었는데, 그는 보고서 외에 200헥타르에 해당하는 농장 설계도도 함께 그려넣었다. 설계도 상단에는 마구간과 도로 등의 위치가 표시되어 있었고 중앙에는 4,000평방미터의 큰 저택이 설계되어 있었다.

그는 많은 시간과 노력을 들여 보고서를 완성했고, 뿌듯한 마음으로 선생님께 제출했다. 그리고 이틀 후 학생들은 보고서를 돌려받았다. 하지만 소년의 보고서는 애석하게도 낙제였다. 소년이 돌려받은 보고서 첫 페이지에는 빨간색으로 크게 'F'라고 표시되어 있었고, '방과 후 면담 있음'이라고 쓰인 메모도 붙어 있었다.

소년은 방과 후 보고서를 들고 선생님께 갔다.

"왜 제가 낙제지요?"

그러자 선생님이 말했다.

"쓸데없는 꿈을 적어냈으니까 그렇지. 너처럼 가난한 집 아이가 무슨 수로 이렇게 큰 농장을 소유하고 게다가 저택까지 짓겠다는 거니? 너를 뒷받침해줄 것이 아무것도 없잖니. 안 그래? 농장을 짓기 위해서는 정말 많은 돈이 필요해. 비옥한 땅과 순종의 말이 있어야 하지. 또 말들은 가만히 놔둔다고 저절로 크지 않아. 말을 돌봐주려면 얼마나 많은 돈이 필요한데. 네 꿈은 정말 너무 허황되구나. 절대 실현될 수 없는 일이지. 만약 실현 가능한 장래 희망으로 보고서를 다시 써온다면 점수를 줄 수도 있어. 그만 가보거라."

소년은 고민 끝에 결국 아버지의 의견을 들어보기로 했다.

"아들아, 이것은 네 인생에서 매우 중요한 결정이란다. 네 스스로 잘 생각해보거라."

소년은 그 후 몇 날 며칠을 심사숙고한 끝에 결국 처음에 제출했던 보고서를 그대로 다시 제출하기로 결정했다. 소년은 선생님께 보고서를 제출하면서 말했다.

"또 낙제를 주신다고 해도 저는 제 꿈을 포기할 수 없습니다."

스티브는 이야기를 마치고 몇 마디를 덧붙였다.

"제가 바로 그 아이입니다. 그리고 지금 여러분은 200헥타르의 농장 안에 있는 4,000평방미터짜리 저택 안에 계십니다."

그는 잠시 말을 멈추었다가 다시 입을 열었다.

"2년 전 여름, 그 국어 선생님이 30여 명의 학생들을 데리고 제 농장에 오셔서 일주일 동안 야영을 했습니다. 선생님께서는 농장을 떠나기 전에 제게 이런 말씀을 하셨지요. '이제 와서 이런 말을 꺼내려니 참 새삼스럽구나. 예전에 내가 네 꿈에 찬물을 끼얹었던 적이 있었지. 지금까지 난 적지 않은 학생들에게 그렇게 말하곤 했단다. 그런데 지금 네 모습을 보니 내가 참 경솔했다는 생각이 드는구나. 네가 꿈을 포기하지 않아서 정말 다행이다. 그리고 고맙다'라고요."

잘되는 사람의 생각

우리가 지금 어디에 있느냐는 결코 중요하지 않다. 중요한 것은 지금 우리가 어느 방향을 향해 걸어가고 있느냐이다. 모든 사람들은 오로지 자기 자신에게 의지하며 인생의 여정을 걷고 있다. 성공적인 여정의 관건은 당신이 어떻게 첫발을 내딛었고, 그 후로 어떤 노력을 했으며, 또 환경 변화에 어떻게 대처했느냐이다. 최선을 다해서 인생의 아슬아슬한 순간을 극복한 사람은 깜깜한 어둠을 뚫은 끝에 자신이 갈망하던 빛나는 미래를 맞이할 수 있다.

자기 자리 찾아가기

일찍이 프랭클린은 이런 말을 했다.
"귀중한 보물일지라도 갖다놓는 자리에 따라서 폐품이 되기도 한다."
인생의 좌표 위에서 자신의 위치를 잘못 찾거나 단점만 가지고 좋은 결과를 얻으려고 한다면 뜻하는 바를 이룰 수 없을 것이다. 이는 무대랑(武大郎, 『수호전』에 나오는 인물로 지지리도 못나고 어리석은 사람을 비유할 때 씀)에게 최고의 인물이 되라고 닦달하여 결국 그를 영원한 패배의 고통에 빠지게 하는 것과 다름없다.
인격과 장점을 충분히 발휘할 수 있는 정확한 위치를 찾고 자신의 고유한 삶을 가꾸는 것. 이것이 바로 인생의 중요한 임무다.
학교 공부에서 언제나 낙제를 하던 콘웰이라는 소년이 있었다.
"콘웰은 공부하고는 잘 맞지 않아요. 이해력이 다른 아이들에 비해 현저히 뒤떨어지거든요. 보통 학생이라면 쉽게 풀 수 있는 수학 문제도 콘웰은 굉장히 버거워한답니다."

그가 고등학교를 졸업할 때까지도 어머니가 담임선생님에게 이런 말을 들을 정도로 콘웰의 성적은 형편없었다.

선생님과 면담을 마친 콘웰의 어머니는 속이 너무 상했지만 콘웰이 좀 더 노력하면 충분히 다른 아이들을 따라잡을 수 있을 것이라는 희망을 버리지 않았다. 그러나 불행히도 콘웰은 공부에 전혀 흥미가 없었다. 어머니가 실망할까봐 가끔 공부를 해보려고 애썼지만 성적은 전혀 오르지 않았다. 특히 콘웰은 기억력과 이해력을 요구하는 과목은 아예 손도 못 댔다.

어느 날 콘웰은 시장 입구에서 한 조각가가 작업하는 모습을 보게 되었다. 그는 신기하다는 듯 눈을 크게 뜨고 조각가 앞에 쭈그리고 앉아 한참 동안 그 모습을 지켜보았다.

며칠 뒤 콘웰의 어머니는 그가 나무 조각이나 돌덩어리만 보면 강한 집중력을 보인다는 사실을 알아챘지만 괜히 바람만 들어 조금 하는 척하다가 시간만 낭비하는 것은 아닐까 걱정이 되었다.

조각가에게 깊은 인상을 받은 콘웰은 자신 역시 조각가처럼 영혼이 반영된 작품을 만든다면 정말 커다란 만족감을 얻을 수 있을 것이라고 확신했다. 그러나 자신의 결정에 그다지 달가워하지 않는 어머니를 보고 어쩔 수 없이 입시 준비를 계속하기로 했다. 하지만 콘웰은 마음속으로는 그 일을 포기하지 않았다.

어머니의 바람대로 그해 대학 입시를 치른 콘웰은 결국 지원한 모든 4년제 대학에 떨어졌다. 심지어 전문대학조차도 합격하지 못했다. 몹시 실망한 콘웰의 어머니는 더이상 그에게 공부를 강요하지 않기로 했다.

"콘웰, 네가 하고 싶은 대로 하렴. 내가 네 인생을 대신해서 살 수는 없으니까. 나도 이제는 너에 대한 욕심을 버리기로 했다. 이제 너도 다 컸으니 네가 선택한 일에 책임질 줄도 알아야 해."

콘웰은 어머니의 눈을 바라보는 순간 어머니의 눈 속에 비친 자신이 철저한 패배자라는 사실을 알고 몹시 괴로웠다. 결국 그는 자신의 길을 찾기 위해 고향을 떠나기로 결심했다.

몇 년 후, 시(市) 정부는 어느 유명 인사를 기념하기 위해 시 정부 앞 광장에 조각상을 세우기로 결정했다. 이것은 무명 조각가들에게 부와 명예를 한꺼번에 안겨줄 세상에 둘도 없는 좋은 기회였다. 수많은 조각가들이 자신의 이름이 새겨진 조각상이 선정되기를 바라는 마음으로 앞 다투어 작품을 출품하였다. 마침내 유명 인사의 조각상을 담당할 조각가가 결정되었고, 그 조각가는 사람들 앞에서 소감을 발표했다.

"저는 이 조각상을 저희 어머니께 바치고 싶습니다. 저는 항상 어머니께 실망만 안겨드렸어요. 지금 어머니께 이 말을 전해드리고 싶군요. 비록 대학에는 제 자리가 없었지만 바로 이곳에는 제 자리가 있다고. 게다가 이 자리는 성공의 자리입니다. 오늘의 제 모습이 어머니께 기쁨이 되기를 바랍니다."

그 조각가는 바로 콘웰이었다. 많은 사람들 틈에서 조용히 콘웰의 모습을 지켜보던 어머니는 감격의 눈물을 흘리며 좀더 일찍 그에게 적합한 자리를 찾아주지 못한 자신의 어리석음을 후회했다.

> 잘되는 사람의 생각
>
> 어차피 인생이란 지극히 평범한 것이다. 그러나 자신의 자리를 정확하게 찾은 사람에게 인생은 잠재력을 발휘할 수 있는 멋진 무대가 된다.

진정한 유명 가수

"내 꿈은 가수가 되는 거야."

조니 캐시는 유년 시절부터 가수가 되고 싶어했다. 그는 군 입대 후 처음으로 기타를 사서 기타 치는 법을 독학으로 깨치고, 노래 연습도 게을리하지 않았으며, 심지어는 자기가 부를 노래를 스스로 작곡도 했다. 전역 후 조니는 가수의 꿈을 이루기 위해 열심히 노력했지만, 쉽게 이루어지지 않았다. 아무도 그의 노래를 원하지 않았고, 더욱이 텔레비전 음악 프로그램에 나가는 일은 상상도 못했다. 결국 조니는 가정집을 방문하여 생활용품을 파는 일로 겨우 생계를 꾸려나갔지만 단 한순간도 자신의 꿈을 잊지 않았고, 퇴근 후 집에 돌아오면 밤마다 노래 연습을 했다.

얼마 후 조니는 작은 밴드를 결성해서 교회나 파티에서 공연을 했다. 적은 관중이었지만 조니는 그들이 자신을 찾아주었다는 사실만으로도 감사했다. 몇 달이 지나고 드디어 조니는 음반을 발표했는데, 반응이 무척 좋았다. 수많은 팬들이 그의 이름을 불러댔으며 그의 음반은 높은 판매고를 기록했다. 조니는 부와 명예를 한꺼번에 거머쥐었다. 각 방송국 음악 프로그램에서는 조니의 밴드를 출연시키지 못해 안달이 날 정도였다. 자신의 꿈을 잊지 않고 꾸준히 노력한 덕에 성공을 거둔 것이다.

그러나 몇 년 후, 조니는 팬들에게 외면당하고 말았다. 크게 상심한 조니는 수면제를 먹어야 간신히 잠들 수 있었고, 각성제를 복용해야만 하루를 시작할 수 있었다. 그는 점차 악의 구렁텅이로 빠지더니 알코올중독, 신경안정제 과다 복용, 각종 환각제 복용으로 망가져갔다. 문란한 생활은 갈수록 심해졌고, 아예 자제력을 상실하기에 이르렀다. 철저하게 망가진 조니는 더이상 무대에 오를 수 없었고, 감옥을 수없이 들락날락했다. 그러는 동안에도 그는 습관적으로 매일 100여 알의 약을 복용했다.

조니가 감옥에서 출소하던 날 새벽, 교도관이 그에게 말했다.

"조니 캐시, 당신에게 돈과 마약을 돌려주겠소. 난 당신이 스스로 해야 할 일을 자유롭게 선택할 수 있을 거라고 믿기 때문이오. 자, 당신의 돈과 마약이오. 바로 지금, 당신 스스로 이 약을 버리지 않으면 당신은 영원히 좌절의 구렁텅이에서 빠져나오지 못할 거요. 어떤 삶을 살 것인지 선택하는 것은 바로 당신의 몫이오!"

조니는 한참 동안 아무 말도 하지 않았다. 그리고 몇 날 며칠을 집에 틀어박혀 그동안 살아온 시간을 되짚어보았다. 마침내 조니는 자신의 삶을 되찾기로 마음먹었다. 그는 먼저 자신의 능력에 대한 긍정적인 마인드를 회복하였고, 그 다음에는 성공적인 재기를 확신했다. 사실 그의 재활 치료를 담당한 의사조차도 회복을 장담하지 못했다. 약물중독은 쉽게 치유할 수 있는 병이 아니었기 때문이다. 의사가 조니에게 충고했다.

"약물을 끊는 것은 하느님을 만나는 것보다 어렵습니다."

의사의 말에도 조니는 자신의 의지를 꺾지 않았다. 그는 생각했다.

'그래, 하느님……. 난 이제부터 그분을 만나러 가는 거야.'

목표를 정한 조니는 그의 결심을 과소평가하는 사람들의 시선에도 아랑곳하지 않고 처음 가수가 되겠다고 결심했을 때처럼 제2의 인생을 위해 고군분투했다. 성공을 향한 조니의 두 번째 여정이 시작된 것이다.

그는 사람을 시켜 자기 방문을 폐쇄시키게 했다. 그리고 아무것도 없는 방 안에 스스로를 감금하고 모든 약물을 멀리했다. 이때부터 그는 크나큰 고통과 지독한 악몽을 견뎌내야 했다.

훗날 조니는 이때의 일을 회상하며 말했다.

"그때 나는 제정신이 아니었습니다. 마치 유리로 만든 커다란 구(球)가 제 몸속에 있는 것 같았어요. 날이 갈수록 그것은 점점 커졌고, 그러던 어느 날 갑자기 '뻥!' 하고 터졌지요. 그러자 수많은 유리 파편들이 제 몸에 박힌 듯한 기분이 들더군요. 그때 제 눈엔 두 가지가 보였어요. 하나는 고통을 가라앉혀줄 마약이었고, 다른 하나는 목표를 향해 열심히 노력하는 제 모습이었습니다. 저는 두 번째 그림을 선택했어요. 그리고 결국 저는 신념으로 무시무시한 지옥에서 벗어날 수 있었습니다."

아무것도 없는 방 안에서 감금 생활을 한 지 9주일이 지난 후 조니 캐시는 본래의 모습으로 되돌아왔고 더이상 악몽을 꾸지 않았다. 그 후 그는 자신의 계획을 실현시키기 위해 더욱 열심히 노력했다.

몇 달 후, 조니 캐시는 다시 무대 위에 서서 노래를 불렀다. 끊임없이 노력한 끝에 마침내 진정한 유명 가수로 다시 태어난 것이다.

> 잘되는 사람의 생각
>
> 빨리 걷는다고 해서 목적지에 먼저 도착하는 것은 아니다. 오히려 먼 곳에 가려면 한 발 한 발 쉬지 않고 천천히 발걸음을 내딛어야 한다. 삶은 시종일관 우리를 시험에 들게 한다. 시험에 대비하여 나태하거나 오만하지 않은 자세로 부단히 노력하는 사람만이 커다란 보상을 받을 수 있다.

끊임없이 노력하는 자만이 승리를 얻는다

실패의 원인은 능력이 부족해서가 아니라 결심을 끝까지 유지하지 못하는 데 있다.

두꺼비들의 등산 대회가 열렸다. 경기를 지켜보려고 모여든 관중들은 어떤 두꺼비도 정상에 오르지 못할 것이라고 확신했다.

"이건 두꺼비한테 너무 어려운 경기잖아! 두꺼비 따위가 어떻게 정상에 오를 수 있겠어? 에이, 절대 못해!"

관중들의 야유에 두꺼비들은 맥이 빠졌다. 그 때문인지 출발한 지 얼마 되지도 않아 많은 두꺼비들이 경기를 포기하고 산에서 내려왔다. 그래도 몇몇 두꺼비들은 포기하지 않았다. 관중들은 두꺼비들이 열심히 땀을 흘리며 산을 오르는 모습을 보고 또 소리쳤다.

"그만 포기하시지! 너흰 절대 정상까지 올라갈 수 없다니까!"

그러자 단 한 마리를 제외한 모든 두꺼비들이 자포자기하며 멈춰 섰다. 홀로 남은 두꺼비만이 흐트러짐 없이 한결같은 페이스를 유지하면서 열심히 앞을 향해 걸었다.

결국 경기는, 끝까지 포기하지 않은 두꺼비의 우승으로 끝났다. 정상에 올랐던 두꺼비가 산 아래로 내려오자 관중들이 몰려들었다.

"이봐, 넌 어떻게 정상까지 올라갈 수 있었지?"

"……."

우승한 두꺼비는 아무 말 없이 눈만 동그랗게 뜨고 관중들을 바라보았다. 그 두꺼비는 귀머거리였던 것이다.

> 잘되는 사람의 생각
>
> 유언비어에 흔들리면 자신의 신념을 잊고 자신을 공격하는 사람 편에 서는 큰 실수를 범하게 된다. 수많은 사람들이 실패하는 이유 가운데 하나는 '실패'에 관한 충고에 연연하기 때문이다.
> 자신의 꿈을 향해 열심히 앞으로 나아가야 할 시기에는 유언비어를 멀리하라. 듣더라도 그냥 웃음으로 넘기고 마음에 두지 말아야 한다. 기억하라. '끝까지 노력하는 자만이 승리를 얻는다.'

목표는 원대하게, 계획은 치밀하게

수십 억의 자산을 보유한 미국의 석유 대왕이 그의 실습생에게 원대한 목표와 거기에 부합하는 계획표를 짜주었다. 종이 위에 숫자만 써대는 석유 대왕을 보면서 실습생은 어리둥절하기만 했다. 석유 대왕은 뿌듯한 웃음을 지으며 종이 위에 수많은 숫자들을 써내려갔다. 숫자가 커지면 커질수록 실행해야 할 계획도 점점 많아졌다.

'과연 내가 이 일을 모두 해낼 수 있을까?'

실습생은 많은 숫자들이 빼곡하게 적혀 있는 계획표를 보고 자신의 능력이 그것을 뒷받침해줄 수 있을지 걱정스러웠다. 그는 자신도 모르게 중얼거렸다.

"절대 이 일을 다 해낼 수는 없어. 사실 선생님도 내가 이 모든 계획을 실천할 수 있다고 생각하시지는 않을 거야."

실습생의 말을 들은 석유 대왕이 말했다.

"내가 많은 재산을 모을 수 있었던 이유는 원대한 목표를 세웠기 때문일세. 물론 처음부터 목표를 이룰 수는 없지. 처음에는 과연 이 목표가 나와 어울리나, 하는 생각이 들기도 하지만 노력하다보면 결국 목표와 닮아 있는 나를 보게 되지."

그리고 석유 대왕은 실습생을 채소밭으로 데리고 갔다. 채소밭에는 수 많은 호박이 열려 있었고 그것들은 서로 비슷한 모양을 하고 있었다. 그런데 유독 한 호박만 다른 호박들과 다르게 생긴데다 크기도 보잘것없이 작았다. 그 호박은 혼자 유리병 안에 갇혀 있었다.

석유 대왕이 말했다.

"사람들이 실패하는 이유는 그저 보통 사람들보다 조금 나은 위치에 서면 그만이라고 생각하기 때문일세. 하지만 목표는 그 사람의 크기를 결정한다네. 그래서 사람들은 저마다의 목표에 근거하여 성장하지. 마치 유리병 속 호박이 유리병의 크기에 근거해서 성장한 것처럼 말이야. 유감스러운 일이지만 사람들은 대부분 큰 목표를 생각하지 않네. 소박한 목표는 발전을 가로막고 성장을 제한하는데도 말이지. 만약 1달러짜리 꿈을 원한다면 미래는 우리에게 단 1달러밖에 주지 않네. 결코 길지 않은 삶이지만 그렇다고 '인생, 별거 있나?'라는 생각으로 가볍게 생각해서는 안 된다네."

> **잘되는 사람의 생각**
>
> 자신의 꿈에 대한 의지가 충만하고 강렬하다면 반드시 그 꿈을 향한 길을 찾을 수 있다. 사람들이 꿈을 이루지 못하는 근본적인 이유는 그다지 간절하지 않은 꿈을 추구하며, 자신이 진정으로 바라는 원대한 꿈은 실현하려고 노력하지 않기 때문이다.
> 그들은 단정 짓는다. 자신의 원대한 꿈은 그저 허황된 백일몽(白日夢)일 뿐이라고……

사고방식은 삶의 지휘자

어느 날 한 선생님이 학생들을 데리고 배를 타러 갔다. 호수 중간쯤에 다다랐을 때 선생님이 학생들에게 물었다.

"빛의 속도보다 빨라서 눈 깜짝할 사이에 은하계를 통과하고, 아득히 먼 곳까지 가는 것이 무엇인지 아는 사람?"

학생들은 앞 다투어 손을 들며 대답했다.

"저요, 저요! 제가 알아요! 사람의 생각이요."

선생님은 고개를 끄덕이며 다시 물었다.

"그럼 거북이보다 느려서 꽃피는 봄이 되었는데도 여전히 겨울에 머물러 있고, 머리카락은 이미 하얗게 세었는데도 여전히 아이의 모습을 하고 있는 것은 무엇일까?"

학생들은 고개를 갸우뚱거렸다.

"또 이건 뭔지 알아맞혀볼래? 이건 앞으로 가지 않고 그렇다고 뒤로도 가지 않아. 태어나지도 않으니까 죽지도 않지. 시종일관 한곳에만 머물러 있어. 이게 무엇인지 선생님한테 말해줄 수 있는 사람?"

학생들은 어리둥절한 표정으로 서로 쳐다보고만 있었다.

"정답은 바로 사람의 생각, 즉 사고방식이란다. 선생님의 세 가지 질문은 곧 사람의 생각이 겉으로 드러나는 세 가지 방식을 가리키지. 잘 생각해보면 각기 다른 세 가지 삶을 비유했다는 사실을 알 수 있을 거야."

선생님은 집중하고 있는 학생들에게 계속 설명했다.

"첫 번째는 적극적으로 노력하는 삶이란다. 끊임없이 경쟁하고 노력하며 희망찬 내일에 대한 자신감을 가지고 있는 사람만이 이런 삶을 살아가지. 그런 사람은 시간과 공간의 제약을 받지 않는단다. 광속을 초월해서 만물을 평정할 수 있지.

두 번째는 어리석고 게으른 삶이야. 그는 언제나 다른 사람의 꽁무니만 쫓아다니지. 다른 사람이 먹다 버린 찌꺼기만 주워 먹고 사는 거야. 이런 사람은 반드시 사람들의 기억에서 잊히고 말지.

세 번째는 아무 의미 없이, 이룬 일도 없이 한평생을 흐리멍덩하게 보내는 삶이란다. 노력하지 않고 눈앞의 안일만 탐내며 되는대로 살아가는 사람이 바로 이런 삶을 살지. 그런 사람은 기쁨이나 성취감을 느끼지 못할뿐더러 심지어는 고통도 모른단다. 그는 현실 세계에도 이상 세계에도 존재하지 않는 것이지."

> **잘되는 사람의 생각**
>
> 사고방식은 행동을 지배하고 삶을 결정하는 큰 힘을 가지고 있다. 적극적으로 사고하는 사람은 그의 삶을 생동감 있고 다채롭게 변화시킨다. 그러나 소극적으로 사고하는 사람은 지지부진하고 암울하기 그지없는 삶에서 결코 벗어나지 못한다.

작은 일부터 최선을 다하자

한 소녀가 도쿄의 어느 호텔에서 일하게 되었다. 그녀에게는 첫 번째 직장이었기 때문에 소녀는 의욕이 넘쳤다.
'난 꼭 잘해낼 거야!'
그때까지만 해도 소녀는 자신이 화장실 청소를 하리라고는 꿈에도 생각지 못했다. 아무리 의욕에 차 있다 해도 냄새나고 더러운 화장실 청소가 반가울 리 없었다. 화장실 청소를 좋아하는 사람이 세상에 어디 있겠는가? 더러운 것을 보고 지독한 악취를 맡는 것도 힘들었지만 체력적으로도 감당하기 어려웠다. 희고 부드러운 손을 변기 안으로 집어넣을 때면 금세 속이 울렁거려 토할 것만 같았다.
'새 변기처럼 깨끗하게 닦는다!'라는 것이 모토일 만큼 회사는 화장실 청결에 매우 깐깐했다. 소녀가 메슥거림을 참지 못하고 뛰쳐나오려고 할 때, 갑자기 회사 선배가 화장실에 들어오더니 소녀가 쥐고 있던 수세미를 뺏어들었다. 그러고는 변기를 새것처럼 반질반질하게 닦은 다음 변기 안에 있는 물을 떠 마시는 게 아닌가.

'아니! 변기의 물을 마시다니!'

소녀는 눈이 휘둥그레졌다. 게다가 선배의 표정에서는 그 어떤 거부감도 없었고 매우 자연스러워 보였다.

백 마디 말보다 한 번의 행동이 더 효과가 큰 법. 과연 소녀도 그런 선배의 행동 앞에서 절로 고개가 숙여졌다. 선배는 말 한 마디 없이 가장 기본적이고도 중요한 진리를 소녀에게 깨우쳐주었다. '새 변기처럼 깨끗하게 닦는다!'는 회사의 규정은 바로 변기 안에 있는 물을 마실 수 있을 정도로 깨끗하게 닦아야 한다는 것이었다.

소녀의 눈에는 뜨거운 눈물이 그렁그렁 맺혔다. 놀람과 동시에 소녀는 자신이 진정으로 무엇을 해야 하는지를 깨달았다. 소녀는 주먹을 불끈 쥐며 결심했다.

'그래! 내 평생 화장실 청소만 하고 살아야 한다면 이왕 하는 거 화장실 청소 분야에서 최고로 손꼽히는 전문가가 되자!'

그때부터 소녀는 완전히 다른 사람이 되었다. 소녀의 실력은 마침내 소녀를 깨닫게 해준 선배의 수준에까지 이르렀다. 당연히 소녀도 자신의 능력을 시험하고 소명 의식을 고취시키기 위해 숱하게 변기 속 물을 마셨다. 소녀는 아름답고 의미 있는 삶을 향해 그렇게 한 발 한 발 앞으로 나아갔다. 그리고 몇십 년 후, 소녀는 일본 정부의 우정상(郵政相)이 되었다. 그녀가 바로 노다 세이코다.

잘되는 사람의 생각

작은 일에도 최선을 다해 최고의 경지에 오른 사람이라면 행운의 여신의 축복을 받을 만한 자격이 있다. 그러나 반대로 자신을 무척이나 고상하다고 여기며 노력하지 않는 사람에게는 성공의 기회란 결코 주어지지 않는다. 당신이 그다지 대수롭지 않게 여기며 지나쳐버렸던 그 일이 사실은 인생을 바꿔놓을 만한 결정적인 기회였을 수도 있다. 생각해보라. 그렇게 무수한 기회들을 허무하게 놓쳐버리지는 않았는지.

1년에 한 작품만

 젊은 화가가 있었다. 그는 열심히 노력하지도 않거니와, 일을 건성건성 하는 나쁜 버릇이 있었다. 그래서 그의 그림은 화랑에 걸어놓아도 사람들의 관심을 얻지 못했다. 결국 그는 자신의 그림에 많은 영향을 준 독일의 유명 화가 아돌프 멘첼을 찾아갔다.
 젊은 화가가 멘첼에게 물었다.
 "저는 한 작품을 그리는 데 하루도 걸리지 않아요. 하지만 그리는 속도는 이처럼 빠른데 그림이 팔리지 않아 고민입니다. 한 작품을 팔려면 보통 1년을 넘게 기다려야 하거든요. 그런데 선생님의 작품은 완성되자마자 금방 팔리잖아요. 게다가 사람들은 선생님의 그림을 사기 위해서라면 1년도 마다하지 않고 기다리구요. 그 비법이 무엇입니까?"
 멘첼은 한참을 아무 말도 하지 않고 생각하더니 젊은 화가에게 말했다.
 "거꾸로 해보아라."
 젊은 화가는 어리둥절했다.

"거꾸로 해보라구요? 도대체 그게 무슨 말씀이시죠?"

"말 그대로 거꾸로 해보라는 걸세. 자넨 하루 만에 그림을 그리고 1년이 넘도록 그 작품을 팔지 못하니, 거꾸로 1년이라는 시간을 투자해서 그림을 그리고 하루 안에 그림을 팔아보라는 말이야."

"네? 1년에 한 작품을요? 에이, 그건 너무 느리잖아요!"

젊은 화가는 가당치도 않다는 듯 고개를 저었다. 그러자 멘첼이 엄하게 꾸짖었다.

"무슨 소린가? 창작은 원래 어렵고 힘든 노동이야. 지금까지는 그 점을 경시했지만 내 말을 깊이 새겨듣고 이제라도 한번 실천해보게!"

젊은 화가는 멘첼의 충고를 받아들여 집에 돌아오자마자 기본 화법부터 다시 연마했다. 그리고 심사숙고하여 소재를 정하고 세심하게 관찰했다. 그러다보니 어느새 1년이 지났고 그는 작품 하나를 겨우 완성할 수 있었다. 그리고 멘첼의 말대로 그의 작품은 단 하루 만에 팔렸다.

> **잘되는 사람의 생각**
>
> 일을 훌륭하게 완성하려면 짧은 시간 안에 원하는 것을 모두 얻고자 하는 욕심부터 버려야 한다. 중요한 것은 그 일을 훌륭하게 완성하는 것이지 시간이 얼마나 걸리느냐가 아니다. 사물의 좋고 나쁨은 양의 많고 적음이 아니라, 질의 높고 낮음이다. 일의 완성도는 당신이 그 분야에서 성공하기까지 얼마나 많은 능력을 키웠고 얼마나 많은 노력을 했느냐에 달려 있다.

포부를 가진 사람이 되자

아노와 아루라는 동갑내기 젊은이가 동시에 같은 상점에 고용되었다. 그들은 같은 임금을 받고 일을 시작하였는데, 얼마 지나지 않아 아노의 임금은 올랐으나 아루의 임금은 그대로였다.

'뭐야, 같이 들어왔는데 왜 아노만 월급이 오른 거지? 생각할수록 기분 나쁘네.'

아루는 사장의 불공평한 대우에 불만이 가득했다.

그러던 어느 날, 아루는 출근하자마자 사장에게 가서 불평을 털어놓았다. 사장은 아루의 불평을 묵묵히 들으면서 어떻게 하면 둘의 차이를 명확하게 설명해줄 수 있을까, 고민했다. 잠시 후 사장이 입을 열었다.

"아루 군, 지금 당장 장에 가서 무엇을 파는지 한번 보고 오게나."

아루는 재빨리 장에 다녀와 사장에게 말했다.

"장에서 파는 것은 농부가 끌고 온 감자 한 무더기뿐입니다."

그러자 사장이 물었다.

"얼마나 있던가?"

아루는 다시 장에 다녀온 뒤 대답했다.

"전부 열 포대입니다."

"가격은 얼마던가?"

아루는 또다시 장에 가서 가격을 물어보고 돌아왔다.

"그만하면 됐네. 자, 이제 이쪽 의자에 앉게. 그리고 아노는 어떻게 하는지 잘 보게나."

사장은 아노를 장에 보내어 무엇을 파는지 보고 오라고 했다. 아노는 재빨리 시장에 다녀와 사장에게 보고했다.

"지금 한 농부가 감자 열 포대를 팔고 있습니다."

아노의 보고는 거기서 그치지 않았다. 그는 이어서 감자의 가격을 말하며 직접 가져온 감자 한 개를 보여주었다. 그리고 한 시간 후면 감자를 팔던 농부가 토마토 몇 상자를 싣고 올 것이라고 했다.

과연 한 시간이 지나자 농부가 토마토 상자를 수레에 싣고 나타났다. 아노는 전날 시장에 갔다가 싸고 맛있는 토마토를 발견하자 분명 사장이 사고 싶어할 것이라고 생각했다. 그런데 어제는 토마토가 너무 잘 팔려서 남은 것이 얼마 없었기 때문에 농부더러 오늘 다른 토마토를 가지고 오라고 했던 것이다.

사장은 아노의 말을 듣고서 아루를 돌아보았다.

"왜 아노의 임금이 자네보다 많은지 이제 알았나?"

잘되는 사람의 생각

임금의 액수와 인상 속도는 당신의 능력이 회사의 이윤을 창조하는 데 얼마나 기여하느냐에 달려 있다. 능력은 그 사람의 나이가 아닌 사고(思考)에 의해 좌우된다. 더 멀리 보고, 전반적인 면까지 두루 생각할 줄 아는 사람은 맡은 바 임무도 올바르게 처리하고 결국 자신의 궁극적인 목표까지 달성한다.

세상은 당신의 마음속에 있다

같은 고향에서 태어나 줄곧 한마을에서 자란 두 사람이 있었다. 어른이 되자 그들은 돈을 벌기 위해 각각 상하이와 베이징으로 가기로 결심하고, 한날한시에 떠나기로 했다. 대합실에서 기차를 기다리는 동안, 둘은 우연히 주위에 있던 사람들의 이야기를 듣고 생각이 바뀌기 시작했다.

"상하이 사람들은 계산이 빨라서 외지에서 온 사람이 길을 물으면 그걸 대답해주는 조건으로 돈을 받는다지 뭐야."

"그래? 베이징 사람들은 착하고 소박해서 밥을 먹지 못하는 사람을 보면 먹을 것을 주고 자기가 입고 있던 옷까지 벗어준다고 하던데."

원래 베이징으로 가기로 했던 사람은 이 말을 듣고 상하이가 더 좋은 곳이라고 생각했다.

'길 모르는 사람에게 길만 가르쳐줘도 돈을 벌 수 있다면 무슨 일을 한들 돈을 벌 수 있다는 말이잖아? 좋았어! 아직 기차를 타지 않았기에 망

정이지 하마터면 좋은 기회를 놓칠 뻔했군.'

반면, 원래 상하이로 가기로 했던 사람은 베이징이 더 좋은 곳이라고 생각했다.

'돈을 벌지 않아도 굶어 죽진 않겠군. 아직 상하이로 출발하지 않아서 다행이야. 스스로 불구덩이로 뛰어드는 꼴이 될 뻔했어.'

결국 두 사람은 서로 표를 바꿨다. 그리하여 원래 베이징으로 가려던 사람은 상하이로 가고, 상하이로 가려던 사람은 베이징으로 갔다.

기차가 베이징에 도착했다. 베이징에 도착한 사람은 처음 한 달 동안 아무 일도 하지 않았음에도 굶지 않고 생활할 수 있었다. 과연 예상대로 베이징은 좋은 곳이었다. 게다가 은행에 가면 깨끗한 생수를 마실 수 있었고, 큰 상점 시식 코너에서 배를 채울 수도 있었다.

한편 상하이에 도착한 사람은 시장에 가서 어떤 물건이든 사고파는 모습을 보고 과연 상하이에 오기를 잘했다고 생각했다. 사람들에게 길을 가르쳐주고도 돈을 벌었고 빈 병을 주워 깨끗이 씻어서 차가운 물을 담아 팔아도 돈을 벌었다. 괜찮은 생각만 해낸다면 돈은 얼마든지 벌 수 있었다. 또한 상하이에 간 사람은 고향에서 흙을 밟고 살았던 기억을 되살려 교외에서 흙과 나뭇잎을 섞어 봉지에 담고 '화분흙'이라고 이름 지었다. 그리고 흙을 만져보지 못한 상하이 사람들을 찾아다니며 '화분흙'을 팔았다. 첫째 날, 그는 도심과 외곽을 여섯 번이나 왔다갔다 해서 50위안을 벌었고, 1년 후에는 '화분흙'을 전문적으로 판매하는 작은 회사를 경영하기에 이르렀다. 이에 만족하지 않고 그는 1년 내내 이 골목 저 골목을 돌아다니며 또 다른 사업을 구상했다.

상하이에는 많은 상점이 있었고 저마다 간판을 내걸고 있었다. 하지만 모두 먼지가 그득한데도 관리를 하지 않아서 간판이 잘 보이지 않았다.

알아보니 상점 건물의 청소를 담당하는 용역 업체는 상점 안팎의 위생에만 신경 쓸 뿐 간판에는 아무런 신경도 쓰지 않았던 것이다. 그는 처음 상하이에 왔을 때 사람들에게 길 안내를 하며 돈을 벌었던 기억을 더듬었다. 상하이에 처음 온 사람들이나 처음 길을 찾아가는 사람들은 잘 보이지 않는 간판과 이정표 때문에 목적지를 바로 코앞에 두고도 헤매기 일쑤였다.

"그래, 바로 이거야!"

그는 간판을 전문적으로 닦아주는 회사를 차렸다. 현재 그의 회사는 150여 명의 직원이 근무하는 전문 업체로 성장하였고, 상하이를 본사로 항저우와 난징에까지 지사를 설립하게 되었다.

어느 날 그는 청소 전문 업체 현황을 알아보기 위해 기차를 타고 베이징에 갔다. 베이징 역에서 차를 기다리고 있는데 어떤 걸인이 다가와 자꾸 그에게 맥주 한 병만 달라고 애걸복걸하는 게 아닌가. 그는 걸인에게 맥주를 건네주다가 순간 멈칫하였다. 걸인도 맥주를 건네주는 그를 쳐다보고는 꼼짝하지 않았다. 왜냐하면 그 걸인은 바로 5년 전 자신과 기차표를 바꿨던 고향 친구였기 때문이다.

잘되는 사람의 생각

자신이 어떠한 위치에 서서 어떻게 세상을 바라보느냐에 따라 성공 혹은 실패가 결정된다. 만약 당신이 적극적인 태도를 굳게 지켜나간다면 당신의 눈에는 이 세상이 당신의 꿈을 이루기 위한 최적의 조건을 가진 곳으로 보일 것이고, 만약 소극적이고 안일한 태도를 갖는다면 이 세상은 고작 시간만 때우다 가기에 알맞은 곳이라고 치부해버릴 것이다.
어떤 곳에서 어떤 상황에 놓이더라도 희망을 갖고 기회를 찾아라. 그리고 그 기회를 만났을 때, 꽉 쥐고 놓지 마라. 기회를 잡는 사람은 결코 실패하지 않는다.

인생의 전환점

　어느 날 오른팔이 없는 거지가 어느 집 마당에 들어와서 여주인에게 구걸을 했다. 그러자 여주인은 문 앞에 있는 벽돌을 가리키며 말했다.
　"저 벽돌을 마당 안까지 옮겨주세요."
　그러자 거지가 화를 내며 말했다.
　"난 팔이 한쪽밖에 없단 말이오. 이런 나에게 벽돌을 옮기라니, 너무하지 않소? 돈을 주기 싫으면 나가라고 하면 그만이지, 사람을 놀릴 것까진 없잖소!"
　그러나 여주인은 그 말에 아랑곳하지 않고 손수 벽돌을 마당으로 옮겼다. 그녀는 일부러 한 손만 사용해서 벽돌을 옮기며 말했다.
　"보세요, 이건 꼭 두 손이 있어야만 할 수 있는 일은 아니라구요. 저도 이렇게 한 손으로 하는데 당신은 왜 못한다는 거죠?"
　여주인의 행동에 거지는 멍해져서 아무 말도 할 수 없었다. 그리고 조금 전과는 다른 시각으로 여주인을 보게 되었고, 결국 허리를 굽혀 한 손으로 벽돌을 나르기 시작했다. 더욱 놀라운 것은 한 손으로도 벽돌을 두 개씩이나 옮길 수 있었다는 점이었다.

거지는 꼬박 두 시간에 걸쳐 문 앞에 있던 벽돌을 모두 마당으로 옮겼다. 벽돌을 다 옮긴 그의 얼굴은 새카맣게 변했고 머리는 헝클어진데다 이마에는 땀이 흥건했다. 여주인은 거지에게 깨끗한 수건을 건네주었다. 거지는 수건을 받아 들고 얼굴과 목을 깨끗하게 닦았다. 그러자 하얗던 수건이 금세 새카매졌.

거지는 일의 대가로 여주인이 내준 20위안을 받아들며 너무도 감격스러워했다.

"고맙습니다."

"고마워할 필요 없어요. 이건 당신이 힘들게 일해서 얻은 대가니까요."

"평생 오늘을 잊지 못할 겁니다. 이 수건을 기념으로 가지면 안 될까요?"

그러자 여주인은 웃으며 고개를 끄덕였다. 거지는 수건을 가슴에 품고 그곳을 떠났다.

그 후 1년이 지날 즈음, 말끔한 행색의 한 남자가 여주인을 찾아왔다. 멋진 남색 양복을 입은 그는 말씨 또한 굉장히 품위 있었다. 그러나 그에게는 단 한 가지 부족한 점이 있었는데 바로 오른팔이 없다는 것이었다. 그는 오른팔 소매를 주머니에 넣고 있었다.

그는 여주인에게 말했다.

"만약 당신이 없었다면 저는 지금도 길거리에서 먹고 자는 거지로 살았을 겁니다. 하지만 지금은 한 회사의 어엿한 사장이 되어 이렇게 돌아왔습니다."

여주인은 남자가 누구인지 금세 알아차렸다. 남자가 웃으며 말했다.

"제가 집 한 채를 장만해두었습니다. 가족들과 함께 도심으로 이사와 더욱 편하게 사십시오. 예전 그 일에 대한 제 성의입니다."

그러나 여주인은 이를 정중히 거절했다.

"그건 너무 과분해요. 이렇게까지 하실 필요 없습니다."

"아니, 왜 그러십니까?"

"우리 가족은 모두 건강하기 때문에 이런 도움을 받지 않아도 괜찮답니다."

남자는 크게 상심하며 다시 한 번 여주인을 설득했다.

"부인, 부인께서는 제게 어떻게 사는 것이 사람답게 사는 것인지를 가르쳐주셨습니다. 그 집은 부인이 제게 살아가는 데 가장 중요한 사실을 가르쳐주신 것에 대한 보답입니다!"

여주인은 웃으며 말했다.

"그럼, 그 집을 한쪽 팔이 없는 가엾은 사람들에게 빌려주고 제가 당신한테 했던 것처럼 이번엔 당신이 그들을 돌봐주세요."

| 잘되는 사람의 생각 |

사람답게 살기 위해서는 가장 먼저 자신에 대한 믿음을 가져야 한다. 그리고 사람다운 참된 인격을 자기 삶의 근본으로 삼아야 한다.
삶은 노력하지 않는 자에게는 그 무엇도 주지 않는다. 삶은 오직 열심히 자신의 삶을 갈고닦는 사람에게만 그만큼의 보상을 주고, 중요한 삶의 진리를 가르쳐준다.

영웅의 배경은 묻지 마라

　미국의 제16대 대통령 에이브러햄 링컨은 가난한 농가에서 태어났다. 그가 의회 활동을 할 당시만 해도 미국 사회는 계급과 가문을 굉장히 중시했다.
　링컨은 대통령 선거 전날 저녁 의회에 참석해 연설하던 중, 어느 의원에게 치욕스런 말을 들었다.
　"링컨 선생, 연설을 시작하기 전에 당신이 가난한 제화공의 아들이라는 사실을 기억하기 바랍니다."
　"지금은 세상을 떠나신 제 부친을 떠올리게 해주셔서 대단히 감사합니다. 당신은 제가 영원히 잊지 말아야 할 사실을 깨우쳐주셨군요. 그렇습니다. 저는 가난한 제화공의 아들입니다. 제가 아무리 훌륭한 대통령이 된들 제 부친께서 만든 신발처럼 완벽하진 못할 겁니다."
　순간 의회에는 침묵이 흘렀고 링컨은 고개를 돌려 경박하기 그지없는 그 의원을 바라보며 다시 입을 열었다.

"제가 알기로 제 부친께서는 생전에 의원님 가문의 신발을 만들어주셨습니다. 제 아버님이 만드신 신발이 발에 맞지 않았다면 말씀해주십시오. 기꺼이 수선해드리겠습니다. 어릴 때부터 아버님께 제화 기술을 배웠기 때문에 얼마든지 고쳐드릴 수 있습니다."

링컨은 의회에 모인 모든 사람들에게 말했다.

"의회에 참석한 모든 의원님들도 마찬가지입니다. 만약 여러분께서 신고 있는 신발을 제 부친께서 만드셨다면 이미 많이 낡았을 겁니다. 제게 말씀해주시면 성심성의껏 고쳐드리겠습니다. 하지만 한 가지만 양해해 주십시오. 저는 제 아버님 같은 위대한 제화공이 아니어서 신발을 완벽하게 다룰 줄 모릅니다. 세상에서 제 아버님의 솜씨를 따라갈 만한 제화공은 없으니까요."

어느새 링컨의 얼굴에는 눈물이 흘렀다. 그리고 그를 멸시하던 사람들의 비웃음은 진심 어린 박수로 바뀌었다.

훗날, 링컨은 대통령이 되어 미국 사회의 평등에 많은 기여를 하였다.

잘되는 사람의 생각

인생을 결정하는 것은 출생 가문이나 배경이 아니다. 자신을 신뢰하고, 성실하게 생활에 임하며, 굳은 신념으로 목표를 향해 끊임없이 노력하는 의지가 찬란한 미래를 결정한다. 결국 이러한 의지가 세상 사람들의 존경심을 불러일으키는 것이다.

시간을 낭비하지 마라

벤자민 프랭클린 신문사에 있는 상점 안에서 한 남자가 거의 한 시간 동안 물건을 고르고 있었다. 한참 후에야 그는 점원에게 물었다.

"이 책 얼마예요?"

"1달러예요."

점원이 대답하자 남자가 또 물었다.

"1달러요? 좀 깎아줄 수는 없나요?"

"겨우 1달러짜리를 어떻게 더 깎아드려요?"

점원은 어이없다는 듯 되묻고는 아무 말도 하지 않았다. 남자는 잠시 다른 물건을 둘러보더니 점원에게 다시 물었다.

"혹시 프랭클린 씨 계신가요?"

"네, 인쇄실에요."

점원이 짧게 대답했다.

"아, 그래요? 그럼 프랭클린 씨를 만나야겠네요."

남자는 기어코 프랭클린을 만나야겠다고 고집을 피우더니 결국 인쇄실까지 가서 프랭클린을 찾아냈다.

"프랭클린 씨, 이 책 얼마예요? 제일 싸게요."

"1달러 25센트요."

프랭클린이 진지하게 대답했다.

"뭐라구요? 1달러 25센트라구요? 방금 상점 안에 있는 직원이 1달러라고 했단 말이에요!"

"아, 그때는 1달러였지요. 하지만 지금 당신이 일해야 하는 내 시간을 뺏었으니 1달러로는 부족해요."

남자는 프랭클린을 이해할 수 없었다. 남자가 다시 말했다.

"좋아요. 그럼 1달러 25센트 내면 되죠?"

"1달러 50센트요."

"뭐라구요? 이젠 1달러 50센트라구요? 당신이 방금 1달러 25센트라고 했잖아요!"

"맞아요. 그건 그때 얘기고 지금의 최고 적정가격은 1달러 50센트예요."

'돈 몇 푼 깎으려다 지갑째 몽땅 털리게 생겼군.'

남자는 어쩔 수 없이 1달러 50센트를 테이블 위에 놓고 책을 가져갔다. 그에게 프랭클린은 '이뤄야 할 목표를 가진 자에게 시간은 금이다'라는 교훈을 남겼다. 이 사람이 바로 미국의 유명한 철학자 벤자민 프랭클린이다.

프랭클린은 세상 사람들에게 이런 명언을 남겼다.

"시간은 금이라는 사실을 기억하십시오. 만약에 매일 10달러를 벌 수 있는 사람이 한나절을 놀거나 반나절 동안 소파에 드러누워 TV만 보았을 때 그는 겨우 5달러를 벌지 못한 거라 생각하겠지만, 그건 틀렸습니다! 그는 일을 하지 않아서 벌지 못한 5달러 외에도 그 시간에 생산적인 일을 하지 않고 시간을 허비했기에 또 다른 5달러를 잃은 셈입니다. 기억하십시오. 시간의 본성은 가치를 결정합니다. 돈이 돈을 벌지요. 한 끼 배불리 먹기 위해 돼지를 잡는 사람은 그 돼지로 든든히 배를 채우기 때문에 손해가 없다고 생각하겠지만, 그건 잡아먹은 돼지뿐만 아니라 그 돼지의 새끼의 새끼까지 잃은 셈입니다. 그러니 결국 손해라는 것이지요. 만약 5달러를 버렸다면 그것은 그 5달러가 생산할 수 있는 모든 가치를 버린 것과 마찬가지입니다."

잘되는 사람의 생각

시간은 무궁무진하기 때문에 세상에서 가장 길다. 그러나 세상에서 가장 짧은 것도 바로 시간이다. 왜냐하면 모든 계획을 완성하기에는 시간이 턱없이 부족하기 때문이다. 시간은 기다리는 사람에게는 천천히 가고 할 일이 많은 사람에게는 너무 빠르게 흘러간다.

이 세상에서 유일하게 모든 사람에게 평등하게 주어지는 것이 바로 시간이다. 하지만 시간을 쓰는 방법이나 요령은 사람들마다 제각각이다. 그래서 같은 시간에 태어난 사람, 같은 시기에 똑같은 계획을 실행하기 시작한 사람들의 운명도 판이하게 다른 것이다.

생명이 소중하다고 생각하는가? 그렇다면 시간을 낭비하지 마라. 왜냐하면 시간은 생명을 이루는 중요한 재료이기 때문이다.

모든 사람은 자기 운명의 설계사다

　무더위가 기승을 부리는 한여름, 가뭄 때문에 못의 물이 마르자 못과 그 근처에 살고 있던 동식물들이 하나 둘씩 못을 떠나기 시작했다. 그러자 그곳에 살던 악어 떼도 점차 배고픔과 갈증을 느꼈다. 비가 올 때까지 기다리는 수밖에 다른 도리가 없는 상황에서 먹을 것마저 동이 나자 건장한 악어들은 작고 약한 자기 동료들을 잡아먹기 시작했다. 이때, 작은 악어 한 마리는 용감하게 새로운 못을 찾아 홀로 떠났다.
　가뭄은 갈수록 심각해졌고 그나마 못에 고여 있던 물도 점점 고갈되기 시작했다. 가장 커다란 악어가 이미 수많은 동료를 먹어치웠는데도 남아 있는 악어들은 아무도 못을 떠나려 하지 않았다.
　'비만 내리고 나면 저 악어도 우리들을 잡아먹지 않을 거야. 그때까지만 어떻게든 견뎌봐야지. 괜히 다른 못을 찾으러 나갔다가 허탕만 치면 어떡해? 사자나 독수리 먹이밖에 더 되겠어? 여기에 남아 있는 게 더 안전해.'

못에 남아 있는 악어들은 하나같이 이런 생각을 하고 있었다. 결국 못은 완전히 말라버렸고, 유일하게 남은 큰 악어도 결국 배고픔과 갈증을 못 이겨 죽고 말았다.

한편, 용감하게 새 못을 찾아 떠났던 작은 악어는 어떻게 됐을까?

멀고도 긴 여정을 감내한 끝에 작은 악어는 결국 새로운 정착지를 찾는 데 성공했다. 작은 악어가 찾은 새로운 땅은 영양분이 풍부해 주위에 동식물이 많은데다 못의 물이 맑고 깨끗해서 물고기도 많이 살고 있었다. 그곳은 바로 모든 악어들이 꿈에 그리던 못이었다.

잘되는 사람의 생각

모든 사람은 자기 운명의 설계사다. 운명을 설계하기 위해서는 반드시 기회가 필요하고, 그 기회를 적극적으로 자기 것으로 만들 줄 아는 결단력이 필요하다. 좋은 운명이 자신에게 배당되기만을 무작정 기대해서는 안 된다. 반드시 노력해서 운명을 바꿀 수 있는 전환점을 찾아야 한다.

내일은 인생이 만든 최고의 걸작품

미국 뉴저지 교외의 작은 마을에 한 학교가 있었는데, 이 학교의 가장 구석진 교실에는 26명의 아이들로 구성된 학급이 하나 있었다. 그 교실은 하도 외진 곳에 있어서 눈에 잘 띄지도 않았다.

그 학급의 아이들은 모두 불미스러운 과거를 가지고 있었다. 마약을 했던 아이, 청소년 보호소에 몇 번이나 들락날락했던 아이, 심지어 1년 동안 세 번이나 낙태 수술을 받은 여자 아이도 있었다. 학교장은 그들을 관리할 방법이 없다고 판단하였고, 교사들은 물론이고 온 학교가 그들을 포기하여 방치했다.

바로 그때, 베라라는 여교사가 이들을 맡겠다고 자청했다. 신학기의 첫날, 베라는 교사들의 정돈되고 규율적인 모습을 버린 채 아이들에게 특이한 질문을 던졌다.

베라는 먼저 칠판에 A, B, C 세 사람의 이력을 적었다.

A: 무술(巫術)로 병을 치료할 수 있다고 믿음. 두 명의 정부(情婦)가 있음. 장기간의 흡연 경력이 있음. 게다가 대단한 애주가임.

B: 두 번의 해고 경력이 있음. 매일 점심 무렵에 기상하고 매일 밤 꼭 1리터의 브랜디를 마심. 마약 복용 경력도 있음.

C: 국가 전쟁 영웅. 꾸준히 소식하는 습관을 유지함. 흡연 경력 없고, 음주도 거의 하지 않음. 그나마 마시는 술도 맥주뿐임. 젊었을 때부터 사소한 교통법규조차 위반한 적 없음.

베라는 칠판을 가리키며 학생들에게 물었다.

"자, 이 세 사람 중에 누가 훗날 인류에 행복을 가져다준 사람이 되었을까?"

아이들은 이구동성으로 C를 선택했다. 하지만 베라의 정답은 아이들을 놀라게 했다.

"여러분, 난 여러분이 C를 지목할 줄 알았어요. 하지만 틀렸어요. 이들 세 사람은 모두 제2차 세계대전 시기에 유명했던 인물들이랍니다. A는 프랭클린 루스벨트, 신체장애를 극복하고 대통령 직에 4선한 제32대 미국 대통령이에요. B는 처칠, 영국 역사상 가장 훌륭한 수상입니다. 그리고 마지막 C의 이름은 여러분 모두 익숙할 거예요, 아돌프 히틀러. 수천만 명의 유대인을 학살한 나치스의 대표적인 인물이죠."

아이들은 모두 자기 귀를 의심하며 믿을 수 없다는 표정으로 베라를 바라보았다.

"여러분, 여러분의 진정한 삶은 이제부터가 시작이에요. 여러분이 과거에 겪었던 좌절과 치욕은 그저 과거의 일일 뿐이죠. 진정으로 한 사람의 인생을 대표하는 것은 그 사람이 현재와 미래에 무엇을 하느냐예요.

과거의 그림자에서 빠져나오세요. 지금부터 다시 시작하는 거예요. 열심히 노력해서 자기 인생을 걸고 가장 하고 싶은 일을 하는 거예요. 여러분도 훌륭한 인재가 될 수 있어요."

그날 베라의 이야기가 26명의 학생들의 삶을 바꾸었다. 지금 이 아이들은 성인으로 자랐고, 그중 대다수가 자기 분야에서 뛰어난 몫을 하고 있다. 어떤 아이는 정신과 의사가 되었고, 어떤 아이는 법관, 또 어떤 아이는 파일럿이 되었다. 특히 주목할 만한 아이는 당시 반에서 가장 골칫거리였던 로버트인데, 그는 지금 월스트리트에서 가장 젊고 유능한 증시 분석가가 되었다.

> **잘되는 사람의 생각**
>
> 인생의 하루하루는 항상 새롭고 희망찬 시작을 의미한다. 어제의 명예와 치욕은 이미 지나간 일일 뿐이다. 자신의 밝은 미래를 위해 온 마음을 기울여라. 자신의 현재를 격려하고 적극적으로 노력하는 사람만이 성공적인 내일을 맞이할 수 있다.

자기 자신을 최고로 만들자

일본의 어느 고등학교에서 한 국어 선생님이 졸업을 앞둔 학생들에게 '장래 희망'에 관한 작문 숙제를 냈다.

"저는 대기업에 들어가겠습니다!"

"저는 과학자가 될 거예요!"

"저는 실력 있는 의사가 되겠습니다!"

학생들의 장래 희망은 그야말로 각양각색이었다. 선생님은 시간이 가는지도 모르고 학생들의 장래 희망을 읽느라 여념이 없었다. 그러던 중 여느 학생들과 다른 특이한 두 편의 글을 발견했다. 그중 하나는 성적은 하위권이지만 성격이 명랑한 오카다 마사이치가 쓴 글이었고, 다른 하나는 어릴 적 소아마비를 앓아서 몸을 잘 가누지 못하는 오카와 이치로가 쓴 글이었다.

오카다의 장래 희망은 이러했다.

'제화공이셨던 저희 아버지는 제가 아주 어릴 때 돌아가셨기 때문에 저는 아버지에 대한 기억이 아무것도 없습니다. 그러나 아버지께서 손재주가 아주 뛰어난 제화공이셨다는 이야기는 자주 들었습니다. 저는 아버지처럼 일본 최고의 제화공이 되는 것이 꿈입니다.'

오카와의 장래 희망은 이러했다.

'저는 몸이 약해서 보통 사람들이 하는 일을 똑같이 할 수는 없습니다. 그런데 다행히 저는 도쿄에서 재봉 일을 하는 친척이 계십니다. 그래서 그분께 제봉 일을 배우려고 합니다. 저는 비록 민첩하지는 않지만 열심히 배우고 노력한다면 반드시 멋진 옷을 만드는 재봉사가 될 수 있을 것이라고 생각합니다. 장래에 저는 일본 최고의 재봉사가 되고 싶습니다.'

두 사람의 글을 읽는 선생님의 입가에 웃음이 번졌다. 오카다와 오카와는 사전에 상의라도 하고 글을 쓴 것처럼 모두 '일본 최고'의 인물이 되겠다는 포부를 밝혔다. 별로 눈에 띄지 않던 두 학생이 저마다 아름다운 꿈을 가지고 있었던 것이다. 밝은 미래에 대한 확신과 희망이 가득한 그들의 글을 읽은 선생님은 무척 뿌듯했다.

졸업식이 끝난 후, 오카다와 오카와는 국어 선생님을 찾아왔다.

"선생님, 전 내일 도쿄로 떠날 거예요. 오카다 신발 가게에서 견습생으로 일하기로 했어요."

오카다가 자신감에 가득 찬 목소리로 말했다.

"선생님, 저도 내일 기차를 타고 도쿄로 가요. 하루라도 빨리 훌륭한 재봉사가 되려구요."

부끄러움이 많은 오카와의 하얀 얼굴은 어느새 발그레해졌다.

"너희 둘 다 일본 최고의 전문가가 되기 위한 긴 여정을 떠나는구나. 최고가 되기까지는 많은 고난과 어려움이 있을 거야. 하지만 무슨 일이 생기더라도 포기해서는 안 돼. 어떤 분야에서 일하든 꼭 최고가 되길 바란다."

선생님의 진심 어린 충고에 두 소년은 진지하게 고개를 끄덕였다.

8년 후, 그들은 과연 일본에서 둘째가라면 서러워할 최고의 제화공과 재봉사가 되었다. 도쿄에서는 오카다와 오카와의 이름을 대면 모르는 사람이 없을 정도였고, 모두들 엄지손가락을 치켜들며 그들의 실력을 인정했다.

| 잘되는 사람의 생각 |

자기 분야에서 최고가 되려면 자신이 추구하는 목표가 아무리 소소한 일일지라도 전력을 다해야 한다. 목표를 위해 자신의 모든 것을 쏟아 붓고 열심히 매진한다면 당신의 꿈이 당신을 모른 체하고 그냥 지나치는 일은 없을 것이다.

경쟁은 인생의 촉매제

페루 정부에서 운영하는 동물원에 어린 재규어(고양잇과의 동물) 한 마리가 있었다. 재규어는 전 세계에 오직 열일곱 마리밖에 존재하지 않아 멸종 위기에 놓인 귀중한 동물이어서 페루 동물원은 20평방미터 크기의 우리를 만들어 재규어를 특별 관리했다.

우리는 재규어가 편안하게 생활할 수 있도록 세세한 부분까지 신경 써서 만들어졌다. 우리 안은 진짜 밀림처럼 수많은 풀들과 화초들이 자라고 맑은 시냇물이 흘렀다. 게다가 재규어가 원하면 언제든지 소, 양, 사슴, 토끼 고기를 마음껏 먹을 수 있었다. 동물원을 관람하는 여행객들은 재규어의 우리를 보고 모두 감탄했다.

"와! 정말 완벽한 환경이군! 여기는 그야말로 재규어를 위한 지상낙원이야!"

그런데 정작 재규어는 맛있는 먹잇감을 코앞에 두고도 그다지 기분이 좋아보이지 않았다. 건장한 육식동물답지 않게 맥없어보이는 재규어의 모습은 여행객들을 실망시켰다. 온 밀림을 누비고 다닐 만큼 활동적이라는 재규어가 우렁찬 울음소리 한 번 내지 않는다는 사실을 여행객들은 이해할 수 없었다. 보통 사람들이 '재규어' 하면 떠올리는 모습과는 반대로 페루 동물원의 재규어는 축 처진 꼬리를 힘없이 흔들면서 하루 종일 에어컨이 나오는 우리 안에 꼼짝 않고 앉아 있었다. 그나마 하품할 때만 머리를 살짝 들 뿐 축 처진 몸으로 매일같이 먹고 자는 일만 반복했다.

"너무 외로워서 그런가봐. 짝을 만나면 좀 좋아지지 않을까?"

누군가 힘없는 재규어를 보고 말하자 페루 정부는 콜롬비아 정부를 설득해서 그곳에 사는 암컷 재규어와 짝을 붙여주기로 결정했다. 그러나 사람들의 기대는 완전히 빗나갔다. 재규어에게는 아무런 변화도 없었던 것이다.

하루는 동물 행동 연구가가 재규어를 관찰해보았다. 그는 재규어의 힘없는 모습을 살펴본 뒤 관리인에게 말했다.

"이런 환경에서 사는 재규어는 풀이나 뜯어 먹고 관리인이 갖다주는 먹이를 먹는 일밖에 할 줄 모릅니다. 동물을 잡아먹는 기술을 익히기는커녕 먹잇감 때문에 다른 육식동물과 경쟁할 필요도 없지요. 이렇게 큰 동물원에서 경쟁할 상대가 없다는 사실이 재규어를 무기력하게 만든 원인입니다. 여우 몇 마리라도 데려다놓지 않으면 재규어는 영원히 제 본성을 찾지 못할 것입니다."

관리인은 동물 행동 연구가의 의견을 수렴하여 다른 동물원에서 살고 있는 여우 몇 마리를 재규어의 우리로 데려왔다. 그러자 재규어의 태도가 조금씩 달라졌다. 여태껏 동물원의 최고 자리에 대한 위기감을 느껴본 적이 없던 재규어 앞에 성가신 놈들이 나타났기 때문이다. 틈만 나면 자신의 먹이를 탐내는 여우 몇 마리 때문에 재규어는 정신이 번쩍 들었다. 하지만 여우들을 막는 일은 쉽지 않았다.

재규어는 매일 높은 곳에 올라가 큰 소리로 울어 자신의 지위를 확인시켰고 그 소리는 동물원을 들었다 놓았다 할 만큼 기개 있는 울음이었다. 그리고 재규어는 한시도 경계를 늦추지 않고 동물원의 녹지 주위를 살폈다. 마침내 우리 안 재규어는 건장하고 패기 있는 본성을 되찾고 진정한 야생의 재규어로 다시 태어났다.

잘되는 사람의 생각

경쟁자가 없으면 활기를 잃고 의기소침해지는 동물처럼 사람도 경쟁자가 없으면 나태하고 무능해지기 쉽다. 기업도 마찬가지다. 경쟁 업체가 없으면 성장에 대한 의지를 쉽게 상실하고 미래를 바라보기보다는 현재에 만족하고 안주하려 한다.
당신의 경쟁자를 찾아라! 그리고 그를, 더불어 살 수 없는 적으로 만들지 말고 당신을 발전시키는 촉매제, 추진기, 고속 기어, 그리고 채찍으로 삼아라.

잘 되는 사람은 무슨 생각을 할까?

------

chapter 2 생존의 기술

정확한 선택과 적절한 포기는 생존의 필요충분조건

모든 일에는 끝이 없다

　옛날 러시아의 작은 마을에 진흙 인형을 만드는 예술가가 있었다. 그가 만드는 진흙 인형은 워낙 예뻐서 시장에 내다놓으면 눈 깜짝할 새에 팔리곤 했다. 그 덕에 그는 매우 풍요롭고 윤택한 생활을 할 수 있었다.
　예술가에게는 아들이 한 명 있었는데, 아들도 손재주가 매우 뛰어났다. 그래서 예술가는 아들에게 진흙 인형 만드는 법을 가르쳤고 훗날 부자는 함께 진흙 인형을 만들었다.
　아들의 손재주는 아버지보다 뛰어났고 인형을 만드는 속도도 빨랐다. 게다가 아들은 젊고, 성격도 세심했기 때문에 얼마 후 그의 실력은 아버지를 능가했다.
　아들이 초기에 만든 인형은 아버지가 만든 것과 같은 가격에 팔렸다. 그 후 아버지의 호된 꾸지람 속에서 아들은 더욱 열심히 인형을 만들었다. 시간이 흐르자 아들이 만든 인형이 아버지의 것보다 높은 가격을 받게 되었다. 아버지가 만든 인형은 매일 두 포대가 팔렸지만, 아들이 만든 인형은 세 포대씩 팔렸다. 하지만 아버지는 계속해서 아들을 꾸짖었다. 아버지는 기술 문제가 아니라 고쳐지지 않는 한 가지 결점 때문에 아들을 나무랐는데, 그 결점이 아버지에겐 도저히 참을 수 없을 정도로 거슬렸던 것이다.

아들은 전보다 심혈을 기울여 진흙 인형을 만들었고 노력도 게을리하지 않았다. 그래서 아들의 인형 만드는 기술은 전보다 훨씬 좋아졌다. 아버지가 만든 인형은 예나 지금이나 가격도 변함없고, 파는 양도 같았지만, 아들이 만든 인형은 가격도 올랐을뿐더러 파는 양도 매일 달랐다. 네 포대를 파는 날도 있었고, 다섯 포대, 여섯 포대 심지어 열 포대를 파는 날도 있었다.

하지만 아버지는 여전히 불만족스러웠다. 아버지는 아들이 만든 인형의 어깨가 짝짝이라든지, 왼손이 약간 더 크다든지 하는 등의 아주 사소한 결점까지 지나치지 않고 잡아냈다.

어느 날 참다못한 아들이 아버지를 향해 소리쳤다.

"아버지는 왜 제게 그렇게 불만이 많으세요? 솔직히 제가 보기엔 아버지가 만든 인형도 그렇게 완벽하진 않다구요! 따지고 들면 지적할 게 한두 가지가 아니란 말이에요."

아버지는 아들의 말을 듣고 매우 실망했다.

"너한테 그런 말을 들으니 정말 속상하구나. 아들아, 난 네가 무슨 말을 하고 싶은지 다 안다. 그리고 이제부터 네가 인형들을 영원히 그 가격에, 열 포대밖에 팔 수 없다는 사실도 알고 있지."

"그게 무슨 말씀이세요?"

눈을 동그랗게 뜨고 묻는 아들을 바라보며 아버지가 말했다.

"손으로 작품을 만드는 예술가는 자기 솜씨가 최고라고 생각하는 순간 더이상 발전할 수 없게 된단다. 즉, 성장이 멈춘다는 뜻이지. 자만은 예술가의 기술을 굳어버리게 만들거든. 나도 내 작품에 대해서 기고만장할 때가 있었지. 세상 어떤 진흙 인형을 가져와도 내 작품을 따라올 수 없다고 자만했어. 그랬더니 그날부터 지금까지 내가 만든 인형은 언제나 매일 두 포대씩, 같은 가격으로만 팔리더구나."

잘되는 사람의 생각

고개 숙인 벼의 겸손과 질긴 소가죽 같은 강인한 의지, 그리고 불꽃같은 열정을 갖춘 자만이 후세에 길이 남을 참된 업적을 쌓을 수 있다.
겸손은 사람을 발전시키고 자만은 사람을 도태시킨다. 섣불리 자만하지 마라. 자만하는 순간 당신의 발걸음은 그 자리에 멈추고 말 것이다.

사자의 조기교육

　하느님께서 사자 왕에게 세자를 주신 지 1년이 되어 어느덧 세자가 돌을 맞이하였다. 숲 속의 대신들은 세자가 어리석고 우둔해서 왕실의 권위를 떨어뜨리거나, 등극한 후 국정을 소홀히 해서 사자 왕의 얼굴에 먹칠을 하게 될까봐 몹시 염려하였다. 대신들의 걱정을 잘 알고 있는 터라 사자 왕은 누구를 세자의 스승으로 삼아야 할지 심사숙고했다.
　'여우는 어떨까? 아니야, 여우는 영리하긴 하지만 순 뻥쟁이란 말이지. 그런 사기꾼에게 세자의 교육을 맡길 수는 없어. 그럼 쥐는 어떨까? 근데 이 녀석은 입이 가벼워서 온갖 소문을 퍼뜨리고 다니길 좋아하니 영 신통치가 않아. 그래도 해박하긴 하단 말이야. 또 어떤 일이든 꼭 몸소 실천하지. 하긴 그놈이 먹는 좁쌀만 해도 그래. 언제나 체로 쳐서 깨끗하게 껍질을 벗겨둔다고 하더군. 아니야, 아니야. 쥐는 작은 일에 지나치게 연연해. 코앞에 닥칠 결과만 알지 멀리 내다볼 줄을 몰라. 에잇, 쥐들이야 그 코딱지만 한 구멍에서 사니까 굳이 멀리 내다볼 필요도 없겠지만 어디 사자 왕국이 그래? 거대한 우리 사자 왕국을 쥐구멍 같은 곳으로 취급할 순 없지. 그래, 맞아. 표범이 있었지! 표범은 힘도 세고 용맹할 뿐만 아니라 전략, 전술에도 능해. 아, 근데 표범은 좀 무식하게 행동하지. 그렇게 교양 없는 놈한테 세자가 뭘 배우겠어? 왕은 반드시 정치, 사회, 군사 등 모든 방면에 통달해야 하는데 표범은 오로지 힘쓰는 일밖에 모르잖아. 이 녀석도 세자의 스승 자리에는 안 어울려.'

왕은 마땅한 인재를 찾지 못해 애를 태웠다. 사실 제아무리 완벽한 인재일지라도 세자를 아끼는 사자 왕의 눈에는 부족하게만 보였을 것이다.

그때 마침, 멀리 사는 매가 사자 왕에게 자기가 세자를 가르치겠다며 발 벗고 나섰다. 매는 날짐승의 왕으로 사자와는 두터운 우정을 자랑하는 사이였기 때문에 사자 왕은 매의 제안을 흔쾌히 받아들였다.

'그래, 시시한 동물들한테 스승 노릇을 시키는 것보다 백배 나을 거야. 세자는 장차 들짐승의 왕이 될 테니 하늘을 지배하는 매에게 배우는 게 수준에도 맞을 거고.'

세자는 날짐승 명문 학교에 입학해서 왕위 계승 수업을 받기로 결정하고 즉시 집을 떠났다. 세자는 입학하자마자 빠르게 적응했고 모든 선생님들의 칭찬을 받으며 열심히 공부했다.

"넌 정말 하루가 다르게 발전하는구나. 정말 똑똑해!"

"너처럼 이렇게 학습 속도가 빠른 동물은 처음이야!"

어느덧 시간이 흘러 유학갔던 세자가 돌아왔다. 세자가 도착했다는 보고에 사자 왕은 황급히 뛰어나가 세자를 꼭 안아주며 입을 맞추고 머리를 쓰다듬어주었다.

"사랑하는 아들아, 나의 유일한 왕위 계승자야. 나는 너무 늙어서 하루라도 빨리 너에게 왕위를 물려주고 싶구나. 넌 젊고 강하니까 충분히 네

힘을 발휘할 수 있을 게다. 이제부터 어떻게 하면 백성들을 행복하게 할 수 있을지 각계각층의 대신들에게 조언을 구하고 상의하도록 하여라."

그러자 세자가 대답했다.

"친애하는 아버님, 아버님께서는 제가 뭘 배우고 돌아왔는지 전혀 상상도 못하실 겁니다. 매 선생님께서는 커다란 독수리부터 작은 메추라기까지 모든 날짐승들의 생활 습관을 제게 가르쳐주셨습니다. 어느 새가 어떤 서식지에 살고, 무엇을 원하고, 또 어떻게 새끼를 부화하는지 저는 이 자리에서 아버님과 모든 대신들께 하나부터 열까지 속속들이 알려드릴 수 있습니다. 자, 이것이 제 졸업장입니다. 모든 새들이 제 실력이면 하늘에 있는 별도 딸 수 있을 거라고 칭찬해주었습니다. 하하하! 아버님, 아버님께서 저에게 왕위를 물려주시면 전 가장 먼저 모든 백성들에게 '둥지를 튼튼하게 짓는 법'을 가르쳐주고 싶습니다."

사자 왕은 세자의 이야기를 듣자마자 머리를 쥐어뜯으며 비명을 질러댔고, 대신들은 그저 고개만 떨구었다. 사자 왕과 대신들이 몇 가지 질문을 더 해보았지만 세자는 그때마다 엉뚱한 대답을 할 뿐이었다. 그도 그럴 것이, 세자는 날짐승 명문 학교에서 들짐승에게는 필요 없는 것들만 배워왔기 때문이다. 자고로 왕은 크나큰 학문적 지식을 바탕으로 조국을 이해하고, 발전시킬 수 있는 모든 방법을 습득해야 한다. 하지만 세자가 배운 것은 날짐승의 생활 습관과 그들의 국가정책이었으니, 사자 왕이 매에게 세자를 보낸 것을 후회하는 것은 당연한 결과였다.

> **잘되는 사람의 생각**
>
> 지혜로움은 얼마나 많은 지식을 알고 있느냐가 아니라 자신에게 필요한 지식을 얼마나 잘 알고 있느냐에 달려 있다. 자신에게 필요한 지식이 무엇인지 아는 사람이 진정 지혜로운 사람이다. 올바른 학습법과 학습 방향을 알고 있는 사람은 더 빨리 배우고, 더 빨리 이해한다. 그래서 다른 사람보다 더 빨리 그 분야의 최고가 되는 것이다.

인생에는 두 번째 기회란 없다

　인생의 참뜻에 대해 알고자 젊은이들이 철학자 소크라테스를 찾아왔다. 소크라테스는 미소를 지으며 그들을 사과나무 숲으로 데리고 가 말했다.

　"가장 크고 좋은 사과를 따오십시오!"

　말이 떨어지기가 무섭게 젊은이들은 가장 좋은 사과를 찾기 위해 뿔뿔이 흩어졌다. 그리고 소크라테스는 숲의 반대편으로 천천히 걸어가서 젊은이들이 숲에서 나오기를 기다렸다.

　얼마 후, 젊은이들은 숲을 나와 각자 사과 한 개씩을 손에 들고 소크라테스에게 다가왔다. 그때 한 젊은이가 소크라테스에게 다가와 애원했다.

　"선생님, 다시 한 번 사과를 고를 수 있는 기회를 주세요! 사과나무 숲에 들어가 수많은 사과를 봤지만 계속 둘러보면 훨씬 크고 맛있게 생긴 사과를 발견할 수 있을 것 같아서 그냥 지나쳤거든요. 그런데 그게 실수였어요. 막상 숲에서 나오려고 하니 이만 한 사과밖에 없더라구요. 이것보다 더 큰 사과는 저 건너편에 훨씬 많았답니다."

그러자 다른 젊은이도 다급하게 입을 열었다.

"선생님, 전 그 반대였어요. 저는 숲에 들어가자마자 크고 맛있게 생긴 붉은 사과를 발견하고 바로 그것을 땄어요. 하지만 숲을 나오려고 할 때 더 크고 좋은 사과를 보았습니다."

그러자 모든 젊은이들이 너나 할 것 없이 다시 한 번 기회를 달라고 소크라테스에게 애걸복걸했다. 하지만 소크라테스는 줄곧 미소를 지으며 아무 말도 하지 않았다. 잠시 후 젊은이들이 조용해지자 그는 입을 열었다.

"여러분, 이것이 바로 인생의 참뜻입니다. 여러분의 선택이 옳든 그르든 인생은 여러분에게 또 다른 기회를 주지 않습니다."

| 잘되는 사람의 생각 |

인생이라는 길은 한번 지나가면 다시 돌아올 수 없다. 그렇기 때문에 당신에게 두 번째 기회란 결코 주어지지 않는다.

인생은 눈 깜짝할 사이에 지나간다. 게다가 기회는 뜻하지 않았을 때 갑자기 다가온다. 그러므로 기회를 만났을 때 망설이지 말고 그것을 잡아야 한다. 물론 당신이 능동적으로 기회를 만든다면 오지 않을 기회를 바보같이 기다리지 않아도 된다. 오는 기회를 잡든가 아니면 당신 스스로 기회를 만들어라.

책임을 회피한 목수

어느 늙은 목수가 기력이 쇠하여 일을 그만둘 결심을 하고 사장을 찾아갔다.

"집을 떠나 외지에서 너무 오랫동안 일했습니다. 이젠 늙어서 건축 일을 하기도 힘들고……. 집에 돌아가서 아내와 도란도란 여생을 보내고 싶습니다."

사장은 솜씨 좋은 목수를 보내기가 아쉬워 몇 차례 더 설득해보았지만 목수의 결심은 흔들리지 않았다. 결국 사장은 어쩔 수 없이 목수의 뜻을 받아들이고, 마지막으로 한 번만 집 짓는 일을 도와달라고 했다. 목수는 고개를 끄덕였다.

일을 하는 동안 다른 일꾼들은 목수의 마음이 이미 고향 집에 가 있다는 사실을 느낄 수 있었다. 목수는 목재를 고를 때도 예전처럼 엄격하게 따져보지 않았고, 목재를 다듬을 때도 예전의 솜씨를 발휘하지 못했다. 하지만 사장은 목수에게 아무 말도 하지 않았다. 얼마 후 집이 완공되었다. 사장이 목수를 불러 말했다.

"이 집은 바로 당신 거예요. 제가 드리는 선물입니다."

목수는 사장의 말을 듣고 한 발짝도 움직일 수 없었다. 마치 꿈을 꾸는 듯 멍한 기분이었다.

만약 목수가 그 집이 자기를 위한 선물인 줄 미리 알았다면 과연 그렇게 건성으로 일을 했을까?

한평생 수많은 집을 지었고, 매번 책임감을 갖고 열심히 일했던 목수는 마지막에 그만 실수를 하고 말았다. 남들에게는 튼튼한 집을 지어주었던 그가 마지막이라는 생각으로 긴장을 늦춘 탓에 정작 자기는 가장 부실한 집을 갖게 된 것이다.

잘되는 사람의 생각

우리는 편안하고 풍족한 생활을 위해 매순간 미래의 둥지에 열심히 나뭇가지를 물어다놓는다. 지금 당신의 책임감 없는 행동은 훗날 부정적인 결과를 가져와 후회만 남길 것이다. 항상 책임감 있게 일하는 사람은 설사 최고가 아니라 하더라도 최고라고 불릴 만한 자격이 있다.

아버지의 가르침

　어느 부지런한 대장장이에게 아들이 한 명 있었다. 게으른 아들은 하루 종일 빈둥거리며 아무 일도 하지 않으려고 갖은 꾀를 다 부렸다. 그는 오로지 밥 먹을 때만 재빨리 움직였다.
　부지런한 대장장이는 평생 열심히 일해 집안 살림을 조금씩 늘려나갔다. 하지만 나이가 들고 몸이 쇠약해져 더이상 일을 할 수 없게 되자, 가세는 점점 기울어만 갔다.
　하루는 대장장이가 아내에게 하소연하듯 말했다.
　"쯧쯧, 정말 지지리 복도 없지. 세상에서 가장 게으르고 무능한 녀석을 아들놈으로 두었으니 말이야. 만약 이놈이 일을 배우려고 하지 않는다면 우리 집은 금세 풍비박산하고 말 거야. 그럼 우리 모두 굶어 죽겠지. 나는 늙어서 이젠 아무 힘도 없어. 저승사자가 올 날만 기다리고 있는 셈이지. 그래, 우리야 대충 살다가 죽으면 그만이라고 쳐도 아들놈까지 그렇게 살게 할 순 없잖아? 아무리 못해도 제 입에 풀칠할 정도는 돼야지. 마누라, 아무래도 안 되겠어. 오늘부터라도 저놈을 단단히 가르쳐야지."

하지만 아내는 남편의 생각이 마음에 들지 않았다. 아무리 생각해도 금쪽같은 아들이 밖에 나가 고생하는 것이 탐탁지 않았던 것이다.

다음 날부터 대장장이는 아들에게 엄포를 놓았다.

"이제부터는 한 푼도 주지 않을 게다. 정 필요하면 네 스스로 벌어서 쓰거라!"

아버지의 갑작스러운 변화에 아들은 당황했다. 그러자 아내는 아들을 슬쩍 불러내 돈을 쥐어주며 말했다.

"자, 이 돈으로 실컷 놀다가 저녁 먹을 때가 되면 들어오너라. 그리고 이 돈도 넣어두고. 이건 네가 직접 번 돈이라고 말하면서 저녁에 아버지께 드리렴."

아들은 고개를 끄덕였다.

저녁이 되자 아들은 아침에 어머니가 시킨 대로 말하며 아버지께 돈을 드렸다. 대장장이는 아들이 건네준 돈을 받아 들고는 이리저리 구겨보고 냄새도 맡아보았다. 그러고는 그 돈을 활활 타오르는 난로에 던져 넣으며 호통을 쳤다.

"네 이놈! 이건 네가 직접 번 돈이 아니구나!"

다음 날, 대장장이의 아내는 또다시 아들에게 돈을 쥐어주었다.

"아버지가 또 호통 치시기 전에 얼른 나가거라. 해지기 전에 집에 돌아올 생각일랑 하지 말고, 응? 최대한 멀리 가서 놀다 오면 저녁엔 아주 피곤할 거야. 그럼 네 아버지도 피곤한 네 모습을 보고 정말 일을 하고 돌아왔다고 믿으실 게 아니냐."

아들은 또다시 어머니의 말대로 멀리까지 가서 놀다가 밤늦게야 돌아왔다. 그리고 아버지에게 돈을 건네주었다. 대장장이는 그 돈을 몇 번 만지작거리더니 또다시 난로에 던져버렸다.

"이런 못된 놈! 내가 그렇게 호락호락해 보이느냐! 또 아비를 속이려들어?"

하지만 아들은 대장장이의 호통에도 별 반응이 없었다. 그는 돈 버는 일이 얼마나 고되고 힘든지 몰랐기 때문에 아버지가 돈을 난로에 던져 넣는 모습을 보면서도 눈썹 하나 까딱하지 않았다. 그런 아들을 지켜본 아내는 그제야 자신의 잘못을 깨달았다. 오히려 자신이 아들을 망가뜨리고 있다는 사실을 깨닫고는 아들을 불러 타일렀다.

"네 아버지는 절대 대충 넘어가시는 분이 아니라는 걸 너도 잘 알지? 우리 더이상 아버지를 화나게 하지 말자. 내일부터 일할 만한 곳을 알아보고 뭐든 배우려고 노력해보렴. 얼마를 받든지 상관하지 말고 네가 할 수 있는 만큼 최선을 다해서 아버지께 보여드려라. 그럼 아버지도 기뻐하실 거야."

다음 날, 아들은 일을 찾아 무작정 길을 떠났다. 그리고 이곳저곳을 떠돌아다니며 닥치는 대로 일을 했다. 남의 농사일을 돕기도 하고, 큰 잔치에 일손을 자청하기도 했다. 그러다가 인부들의 눈에 띄어 운 좋게 몇 가지 기술도 배울 수 있었다.

그는 오랫동안 고생한 끝에 힘들여 번 돈을 가지고 집에 돌아왔다. 그리고 아버지에게 그 돈을 건네주며 자신 있게 말했다.

"아버지, 제가 번 돈입니다."

그러나 아버지는 돈을 받아 들자마자 냉큼 난로에 집어던졌다.

"나쁜 놈! 또 이 아비를 속이려고?"

아들은 아버지의 태도에 심한 모욕감을 느꼈다. 그리고 재빨리 난로로 다가가 뜨거운 불길에서 돈을 꺼내려고 갖은 애를 썼다.

"아버지, 뭐 하시는 거예요! 제가 이 돈을 벌려고 얼마나 고생했는지 아세요? 이른 새벽부터 밤늦도록 안 해본 일이 없다구요! 그런데 아버지는 제 말은 믿지 않으시고 제 피땀을 난로에 던져버리시다니, 정말 너무하시네요!"

대장장이는 그런 아들을 보고 껄껄대고 웃으며 말했다.

"하하하! 이제야 정말 내 아들답구나! 그래, 이 돈은 네가 스스로 번 게 확실해. 너도 이제 돈 버는 일이 얼마나 고되고 힘든지 잘 알았겠지? 거저 얻은 것이 아깝지 않은 건 아주 당연한단다. 왜냐하면 그것이 얼마나 귀중한지를 모르거든. 하지만 스스로 노력해서 힘들게 얻은 것은 그렇지 않아. 네가 뜨거운 불길에 냉큼 손을 넣은 것만 봐도 알 수 있지. 갖은 고생을 하며 어렵게 번 돈이 흔적도 없이 사라지는 걸 보고 가만히 있을 사람이 세상에 어디 있겠니? 이제 나도 다리 뻗고 잘 수 있겠구나. 고맙다, 아들아."

잘되는 사람의 생각

스스로 자기 자신을 강하게 단련시키는 사람은 인생의 그 어떤 역경도 용감하게 헤쳐나갈 수 있다. 이러한 인생의 진리는 암석 틈에서 피어나는 꽃과 낭떠러지 위의 소나무, 그리고 폭풍우 속을 날아다니는 바다제비도 잘 알고 있다.

인생의 최고봉에 오르는 길

오랫동안 병마와 싸워온 마을의 수장이 있었다. 그는 죽음을 앞두고 마을의 우수한 젊은이 셋을 불러놓고 말했다.

"드디어 떠나야 할 때가 왔군. 내가 이렇게 자네들을 부른 건 마지막 부탁을 하고 싶어서라네. 자네들은 모두 신체 건강하고 지혜로운 청년들이니 내 부탁을 들어줄 수 있을 거야."

"말씀하십시오, 수장님."

세 젊은이가 늠름하게 대답했다.

"나를 대신해 마을 뒤에 있는 산봉우리에 다녀올 수 있겠나? 가장 높은 산봉우리에 다녀와서 그곳의 풍경을 내게 일러주게."

그리하여 세 젊은이는 산봉우리를 향해 각자 길을 떠났다. 출발한 지 3일째 되는 날, 첫 번째 젊은이가 돌아왔다. 그는 지극히 차분하고 조용한 어조로 말했다.

"수장님, 산봉우리에는 오색찬란한 꽃이 가득하고 맑은 시냇물이 흐르고 있습니다. 그리고 아름답게 지저귀는 예쁜 새들도 아주 많습니다."

그러자 수장이 웃으며 말했다.

"이보게, 그 길은 나도 올라가보았네. 자네가 본 것은 산봉우리가 아니라 산자락이야. 그만 돌아가게."

일주일 후, 두 번째 젊은이가 피곤에 지친 얼굴로 수장을 찾아왔다.

"수장님, 산봉우리에서 빽빽하게 자란 높고 푸르른 소나무 숲을 보았습니다. 대머리독수리의 둥지도 보았어요. 정말 멋진 곳이었습니다."

"이런! 자네가 본 것은 산봉우리가 아니라 산기슭이라네. 수고했네."

그 후로 한 달이 지났지만 세 번째 젊은이는 좀처럼 돌아오지 않았다. 마을 사람들은 그의 안위를 걱정했다. 그러던 어느 날, 세 번째 젊은이가 몹시 남루한 행색으로 돌아왔다. 까칠한 얼굴과 메마른 입술에 힘들고 고된 기색이 역력했지만 눈빛은 오히려 강하게 빛나고 있었다.

"수장님, 저는 산봉우리에 다녀왔습니다. 하지만 그 풍경을 어떻게 말씀드려야 할지 잘 모르겠습니다. 산봉우리에는 세찬 바람이 불고, 푸른 하늘만 보였습니다."

"그곳에는 그것뿐이던가? 작은 나비 한 마리도 없었나?"

"예. 또한 그곳에서 볼 수 있는 것은 다름 아닌 바로 제 자신이었습니다. 드넓은 하늘과 땅 사이에 서 있는 제가 아주 작게 느껴졌습니다."

"허허허! 자네가 올라간 곳은 산봉우리가 맞군그래. 우리 마을의 전통에 따라 자네를 새로운 수장으로 임명하겠네. 축하하네."

> 잘되는 사람의 생각

쉽게 얻을 수 있는 성공은 결코 존재하지 않는다. 빛나는 태양과 향기로운 꽃들이 만발한 길은 절대 성공을 향한 길이 아니다. 성공으로 향하는 길에는 수많은 난관이 끊이지 않는다. 그러한 길 위에서 고통과 좌절을 두려워하지 않는 사람, 그리고 위험을 용감하게 이겨내는 사람만이 성공을 얻을 수 있다.

두 다리만 있다면 세상 어디든 갈 수 있다

사막 한가운데 위치한 고대의 어느 아랍국은 1년 내내 극심한 모래 바람에 시달리고 있었다. 결국 성 전체가 도탄에 빠졌고, 국왕은 해결책을 논하고자 네 명의 왕자를 불렀다.

"이대로는 안 되겠다. 듣기로는 카룬이라는 곳이 참으로 아름답고 풍요롭다고 하던데 아무래도 그곳으로 성을 옮겨야겠구나."

사실 카룬은 아랍국에서 아주 멀리 떨어져 있었다. 수많은 산과 초원, 습지를 지나야 할 뿐만 아니라 몇 개의 크고 작은 강을 건너야 했다. 국왕은 카룬이 그렇게 먼 곳에 있다는 사실을 잘 알고 있으면서도 네 아들들에게 카룬까지 가는 길을 알아보라고 지시했다.

첫째는 7일 동안 마차를 타고 가다가 세 개의 큰 산을 넘은 뒤 넓은 초원에 이르렀다. 그리고 지나가던 현지인에게 물었다.

"카룬까지 어떻게 갑니까?"

"카룬이요? 이 초원을 지나고 또 습지를 넘어야 돼요. 그리고 큰 강도 하나 더 건너야 하구요."

첫째는 더이상 가지 않고 그 즉시 아랍국으로 돌아왔다. 말을 타고 떠난 둘째는 습지까지는 쉽게 갔지만, 넓고 큰 강에 도착하자 지레 겁먹고 성으로 돌아왔다. 셋째는 배를 타고 큰 강을 건너는 수고까지 감수했지만 또다시 끝없는 초원이 나타나자 바로 되돌아왔다. 세 명의 왕자는 국왕에게 각자 겪었던 일들을 보고하면서 입을 모아 강조했다.

"아바마마, 카룬까지 가는 길은 너무 멀고도 험합니다. 아무래도 성 전체를 옮기는 것은 어려울 것 같습니다. 그 근방에 사는 모든 현지인들도 그렇게 말했습니다."

그 후 닷새가 지나자 막내가 돌아왔다. 부랑자 같은 초췌한 모습의 막내 왕자는 흥분을 감추지 못하며 국왕에게 보고했다.

"아바마마! 18일이면 카룬에 도착할 수 있습니다!"

그러자 국왕은 만족스런 표정을 지으며 말했다.

"그래, 네 말이 맞다. 카룬까지는 18일이 걸린단다."

"아니, 아바마마! 어떻게 그 사실을 알고 계십니까?"

곁에 있던 다른 왕자들이 물었다.

"사실 예전에 카룬에 가본 적이 있느니라."

"아니, 그럼 왜 저희를 카룬까지 보내셨습니까?"

그러자 국왕이 엄숙한 어조로 대답했다.

"제아무리 먼 길이라도 건강한 두 다리만 있다면 얼마든지 갈 수 있는 법. 난 단지 너희의 의지를 시험해보고 싶었느니라."

> **잘되는 사람의 생각**
>
> 아무리 높은 산, 먼 길이라 할지라도 그것을 정복하겠다는 사람의 의지 앞에서는 낮은 언덕, 가까운 거리에 불과하다. 마음속에 굳은 의지를 가지고 있는 사람은 오로지 앞만 보고 걸어간다. 그리고 마침내 '먼 곳'이 '눈앞에 있는 곳'이라는 진리를 깨닫게 된다.

무림 최고 스승의 가르침

어느 수행자가 무학(武學)의 최고 스승 앞에 꿇어앉아 검은 띠를 하사받기를 기다리고 있었다. 이 수행자는 몇 년 동안의 엄격한 훈련을 거쳐 이제는 무림의 최고수라 불러도 손색이 없을 정도였다.

"검은 띠를 받기 전에 통과해야 할 마지막 관문이 있다."

스승이 말했다.

"예, 이미 모든 준비가 되었습니다."

수행자는 그것을 가장 마지막에 치르는 훈련이라고 생각하고 자신 있게 대답했다.

"무학의 마지막 시험은 무학에서 가장 기본적이고도 가장 어려운 질문에 답하는 것이다. 그래, 검은 띠의 진정한 의미가 무엇이냐?"

"무술 연마의 끝이자 힘든 훈련 후에 얻는 대가입니다."

스승은 다른 대답을 기다렸지만 수행자는 더이상 말을 잇지 못했다.

"너는 아직 검은 띠를 하사받을 자격이 없구나. 1년 뒤에 다시 오너라."

그 후 1년이 지났고, 수행자는 다시 스승 앞에 무릎을 꿇고 앉았다. 스승이 다시 물었다.

"검은 띠의 진정한 의미가 무엇이냐?"

"무학에서 얻을 수 있는 가장 큰 명예의 상징입니다."

수행자가 대답했지만 스승은 다른 대답을 기다리는 것처럼 가만히 서 있기만 했다. 하지만 수행자는 더이상 아무 말도 하지 못했다. 그러자 스승이 말했다.

"넌 아직도 검은 띠를 하사받을 자격이 없구나. 1년 뒤에 다시 오거라."

그 후 또다시 1년이 지났고 수행자는 또다시 스승 앞에 꿇어앉았다. 스승이 물었다.

"검은 띠의 징정한 의미가 무엇이냐?"

"검은 띠는 시작을 의미합니다. 그리고 시작은 끊임없는 훈련과 최선을 다하는 노력을 의미하지요. 즉, 더욱 높은 목표를 이루기 위한 출발점이라고 할 수 있습니다."

스승이 뿌듯한 미소를 지으며 말했다.

"그래, 맞다. 이제 검은 띠를 승계받아도 되겠구나. 이 검은 띠를 매고 다시 시작한다는 각오로 네 자신을 더욱 열심히 갈고닦도록 해라."

| 잘되는 사람의 생각 |

배움은 끝이 없다. 스스로 모르는 것도, 못하는 것도 없다고 자만하는 순간 그 자리에 멈춰 서게 된다. 숨이 멎는 그날까지 겸손한 자세를 잃지 말고 배움에 임해야 한다.

강해지기 위해 노력하라

　격투기 선수권 대회에 참가한 해리는 누구보다 자신의 우승을 자신했다. 그런데 뜻밖에도 그가 결승전에서 만난 상대는 실력이 만만치 않은 고수였다.
　두 선수는 젖 먹던 힘까지 발휘하여 최선을 다해 싸웠다. 해리는 시합이 중반에 이를 때까지도 상대 선수의 허점을 파악하지 못했는데, 상대는 해리의 수비를 뚫고 계속 그의 허점을 맹공격했다.
　그러니 시합 결과는 불 보듯 뻔했다. 결국 해리는 참패를 당했고 그토록 얻고 싶었던 우승 상금과 트로피는 상대 선수에게 넘어갔다.
　다음 날 해리는 스승을 찾아가 시합 내용을 재연했다. 그리고 상대 선수의 허점이 무엇인지 조언을 구했다. 그는 스승의 조언을 바탕으로 다음 시합에서는 꼭 상대의 허점을 공격해서 우승 상금과 트로피를 되찾겠다고 마음먹고 있었다. 그런데 스승은 아무 말도 하지 않았다. 대신 땅 위에 선을 하나 긋더니 그 선을 지우지 않고 짧게 만들 수 있는 방법을 찾아보라고 했다.

'어떻게 선을 지우지 않고 짧게 만들 수 있지?'

해리는 골똘히 생각해보았지만 해답을 찾을 수가 없었다. 결국 그는 포기하고 스승에게 해답을 알려달라고 했다.

그러나 스승은 아무 말 없이 아까 그렸던 선 아래에 그보다 더 긴 선을 하나 그렸다. 그러고 보니 마치 먼저 그렸던 선이 짧아진 것처럼 보였다. 스승이 말했다.

"상대의 허점을 공격한다고 해서 승리할 수 있는 건 아니란다. 여기 두 선을 보렴. 선을 짧게 만들 방법을 모르면 그것에 연연하지 말고 그보다 더 긴 선을 찾으면 그만이야. 상대 선수를 이기려면 네 스스로 강해지는 수밖에 없단다. 네가 강해진 만큼 상대는 더 많은 허점을 드러내게 될 거야. 그러니 네게는 더 강해질 수 있는 훈련이 필요한 거지."

스승은 웃으며 덧붙였다.

"격투기는 머리로 하는 시합이란다. 상대에 따라 다른 공격법을 선택하여 약점을 공격하는 거야. 만약 네 공격법이 상대에게 통하지 않는다면 그 기술은 깨끗이 포기해야만 하지. 상대의 공격법을 따라 해서는 안 돼. 강해진다면 승리할 수 있는 기회는 얼마든지 있으니까."

잘되는 사람의 생각

진정한 고수는 자신의 허점을 들켜도 결코 쉽게 쓰러지지 않는다.

생각의 차이로 결정되는 전혀 다른 인생

삶에 불만이 많은 두 청년이 한 스님을 찾아왔다.

"스님, 직장에서 무시받고 일하는 게 너무 힘듭니다. 직장을 그만둬야 할까요? 아님, 그냥 참고 다니는 게 나을까요?"

스님은 눈을 감고 한참 동안 생각한 뒤 짧게 한마디를 남겼다.

"밥 한 공기만도 못하구나."

그러고는 손을 내저으며 물러가라고 했다.

그 후, 한 사람은 회사에 돌아와 곧바로 사표를 낸 뒤 고향에 내려가 농사를 지었고, 다른 한 사람은 계속 회사에 남았다.

눈 깜짝할 사이, 10년이라는 세월이 지났다. 고향에 내려가 농사를 지었던 사람은 현대화된 기법을 이용해 품종개량을 연구하여 농업 전문가가 되었고, 회사에 남았던 사람은 인내심을 갖고 열심히 일한 끝에 좋은 성과를 올려 CEO 자리까지 올랐다.

그러던 어느 날, 두 사람은 10년 만에 만나게 되었다.

"스님의 '밥 한 공기만도 못하구나'라는 말씀에 난 마치 머리를 한 대 얻어맞은 기분이었어. 그 말을 듣고 나서 '그깟 몇 푼 때문에 지금의 생활을 포기하지 않고 불행하게 사는 것이 과연 옳은 일일까? 어차피 짧은 인생 괴로워하며 지내서 뭐해, 단 하루라도 맘 편하게 살아야지'라고 생각했지. 굳이 직장에 매달릴 필요가 없다고 생각해서 사표를 썼던 거야. 그런데 자네는 왜 스님의 말을 듣지 않았나?"

농업 전문가가 묻자 CEO가 웃으며 대답했다.

"무슨 소리! 나도 분명 스님의 말씀을 따랐다구. 난 스님의 말씀을 '넌 그 정도도 못 참느냐! 그렇게 그릇이 작아서 이 험한 세상 어떻게 살아가 겠느냐!'라는 의미로 받아들였지. 그래서 나는 상사가 뭐라고 해도 참고 견뎠어. 그리고 그런 꾸지람들을 마음속에 담아두지 않았지."

두 사람은 다시 스님을 찾아갔다. 스님은 10년 전과 다름없이 한참 동안 눈을 감고 있다가 짧게 말했다.

"생각의 차이일 뿐이네."

그러고는 또다시 손을 내저으며 물러가라고 했다. 그제야 두 사람은 스님의 뜻을 이해했다.

잘되는 사람의 생각

성공과 실패, 이익과 손해는 문제를 바라보는 각도와 그 본질을 대하는 태도에 달려 있다.
삶의 진정한 목적은 첫째, 삶의 가치를 알고, 둘째, 삶의 소중함을 느끼고, 셋째, 삶을 대하는 자신의 신념을 지키는 일이다.

두려워하지 말고, 후회하지 마라

풍요롭고 행복한 삶을 동경하여 고향을 떠나 도시로 나가고 싶어하던 한 젊은이가 있었다. 그는 마을의 지혜로운 철학자를 찾아가 조언을 구했다.

"젊은이, 행복의 비결은 단 두 가지라네. 오늘은 그중 한 가지를 가르쳐주지. 이 비결은 분명 자네 인생의 길잡이가 되어줄 걸세."

"그것이 무엇입니까?"

"두려워하지 마라, 라네."

그로부터 30년 후, 젊은이도 중년이 되었다. 그동안 꽤 많은 성취감을 맛보았지만, 힘든 일도 많았다. 집으로 돌아가던 길에 마음이 싱숭생숭해진 그는 다시 철학자를 찾아가보기로 했다.

"선생님, 계십니까?"

그가 묻자 철학자의 아내가 어두운 얼굴로 대답했다.

"몇 년 전에 돌아가셨습니다."

그는 뜻밖의 소식에 크게 상심했다. 그가 발길을 돌리려고 할 때, 철학자의 아내는 밀봉된 편지 봉투를 전하며 말했다.

"남편이 당신에게 남긴 겁니다. 언젠가 다시 올 거라면서요."

그 순간 30년 전 철학자에게 들었던 행복의 비결이 떠올랐다. 그가 편지 봉투를 열어보니 미처 듣지 못한 나머지 비결이 씌어 있었다.

'후회하지 마라.'

잘되는 사람의 생각

젊은 당신이여! 기회가 왔을 때 이것저것 따지지 말고 과감하게 잡아라. 그것은 당신이 빠르게 성장할 수 있는 원동력이 될 것이다.

중년의 당신이여! 뒤돌아보고 한숨짓지 마라. 후회는 당신을 뒤로 물러나게 할 것이다. 당신에게는 아직 머나먼 인생의 여정이 남아 있다.

인격이 삶의 질을 결정한다

세찬 바람과 지독한 폭우가 지나간 이른 새벽, 해안가 모래사장의 얕은 물웅덩이 안에 간밤 거친 파도에 쓸려온 작은 물고기들이 파닥거리고 있었다. 적게는 몇백 마리, 많게는 몇천 마리에 이르는 수많은 물고기들이 웅덩이를 빠져나가지 못하고 있었다. 그대로 두면 쨍쨍 내리쬐는 햇볕 때문에 금세 말라 죽을 수밖에 없었다.

그때 세 아이가 해안가에 놀러 왔다. 첫 번째 아이는 작은 물고기를 본 체만체하면서 마음속으로 생각했다.

'얕은 물웅덩이 안에 있는 물고기 수백 마리를 어떻게 나 혼자 구해낼 수 있겠어? 이건 완전히 힘 낭비, 시간 낭비야.'

두 번째 아이는 물웅덩이 앞에서 허리를 굽히고 작은 고기들을 건져 힘껏 바다로 던졌다. 첫 번째 아이가 두 번째 아이를 비웃으며 말했다.

"웅덩이 안에 물고기가 얼마나 많은지 알아? 과연 네가 몇 마리나 살려줄 수 있을 것 같니? 야! 힘 낭비하지 마!"

"싫어! 난 할 수 있을 때까지 할 거야."

두 번째 아이는 돌아보지도 않고 대답했다.

"이렇게 열심히 한다고 누가 알아주기나 할 것 같아?"

"이 물고기들은 알아!"

두 번째 아이는 계속해서 물고기들을 주워 바다에 던졌다.

"이 녀석도 알고, 이 녀석도 알아! 그리고 이 녀석도, 이 녀석도, 이 녀석도……."

세 번째 아이는 두 번째 아이를 보며 한심하다는 듯 말했다.

"야, 너 바보 아냐? 왜 물고기를 바다에 버려? 이게 얼마나 큰 건수인지를 모르는군. 백날 땅을 파봐라, 돈이 나오나. 저 물고기들을 바다로 보내느니 시장에 내다 파는 게 훨씬 낫다구."

그래서 세 번째 아이는 작은 물고기들을 모아서 주머니에 넣었다. 세 번째 아이의 주머니는 금세 불룩해졌다.

세월이 흘러 세 아이들은 모두 어른이 되었다.

첫 번째 아이는 의사가 되었다. 어느 날 그는 치료비가 없다는 이유로 생명이 위급한 환자의 진료를 거부했다. 환자는 제때 치료를 받지 못해 그의 눈앞에서 죽었다. 그러자 언론과 여론이 압박해왔고 병원은 의사로서 책임을 다하지 않은 그를 내쫓아버렸다. 절망에 빠진 그는 어릴 적 해안가에서 있었던 일을 떠올렸다.

'그렇게 많은 물고기를 죽도록 내버려뒀다니……. 한 마리라도 살리려고 노력했어야 했는데…….'

두 번째 아이도 의사가 되었다. 그는 의술이 뛰어날 뿐만 아니라 의사로서의 사명감도 높아 어떤 환자든 성심성의껏 치료했다. 그래서 사람들은 그의 이름만 듣고도 진정한 명의(名醫)라며 칭찬을 아끼지 않았다. 그는 어릴 적 해안가에서 있었던 일을 항상 마음속으로 되뇌었다.

'나는 모든 사람을 구할 수는 없어. 하지만 내가 노력만 한다면 한 사람이라도 더 구할 수 있다고 믿어. 나는 환자들의 고통을 덜어주기 위해서라면 내 모든 것을 바칠 수 있어.'

세 번째 아이는 사업가가 되었다. 그는 사업을 시작하자마자 굉장히 빠른 시간 안에 많은 재산을 모았다. 벼락부자가 된 그는 자신의 재력을 이용하여 자신보다 낮은 위치에 있는 사람들에게는 함부로 대했고, 높은 사람들에게는 자신의 간이라도 내어줄 듯 아부했다. 그 덕에 그는 금세 높은 지위에 올랐다. 그러나 행복도 잠시, 부정부패를 조장했다는 이유로 그는 사형선고를 받았다. 그는 사형대에 올라 어릴 적 해안가에서 있었던 일을 떠올렸다.

그때 그 시절, 그가 닥치는 대로 주머니에 넣었던 물고기들은 최후의 발악을 하며 원망에 가득 찬 눈빛으로 그를 노려보고 있었다.

> **잘되는 사람의 생각**
>
> 사소한 일이라고 대수롭지 않게 여기면 그로 인해 더 큰 문제가 발생할 수 있다. 당신의 인격과 행실은 태어날 때부터 결정되는 것이 아니다. 살아가면서 겪는 작고 사소한 일들이 당신의 인격과 행실을 결정하는 중요한 요소가 된다.
>
> 지혜로운 사람은 사소한 문제가 생기면 역량을 십분 발휘하여 자연스레 자신의 성실하고 정직한 인품을 증명하지만, 어리석은 사람은 결국 자기가 파놓은 수렁에 빠져 졸렬한 성격을 드러내고 만다.

어떤 라이벌을 선택할 것인가

울창한 나뭇가지 사이로 황금빛 햇살이 초원을 비추던 어느 오후, 막 식사를 마친 다람쥐가 소화도 시킬 겸 폴짝폴짝 뛰며 재미있게 놀고 있었다.

그때 우연히 호랑이 한 마리가 지나가는 것이 보였다. 호랑이를 본 다람쥐는 갑자기 멋지게 호랑이를 때려눕히고 자기도 한번 '영웅'이 돼보고 싶다는 생각이 들었다.

"호랑이 님, 제 도전을 받아주세요."

"미안하구나. 난 네 도전을 받아줄 수 없단다. 게다가 지금은 시간도 없어."

호랑이는 다람쥐의 도전을 단번에 거절하고 자리를 떠났다.

며칠 뒤, 다람쥐는 또다시 호랑이와 마주쳤다. 이번에도 다람쥐는 호랑이에게 도전했지만 보기 좋게 거절당했다. 그 다음부터 다람쥐는 틈만 나면 호랑이를 찾아가 말했다.

"도대체 누가 당신더러 동물의 왕이라는 거야? 매번 내 도전을 거절하고도 나를 두려워하지 않는다고 할 수 있어?"

"다람쥐야, 나는 네가 이럴 때마다 아주 곤혹스럽단다. 너와 내가 싸우면 너는 호랑이와 대적했다는 사실만으로도 유명세를 타겠지만 명색이 동물의 왕인 나는 너처럼 작은 동물과 싸웠다며 손가락질을 받을 테니 말이야. 내가 정말 두려운 것은 네가 아니라 수많은 동물들의 손가락질이란다."

잘되는 사람의 생각

약자와의 싸움에서는 이겨도 악명을 얻을 것이고, 위대한 영웅과의 싸움에서는 지더라도 사람들의 갈채를 받을 것이다. 높은 목표를 향해 끊임없이 도전하고 전진하는 자만이 좀더 명예로운 삶을 살 수 있다.

자기 자신만의 우물을 파라

두 승려가 이웃한 산에서 각자 절을 짓고 살고 있었다. 산 사이에는 작은 시냇물이 흐르고 있었는데 두 승려는 매일 같은 시간에 물을 길으러 시내로 내려왔다. 이렇게 매일 만나 인사를 나누다보니 두 승려는 어느새 좋은 친구가 되었다.

그 사이 5년이라는 시간이 훌쩍 지났다.

그러던 어느 날, 왼쪽 산에 살던 승려가 물을 길으러 내려오지 않자 오른쪽 산에 살던 승려는 생각했다.

'이 친구, 오늘은 늦잠을 자는 모양이군.'

둘째 날도 왼쪽 산에 사는 승려는 보이지 않았고, 셋째 날도 마찬가지였다. 한 달 정도 지나자 오른쪽 산에 사는 승려는 결국 궁금증을 참지 못하고 왼쪽 산의 승려를 찾아갔다.

'병이 난 게 틀림없어. 내가 직접 가봐야겠군.'

친구를 도와줘야겠다고 결심한 승려는 친구가 사는 산에 올라가 그를 발견하고는 놀라움을 금치 못했다. 그 친구는 무척 건강해 보였을뿐더러 절 마당에서 태극권을 하고 있는 것이었다.

"이보게. 자네는 벌써 한 달 가까이 물을 마시지 못했을 텐데, 어찌 이렇게 멀쩡할 수 있단 말인가? 아직도 움직일 힘이 남아 있나?"

그러자 태극권을 하고 있던 친구는 동작을 멈추더니 놀라서 입을 다물지 못하는 승려를 절의 뒤뜰로 데려갔다. 그러고는 깊은 우물을 가리키며 말했다.

"나는 지난 5년 동안 매일같이 수련을 마친 후, 이 우물을 팠다네. 바빠서 조금밖에 파지 못했지만 매일 꾸준히 했지. 그러다보니 한 달 전부터 우물에 물이 고이더군. 그래서 이제는 물을 길으러 힘들게 산 아래까지 내려갈 필요가 없게 되었다네. 그 덕에 시간도 많이 절약할 수 있어서 내가 좋아하는 태극권도 마음껏 할 수 있고 말야."

잘되는 사람의 생각

인간의 보편적인 약점 중 하나는 눈앞의 안일만 탐내어 되는대로 살아간다는 점이다.
'시간은 스펀지에 스며든 소량의 물과 같다. 반드시 힘들여 짜내야만 물을 얻을 수 있다.'
자신의 게으름에 대해 어떠한 핑계도 대지 마라.
조금씩 꾸준히 실행하면 훌륭한 결실을 얻을 수 있을 것이다.

약점을 강점으로 삼아라

불의의 교통사고로 왼쪽 팔을 잃은 열 살짜리 남자 아이가 있었다. 아이는 유도를 배우고 싶어서 유명한 유도 사범을 찾아가 유도를 배우게 되었다. 아이는 꽤 소질이 있었지만 3개월이 지나도록 사범은 한 가지 기술만 훈련시킬 뿐 다른 기술은 가르쳐주지 않았다. 아이는 도저히 사범의 뜻을 이해할 수 없어서 결국 참지 못하고 사범에게 따져 물었다.

"사범님, 저도 이제 다른 기술을 배워도 되지 않을까요?"

"그럼, 넌 분명히 잘할 거야. 하지만 이 기술을 완벽하게 익히면 그것으로도 충분해."

'도대체 무슨 말씀이시지?'

아이는 여전히 사범의 뜻을 헤아리지 못했지만, 지금까지 자신을 돌봐준 분이니 한번 믿어보기로 했다. 그리고 더 열심히 훈련에 매진했다.

몇 달 후, 사범은 아이를 데리고 시합에 나갔다. 아이는 손쉽게 2연승을 했고 사람들 모두 예상치 못한 결과에 깜짝 놀랐다. 하지만 3차전은

1, 2차전과 달리 만만치 않았다. 그러나 아이는 날렵하게 상대 선수의 기술을 피했고, 상대 선수가 틈을 보였을 때, 가장 자신 있는 기술을 걸어 멋지게 한판을 따냈다. 결국 아이는 결승전까지 진출했다. 대회 역사상 한쪽 팔이 없는 선수가 결승전에 진출한 것은 이번이 처음이었다. 아이가 결승전에서 만난 상대는 덩치도 크고 시합 경험도 많았다. 예상대로 아이는 경기가 시작되자마자 상대 선수에게 밀렸다.

"중지!"

심판은 아이가 다칠까봐 경기를 중단시키고 사범을 불러 기권하는 게 어떻겠냐고 권했다. 그러나 사범은 고개를 저었다.

"계속 진행하십시오! 우리 선수는 이 정도로 쓰러지지 않습니다."

심판이 다시 경기를 진행시키자 상대 선수는 아이를 만만하게 생각하고 긴장을 늦추었다. 순간, 아이의 일격이 가해졌고 한순간에 전세는 역전되었다. 아이는 결정적인 일격으로 승리를 거두고 대회에서 우승했다.

집에 돌아오는 길에 아이는 줄곧 묻어두었던 궁금증을 털어놓았다.

"사범님, 기술이라고는 하나밖에 없는 제가 어떻게 우승까지 할 수 있었을까요?"

그러자 사범이 웃으며 대답했다.

"거기엔 두 가지 이유가 있단다. 하나는 네가 유도에서 가장 어렵다는 기술을 제대로 습득했기 때문이고, 다른 하나는 상대 선수가 이 기술을 저지하려면 너의 왼팔을 잡아야 했기 때문이란다."

결국 아이의 약점이 아이에게 큰 강점이 되었던 것이다.

> **잘되는 사람의 생각**
>
> 자신의 장점을 개발하고 단점을 지양하는 사람은 살아가면서 겪게 되는 수많은 싸움과 경쟁에서 결코 패배하지 않는다. 지혜로운 사람은 자신에게 부족한 부분을 채워 장점으로 승화시킬 줄 안다.

선택하는 법을 배워야 포기하는 법도 알게 된다

갈림길에 서면 누구나 난감함을 느낀다. 빠른 길을 선택해야 목적지에 제시간에 정확히 닿을 수 있는데, 자칫 길을 잘못 선택했다가는 빙빙 돌아가 시간만 낭비하는 꼴이 되어버리기 때문이다. 어려운 선택일수록 정확한 판단력을 요구한다. 정확한 판단력은 자신이 원하는 것을 손쉽게 얻을 수 있게 해주고, 나아가 궁극적인 삶의 목표까지도 거머쥘 수 있게 도와준다.

어느 마을에 두 명의 나무꾼이 있었다. 그들은 산에서 땔감을 구해다 팔아 근근이 입에 풀칠만 하고 살 정도로 몹시 가난했다.

그러던 어느 날, 두 나무꾼은 산에서 목화를 발견했다. 생각지 못한 수확에 두 나무꾼은 뛸 듯이 기뻤다. 왜냐하면 목화는 땔감보다 몇십 배의 가치가 있기 때문이었다. 목화 두 포대를 팔면 적어도 한 달 동안은 가족들이 끼니 걱정을 하지 않아도 되었다. 두 사람은 각자 등에 목화 한 포대씩을 이고 집으로 돌아가는 발걸음을 재촉했다.

기쁜 마음으로 산을 내려오는데 산길에 버려져 있는 커다란 더미가 한 나무꾼의 눈에 띄었다. 가까이 가서 자세히 살펴보니 세마포(細麻布, 삼껍질에서 뽑아낸 가는 실로 곱게 짠 베) 더미였다. 보아하니 10여 필은 족히 되어보였다. 그는 기뻐서 어쩔 줄 몰라하며 다른 나무꾼과 어떻게 해야 할지를 상의했다. 그는 목화를 버리고 세마포를 가지고 가자고 했지만 다른 나무꾼은 동의하지 않았다.

"이보게, 우린 이미 이 목화를 이고 한참을 걸어왔네. 지금 와서 목화를 버리고 세마포를 가져간다면 여태까지의 노력이 모두 허탕이 되어버리는 셈 아닌가? 난 싫네, 자네나 세마포로 바꿔 가져가게. 난 목화를 계속 이고 가겠네."

다른 나무꾼이 말을 듣지 않자 세마포를 발견한 나무꾼은 어쩔 수 없이 자기 혼자 세마포를 짊어지고 길을 떠났다.

얼마 후, 세마포를 짊어진 나무꾼은 숲 속에서 무언가 빛이 나는 것을 발견하고 가까이 다가갔다.

"이게 뭐야? 아니, 이건 황금 아냐!"

나무꾼은 땅 위에 떨어져 있는 황금 덩어리들을 발견했다.

"진짜로 횡재했네!"

나무꾼은 재빨리 어깨에 메고 있던 세마포를 내려놓고 멜대에 황금을 주워담았다.

"이보게, 자네도 이 황금을 가져가게나."

그러자 다른 나무꾼이 말했다.

"내가 분명 싫다고 하지 않았나? 지금까지 얼마나 힘들게 이 목화를 이고 왔는데 무슨 소린가? 그리고 그 황금은 분명 가짜일 거야. 자네도 욕심 좀 그만 부리라구! 그 무거운 걸 이고 갔다가 진짜가 아니면 어쩔 텐가? 헛수고하지 말게, 세상에 공짜는 없다구!"

그 말에도 아랑곳없이 나무꾼은 황금을 가지고 집으로 향했다.

그런데 산으로 내려오는 중간에 큰 비가 내려 두 사람은 온몸이 흠뻑 젖고 말았다. 갑자기 목화를 이고 있던 나무꾼이 자리에 털썩 주저앉았다. 알고보니 나무꾼이 이고 있던 목화가 비를 흠뻑 빨아들여 도저히 어깨에 짊어질 수 없을 만큼 무거워졌던 것이다. 나무꾼은 하는 수 없이 하루 종일 힘들게 이고 왔던 목화를 포기해야 했다. 결국 그는 빈손으로 집에 돌아가고 말았다.

> 잘되는 사람의 생각
>
> 물고기와 곰을 한꺼번에 얻을 수는 없다. 성공은 당신의 지혜를 얼마나 잘 활용하느냐에 달려 있다. 무언가를 선택할 때는 반드시 다른 하나를 포기해야 한다. 이때 당신은 올바른 방향으로 정확하게 판단해야 한다. 더 나은 선택을 두려워하거나 경시하는 태도는 다른 사람과의 격차를 넓혀 자신을 도태시킨다는 사실을 기억하라. 좋은 기회는 절대 놓치지 말고 자기 것으로 만들어야 한다. 적절한 시기에 현명한 선택을 할 수 있는 사람이 현명하게 포기할 줄도 안다.

사심 없는 기쁨

바람도 부드럽고 햇살도 따사로운 어느 새벽, 선량한 얼굴의 한 노인이 자기 집 문 앞에다 정성스럽게 사과나무를 심고 있었다.

"집을 짓고 나니 그제야 알겠더군. 여생이 얼마 남지 않은 때야말로 나무 심기에 최적기라는 사실을 말이야, 허허!"

그때 곁에서 이 말을 들은 세 젊은이는 노인의 면전에서 경망스럽게 비웃었다.

"나무가 다 큰 모습을 보려면 할아버지는 100살, 아니 200살까지 사셔야겠네요, 하하하! 그렇게 오랜 시간이 걸리는 일은 할아버지한테 맞지 않아요. 할아버지가 사셔야 얼마나 더 사시겠어요. 벌써 살 만큼 사셨잖아요? 뭐, 우리라면 또 모를까. 우리는 아직 젊고 건강하니까 앞날이 창창하죠. 하지만 할아버지는 이미 거미줄에 걸린 파리 목숨이나 다름없다구요, 하하하!"

"이보게들, 나는 어릴 때부터 일하는 게 몸에 밴 사람이야. 만약 내가 나 혼자만의 이익 때문에 이러는 거라면 일하는 기쁨도 잠시겠지. 하지만 일이라는 건 자신만을 위해 하는 것이 아니라네. 선량한 사람은 기꺼이 다른 사람을 위해 일하고 또 자기가 그런 도움을 준다는 사실에서 기쁨을 얻지. 나는 나무를 심을 때 즐겁고 평온한 기분을 느낀다네. 설사 이 나무가 자라서 잎이 나고 열매 맺는 것을 보지 못한다 해도 나중에 내 손자 손녀들이 이 나무를 친구 삼아 마음껏 뛰놀거나 그늘 아래에서 편하게 휴식을 취할 텐데, 그보다 행복한 일이 또 어디 있겠나? 게다가 우리는 누구도 자신의 앞날을 예측할 수 없지 않나. 감히 우리 중에 누가 제일 오래 살 거라고 자신 있게 말할 수 있겠나? 젊고 곱상하게 생겼다고 염라대왕이 특별 대우라도 해줄 줄 아는가? 천만에! 늙은이들은 오랜 세월 살아오면서 어린 생명들이 안타깝게 사라지는 것을 수없이 보고 들었지. 저 황량하고 차가운 땅속에 자네들이 나보다 먼저 묻히게 될지도 모르는 일이라네!"

잘되는 사람의 생각

지금 당신이 심는 나무는 후세에게 시원한 그늘을 선물해줄 수 있다. 우리가 누리고 있는 아름답고 풍요로운 삶은 우리 선조들의 노력이 깃든 고마운 결과물이다.
타인과 사회를 위해 기쁜 마음으로 내놓는 시간과 정성은 그 사람의 고귀하고 선량한 마음가짐을 증명한다.
책임감과 사명감을 가진 사람은 문명을 지속시키고 발전시키는 귀중한 자본과도 같다.

마음의 두 손

    한 남자 아이가 큰길에서 놀다가 달려오던 버스에 부딪치는 사고를 당했다. 크게 다친 아이는 결국 양팔을 모두 절단해야 했다. 그해 겨우 다섯 살이었던 아이는 사고 후 집에서 책을 읽으며 시간을 보냈다. 하지만 다른 아이들처럼 글씨를 쓸 수는 없었다. 그래서 아이는 초등학교 입학도 거절당했다.

    아이는 매일 아침 또래 친구들이 등교하는 모습을 지켜보았다. 그러고는 시무룩한 얼굴로 엄마에게 물었다.

    "엄마, 전 손이 없으니 이제 어떻게 해요?"

    엄마는 아이의 얼굴을 쓰다듬으며 위로했다.

    "아가야, 너무 조급해하지 말자꾸나. 열심히 노력하면 네 손은 다시 길어질 수 있어."

    "정말요?"

    아이는 환한 미소를 지으며 매우 기뻐했다. 그리고 그때부터 엄마의 도움을 받아 발로 얼굴을 닦고 글씨 쓰는 연습을 했다. 아이는 열심히 노력한 끝에 혼자서도 많은 일을 할 수 있게 되었다.

'와! 엄마 말이 하나도 틀리지 않았어!'

아이 스스로도 놀라워했다.

또다시 몇 년이 지났다. 아이는 이미 많은 시간이 지났는데도 손이 자라지 않자 엄마에게 물었다.

"엄마, 제 손은 왜 하나도 자라지 않았을까요? 제가 그동안 게을렀나요? 열심히 하지 않았다고 하느님이 벌을 더 받으래요?"

아이는 눈물을 머금고 엄마를 바라보았다. 엄마는 아이의 눈을 바라보며 말했다.

"지금 네가 혼자서 할 수 없는 일이 뭐가 있지?"

그러자 아이는 자신 있는 목소리로 대답했다.

"저는 발로는 뭐든지 할 수 있어요. 다른 애들이 손으로 하는 일을 저는 발로 할 수 있어요."

"그럼, 손이 없어도 살아가는 데 그다지 불편한 건 없겠구나. 아들아, 모든 사람은 강하고 힘 있는 손을 가지고 있단다. 그런데 그 손은 사람 마음속에 있어. 그래서 네가 원할 때는 언제든지 쭉 뻗어나와 너를 도와준단다."

> **잘되는 사람의 생각**
>
> 사람의 일은 예측하기 어렵다. '불행'은 행복으로 들어서는 첫 단계인 동시에 천주교 신자의 성수이고, 강자가 짓밟는 돌이며, 약자에게는 밑도 끝도 없는 웅덩이다.
> 성공의 비결은 당신의 사상을 받쳐줄 수 있는 버팀목을 찾는 것이다. 당신의 결점과 약점을 스스로 인정해야 그것을 장점과 강점으로 가지고 있는 사람을 이길 수 있다.

버려야 얻는다

제2차 세계대전의 포연이 전 세계에 가득할 무렵, 미국, 영국, 그리고 프랑스를 주축으로 한 전승국은 여러 차례 협의 끝에 뉴욕에 세계의 공통 업무를 협의하고 처리하는 국제기구, 즉 유엔(UN)을 설립하기로 결정했다. 준비 과정의 모든 윤곽이 잡힐 즈음에야 사람들은 이것이 지구상에서 가장 권력 있는 국제적 조직이라는 사실을 알아차렸다.

먼저 토지를 사야 했지만 설립 후 얼마 되지 않은 유엔 기구에는 자금이 한 푼도 없었다. 세계 각국에 자금 지원을 요청한다면 유엔을 금세 건립할 수는 있겠지만 세계 각국에 경제적 부담을 요구했다는 점에서 국제기구의 취지에 부정적 영향을 끼칠 것이 뻔했다. 게다가 방금 제2차 세계대전이 휩쓸고 간 시점이라 각국의 재정은 크게 구멍이 뚫려 있었고 심지어 어떤 국가들은 재정난 때문에 존폐의 위기에 처해 있었다.

이 소식을 들은 미국의 록펠러가는 가족회의를 통해 자그마치 870만 달러나 되는 거액을 유엔 건립에 지원하기로 결정했다. 그리고 뉴욕에 땅을 산 다음 방금 명패를 내건 유엔에 무상으로 증여했다. 그와 동시에 록펠러가는 이 땅과 인접한 큰 면적의 땅을 전부 사들였다.

록펠러가의 이례적인 결정에 당시 수많은 재정 전문가들은 놀라움을 금치 못했다. '870만 달러'는 전쟁 후 불황에 빠져 있던 미국을 비롯해 전 세계 어느 나라에서도 감히 내놓지 못했던 큰 자본이었다. 더욱 의아한 일은 그 땅을 무상으로 증여하면서 아무런 조건도 달지 않았다는 사실이었다. 이에 미국의 수많은 재정 전문가들과 부동산 관계자들은 어이없다는 듯 웃음을 터뜨렸다.

"이런 어리석은 사람들을 봤나! 이런 식이라면 록펠러 가문의 명성도 10년을 넘지 못하겠군. 저명한 록펠러 가문이 가난뱅이로 전락하고 말 거야."

하지만 국제기구 빌딩이 완공된 후 그 근처의 땅값은 기하급수적으로 치솟기 시작했다. 그리하여 기존 시가의 열 배, 백 배에 가까운 대규모 자금이 록펠러 가문에 흘러들어 왔다. 상황이 대다수 전문가의 예견을 보기 좋게 빗나가자 록펠러 가문을 비난하고 우습게 여기던 모든 금융, 부동산 관련 단체들은 어안이 벙벙해졌다.

사실 '증여(贈予)'도 일종의 경영 도리다. 버리는 것이 있어야 얻는 것도 있다. 증여란 자기가 아끼는 물건을 다른 사람에게 공짜로 준다는 뜻이다. 그런데 '여(予)'는 고대에 '자신[我]'이라는 뜻으로 쓰였기 때문에 증여는 '증아(贈我)'이기도 하다. 즉, '남에게 준다'는 '자기 자신에게 준다'와 같은 의미인 셈이다.

> **잘되는 사람의 생각**
>
> 자기가 아끼는 물건을 다른 사람에게 주는 것은 일종의 지혜로운 처세술이자 경영의 도리이다. 버리는 것이 있어야 얻는 것도 있다. 자신의 것을 남에게 베풀어 가장 많은 것을 얻는 사람은 바로 자기 자신이다.

일의 성패는 작은 틈새에 의해 결정된다

하터는 유명한 암산가다. 그는 문제를 듣는 순간 바로 답을 말했고 단 한 번도 틀린 적이 없었다.

한번은 하터가 속셈 능력을 보여주기 위해서 TV프로그램에 출연했다. 사람들이 쉴 새 없이 문제를 냈지만 그는 아주 쉽게 답을 말했다. 이때 어느 여자가 무대에 나오더니 그에게 문제를 내기 시작했다.

"서른여섯 명이 타고 있는 버스가 있어요. 첫 번째 정거장에서 여섯 명이 내렸고 여덟 명이 탔어요. 그리고 다음 정거장에서 세 명이 내리고 열 명이 탔지요. 그리고 다음 정거장에서 여섯 명이 내리고 네 명이 탔어요. 또 다음 정거장에서 세 명이 내리고 세 명이 탔어요. 그리고 또 여덟 명이 내리고 열두 명이 탔지요. 그리고 여덟 명이 내리고 아홉 명이 탔어요."

여자는 끊을 듯 말 듯 계속 문제를 냈다.

"천천히 말하면 누가 잡으러 오나요? 너무 서두르지 마세요. 하하하!

아직 더 있나요?"

하터는 속으로 계산을 해나가며 여자에게 농담까지 건네는 여유를 보였다.

"물론이에요, 더 들으세요. 버스는 종점까지 달려야 하니까요. 다음 정거장에서는 열한 명이 내리고 네 명이 탔어요. 다음 정거장에서는 아홉 명이 내리고 두 명이 탔지요. 그리고 마지막 정거장에서는 일곱 명이 내리고 아무도 타지 않았어요. 여기까지예요."

"이젠 제가 답을 말할 차례인가요?"

"네, 그래요. 하지만 문제는 버스에 몇 명의 승객이 남았느냐가 아니라, 이 버스가 몇 개의 정거장에 섰느냐예요."

여자의 문제를 듣는 순간 하터는 아무 말도 하지 못했다.

잘되는 사람의 생각

자신이 완벽하게 알고 있는 것이라고 해서 방심하면 안 된다. 당신의 작은 틈이 다른 사람의 눈에 띄지 않도록 언제나 경계해야 한다.

고학력자의 뜻밖의 좌절

자신의 박사 학위에 대단한 긍지를 가진 한 남자가 자료 조사를 위해 어느 연구소를 찾아갔다. 그런데 마침 휴가철이라 한가했던 연구소 사람들은 대부분 연구소 뒤에 있는 연못에서 낚시를 즐기고 있었다.

남자도 사람들과 어울리기 위해 낚싯대를 잡고 연구소 소장과 부소장 사이에 자리를 잡았다. 인사를 주고받다 보니 그들은 모두 학사 출신이었다. 남자는 자기만 박사 출신이라는 사실을 알고는 목에 힘을 주기 시작했다.

낚시를 즐기는 동안 소장과 부소장은 쉬지 않고 이야기를 주고받았는데 남자는 그저 간간이 고개나 끄덕여주는 정도로만 대꾸했다.

'아니, 뭐 이렇게들 할 말이 많아? 대학밖에 못 나온 사람들이 뭐 그리 많이 안다고…….'

남자는 두 사람의 대화가 유치하기 그지없었다. 그런데 잠시 후 소장이 낚싯대를 바닥에 놓더니 자리에서 일어나 기지개를 쭉 폈다. 그리고는 연못 반대편에 있는 화장실을 향해 걸어갔다.

'탁! 탁! 탁……'

소장은 마치 새처럼 가볍고 빠르게 물 위를 걸어 순식간에 연못을 가로질렀다. 남자는 눈이 휘둥그레졌다.

'아니, 물 위를 걸어? 그럴 리가! 이건 분명 깊은 연못이라구!'

소장은 화장실에서 돌아올 때도 갈 때와 똑같이 물 위를 걸어왔다.

'탁! 탁! 탁……'

남자는 눈앞에서 벌어지는 상황을 믿을 수가 없었다.

'어떻게 된 일인지 물어볼까? 아냐, 많이 배운 사람이 그런 것도 모르냐면서 비웃으면 어쩌지?'

그런데 조금 뒤 부소장도 소장처럼 물 위를 걸어 화장실에 다녀오는 것이 아닌가! 그 순간 남자는 정신이 아찔해졌다.

'아니, 부소장까지! 어떻게 이런 일이 일어날 수 있지? 설마 여기가 세간의 고수들이 다 모여 있는 무림(武林)은 아니겠지?'

남자는 연못을 둘러보았다. 워낙 넓고 커서 반대편에 있는 화장실까지 빙 돌아서 가려면 족히 10분은 걸릴 거리였다. 남자는 어떻게 된 일인지 너무 궁금했지만 그렇다고 두 사람에게 물어보고 싶지는 않았다. 그렇게 어느덧 반나절이 지났다.

'에잇! 학사 출신들도 하는데 나라고 못하겠어?'

남자는 벌떡 일어나더니 가랑이를 크게 벌리고 무작정 연못에 뛰어들었다. 그 순간, '풍덩!' 하는 소리와 함께 남자는 순식간에 물속에 빠지고 말았다.

깜짝 놀란 소장과 부소장이 연못에서 허우적대는 남자를 끌어냈다.

"아니, 이게 어찌 된 일입니까? 괜찮으세요?"

소장이 묻자 남자는 오히려 소장에게 따지듯 말했다.

"그건 제가 하고 싶은 말입니다. 어떻게 두 분은 연못 위를 걸을 수 있는 겁니까?"

남자의 말에 소장과 부소장은 서로 마주 보더니 껄껄대며 웃었다.

"이 연못 안에는 긴 목판이 있습니다. 지난 이틀간 큰비가 내려서 수면 아래로 잠기고 말았지요. 우리는 그 목판이 어디에 잠겨 있는지를 잘 알고 있기 때문에 굳이 보지 않고도 목판을 밟고 건널 수 있었던 겁니다. 그렇게 궁금하셨으면 진작 물어보지 그러셨어요?"

잘되는 사람의 생각

학력은 당신의 과거를 보여주는 간판일 뿐이다. 과거에 연연하는 사람은 모든 면에서 소극적이고 의기소침할 수밖에 없다. 그리고 과거에 만족하고 안주하는 사람은 더 높은 곳을 향한 새로운 도전의식이 부족하다.
진정으로 현명한 사람은 아집을 버리고 많은 사람들의 훌륭한 점을 받아들일 줄 안다. 타인의 장점을 올바르게 이해하고 겸손한 자세로 배우는 사람이야말로 자신이 가진 현재의 능력과 미래의 가능성을 제대로 보여주는 멋진 기술을 가지고 있는 셈이다.

학문은 꾸준한 배움

리오는 열네 살이 되던 해 자신의 꿈을 찾아 텍사스주의 휴스턴으로 향했다. 집을 떠난 리오는 이곳저곳으로 옮겨다니며 갖은 고초를 견뎌야 했다.

그러던 중 라스베이거스를 향하던 리오는 커브 길에서 구걸을 하고 있는 거지 노인을 만났다. 거지 노인은 리오를 보고 그를 불러 세웠다.

"이봐! 너 가출한 거 맞지?"

"아뇨. 전 할아버지가 생각하는 그런 애가 아니에요. 저희 아버지께서 직접 휴스턴으로 향하는 고속도로까지 태워주셨는걸요. 그리고 저를 내려주시면서 '아들아, 네가 꿈을 찾는 것은 매우 중요한 일이란다'라고 말씀해 주셨어요."

"그래? 그럼 이리로 와서 커피나 한 잔하고 가거라."

"전 소다수를 마실래요."

그들은 길가에 있는 편의점 앞에 앉아서 음료수를 마시며 한참 동안

이야기를 나누었다. 그러고 나서 거지 노인은 리오에게 자기를 따라오라고 했다.

"너에게 보여줄 중요한 물건이 있단다. 너하고 나눠 갖고 싶구나."

그들은 몇 블록을 지나 시립 도서관으로 들어갔다. 거지 노인은 리오를 도서관 안쪽 한 귀퉁이에 서 있게 했다.

"여기서 잠깐만 기다려라!"

거지 노인은 책장에서 그가 말했던 매우 특별한 물건, 즉 오래된 책을 꺼내어 가슴에 안고 돌아왔다. 그는 책을 책상 위에 놓고 리오 옆에 앉아 이야기를 시작했다. 그때 노인이 꺼낸 처음 몇 마디가 리오의 인생을 완전히 바꾸어놓았다.

"나는 너에게 두 가지 사실을 가르쳐주고 싶단다. 첫 번째는 책의 겉표지를 보고 이 책의 좋고 나쁨을 판단하지 말아야 한다는 사실이야. 겉모습은 유능한 사기꾼이거든."

리오는 고개를 끄덕였고 거지 노인은 말을 계속 이어나갔다.

"너는 지금 나를 거지라고 생각하지? 그렇지?"

"네, 그래요."

"그래? 그럼 내가 이 세상에서 가장 돈 많은 사람이라고 하면 너는 놀라 자빠지겠구나. 사람들이 갖고 싶어하는 걸 나는 다 가지고 있거든. 하지만 1년 전에 내 아내가 죽고 나서 나는 인생의 참된 의미를 되짚어보고 반성했단다. 난 인생의 수많은 부분을 아직까지 경험해보지 못했더구나. 예를 들어 밥을 구걸하고 다니는 거지가 되어본 적이 없었던 거야. 그래서 거지가 되어보기로 결정했지. 그러니 겉모습을 보고 사람을 평가하지 말라는 거야. 속아 넘어가기 십상이거든."

"두 번째는요?"

"두 번째는 닥치는 대로 책을 많이 읽어야 한다는 사실이지. 네 몸에서 결코 빼앗아갈 수 없는 것이 한 가지 있는데, 그것이 바로 지혜거든."

거지 노인은 이야기를 마친 뒤 리오의 오른손을 끌어당겨 방금 그가 꺼내온 오래된 책을 쥐어주었다. 그것은 바로 유명한 사상가, 플라톤과 아리스토텔레스의 철학서였다.

잘되는 사람의 생각

정확한 판단, 선택, 지식을 배우는 일은 발전의 밑거름이자 성공의 원동력이다. 그러나 이러한 일은 소수의 사람만이 해낼 수 있다.

모든 사람이 성공을 추구하지만 결과는 어떠한가? 대부분의 사람들은 실천에 대한 신념이 부족하며 정확하고 올바른 선택을 하지 못하기 때문에 스스로 자책하고 원망하기에만 급급한 것이다. 기억하라. 올바른 선택과 판단, 그리고 지식이 성공을 부른다는 것을.

당신의 몸값은 얼마입니까?

자기 직업에 불만을 품고 있는 사람이 있었다. 그는 잔뜩 흥분해서 친구에게 말했다.

"내 상사는 나는 안중에도 없어. 관둘 때 관두더라도 꼭 김 부장하고 담판을 짓고 말 거야."

"자넨 자네가 다니는 회사에 대해서 확실히 알고 있긴 한가? 그 회사가 어떻게 무역업계에서 최고의 입지를 굳혔는지 알고는 있냔 말일세."

친구가 물었다.

"몰라!"

"복수 따위는 언제 해도 늦지 않아. 내 생각에는 먼저 회사의 무역업 관련 노하우와 사업 관련 문서를 파악하고, 회사 조직에 대해 완전히 통달하는 게 좋을 것 같네만. 할 수만 있다면 몇 층, 어느 부서에 있는 복사기가 고장이 잘 나는지까지 알면 금상첨화겠지. 그 다음에 사표를 써도 늦지 않는다구. 회사는 자네가 공짜로 공부할 수 있는 곳이야. 모든 것을 통달한 후라면 마음껏 화풀이도 할 수 있고, 지금보다 더 많은 것을 얻게 될 걸세."

방금까지 불같이 흥분했던 남자는 친구의 조언에 고개를 끄덕였다.

'그래, 이대로 물러나기엔 왠지 억울해.'

이때부터 남자는 근무시간에 커피 한 잔 마시는 시간도 아껴가며 열심히 일했고, 심지어는 퇴근 시간 후에도 사무실에 남아서 무역업에 관련된 문서와 법률서를 열심히 보았다.

1년이라는 시간이 지났다. 남자는 자신에게 조언을 해주었던 친구를 만났다. 친구가 물었다.

"지금쯤이면 반 정도 공부했겠군. 이제 담판을 지어야겠네?"

"근데 말야. 반년 정도가 지나고 나니 나를 대하는 김 부장의 태도가 달라졌지 뭔가. 사장님께 건의해서 내게 중요한 프로젝트를 맡기더라구. 게다가 얼마 전에는 승진도 하고 월급도 많이 올랐다네. 지금은 완전히 무역업계에서 스카우트 일 순위가 되었지!"

"하하하! 내 그럴 줄 알았지! 자네가 나한테 김 부장인가 뭔가 하는 사람에 대해서 불평 불만을 늘어놓는 말을 듣고, 난 자네가 상사에게 신임을 얻지 못하는 원인이 바로 자네에게 있다는 사실을 알았네. 자네는 능력이 부족한데다가 열심히 배우겠다는 마음가짐도 없었지. 그러던 사람이 어느 날부터 근무시간을 철저하게 지키고 공부도 게을리하지 않으니 상사의 눈에 띄는 건 당연한 일 아닌가? 다른 사람을 탓하기만 하는 사람은 자기반성을 할 줄 모른다네."

| 잘되는 사람의 생각 |

타인에게 긍정적인 평가를 받으려면 무엇보다 끊임없이 자기 개발을 해야 한다. 스스로 개발한 능력은 당신에 대한 의구심에 반격을 가한다. 열정을 쏟아낼수록 돌아오는 보답 또한 크다. 이것은 천 년의 세월이 흘러도 변치 않는 진리다.

잘되는 사람은 무슨 생각을 할까?

---

chapter 3 삶의 단계

다른 각도로 생각하라

-불리함을 유리함으로, 단점을 장점으로, 불행을 행복으로

생명의 쇠사슬

옛날 옛날에 누구보다 튼튼하고 견고한 쇠사슬을 만드는 늙은 대장장이가 있었다. 그런데 대장장이는 정직하고 말수가 적은 탓인지 많은 쇠사슬을 팔지는 못했다. 그저 입에 풀칠할 수 있을 정도의 돈만 벌어들였다. 간혹 사람들은 그가 너무 정직하고 성실해서 탈이라고 했는데, 그는 이런 말에 귀를 기울이지 않았다. 오로지 튼튼하고 견고한 쇠사슬을 만드는 일에만 매진했다.

한번은 대장장이가 만든 거대한 쇠사슬이 큰 외항선의 갑판 위에 닻줄로 설치되었다. 대장장이는 오랫동안 쇠사슬을 만들어왔지만 자신의 쇠사슬이 외항선의 중요한 용도로 쓰인 적은 단 한 번도 없었다.

어느 날 밤, 바다에 거친 폭풍우가 몰아쳤다. 센 바람과 높은 파도로 배는 수시로 암초에 부딪쳐 언제 산산조각 날지 모르는 위기에 처해 있었다. 배 위에 있는 모든 닻줄을 사용해보았지만 아무 소용이 없었다. 쇠사슬로 만든 닻줄 역시 거친 폭풍우 앞에서는 그저 종이 한 장처럼 무력했다. 거센 바람과 파도에 닻줄은 이리저리 흔들리다, 결국 모두 끊어졌고 더이상 배를 지탱해줄 수 없었다. 선원들은 꼼짝없이 죽음을 맞이해야만 하는 상황이었다.

바로 그때, 누군가 소리를 질렀다.

"쇠사슬 하나가 남았습니다!"

선원들은 모두 힘을 합쳐 그 거대한 쇠사슬을 힘껏 바다로 던졌다. 배에 탄 천여 명의 선원과 모든 화물, 그리고 배의 운명은 모두 이 거대한 쇠사슬에 달려 있었다. 쇠사슬은 마치 큰 돌산처럼 튼튼했다. 그리고 몰아치는 폭풍우 속에서 천여 명의 생명을 구하기 위해 마치 자신의 거대한 손으로 배를 꽉 쥐고 놓지 않으려고 애쓰는 듯했다.

마침내 폭풍우가 걷히고 하늘에서 태양이 모습을 드러냈다. 뜨거운 눈물이 그렁그렁 맺힌 채로 모든 선원들은 서로 얼싸안으며 살아난 기쁨을 나누었다.

훗날 사람들은 이 훌륭한 쇠사슬을 만든 대장장이를 위해 성대한 파티를 열어 고마움을 표시했다. 그리고 그날의 명성이 널리 퍼져 대장장이는 전보다 훨씬 많은 쇠사슬을 팔아 풍요로운 노후를 보낼 수 있었다.

잘되는 사람의 생각

자신의 모든 것을 바쳐 노력해도 사람들에게 인정받지 못하는 경우가 종종 있다. 하지만 사람들의 무관심에도 아랑곳하지 않고 자신의 신념대로 묵묵히 밀고 가는 사람은 결국에는 자기 분야에서 인정받게 된다. 뿐만 아니라 일상생활에서도 성실하게 자신의 몫을 다하는 사람은 훗날 풍요롭고 행복한 삶을 얻게 된다.

열심히 자신만의 '생명의 쇠사슬'을 만드는 사람은 진실하고 의지가 강한 사람이다. 그들에게는 어렵고 힘든 시험을 치러야 하는 때가 바로 자신의 진정한 가치를 증명할 수 있는 절호의 찬스다.

누가 이 나라를 무너뜨렸는가?

1485년, 당시 영국의 국왕 리처드 3세는 보즈워스 평야에서의 전쟁을 앞두고 있었다. 리치먼드 헨리 백작의 군대는 기세등등한 모습으로 국왕의 군대에 정면으로 맞섰다. 이 전쟁은 영국의 통치권이 달려 있는 아주 중요한 전쟁이었다.

전쟁이 시작된 날 아침, 리처드 3세는 마부 한 명을 보내 자기가 제일 좋아하는 전투마를 준비하라고 지시했다.

"빨리 말발굽을 박으시오. 국왕께서는 이 말을 타고 첫 번째 교전을 치르길 바라시오."

마부가 대장장이에게 말했다.

"기다리십시오. 며칠 전 국왕께서 모든 말에게 새 말발굽을 박아주라고 명령하셔서 준비한 말발굽을 모두 사용했습니다. 새 말발굽을 만들려면 시간이 필요합니다."

"적군이 몰려오고 있는 판에 가릴 게 뭐가 있소? 기다릴 시간이 없소.

그냥 있는 것을 박아주시오."

 그러나 대장장이는 마부의 말에 아랑곳하지 않고 새 말발굽 만들기에 몰두했다. 그는 기존의 말발굽을 모두 제거하고 새로 만든 말발굽을 평평하게 잘 다듬어 말굽에 고정시킨 다음 못을 박았다. 대장장이는 세 개의 못을 박은 후에야 네 번째 못이 부족하다는 사실을 알았다.

"새 못을 만들 시간도 필요합니다."

"기다릴 시간이 없다고 분명히 말하지 않았소! 이미 출정을 알리는 나팔소리가 울렸단 말이오. 좀 대충대충 못하겠소?"

"물론 다른 못이야 얼마든지 있지만, 지금 박은 세 개의 못만큼 튼튼하지 못합니다."

"다른 못이라도 말굽에 박을 수 있소?"

"예, 가능하지만 그 못이 얼마나 버틸지는 장담할 수 없습니다."

"알았소. 그냥 그걸 박으시오. 더이상 꾸물거렸다가는 국왕께서 우리 둘을 가만두지 않으실 거요."

 조급해진 마부가 대장간 밖의 정황을 살피며 말했다. 마부의 성화에 대장장이는 더이상 새 못을 만들지 못하고 아무 못이나 집어들어 남은 한 군데에 박아넣었다.

 잠시 후, 두 군대에 진격 나팔이 울렸다. 리처드 국왕은 직접 아군 진영에 뛰어들어 용감히 싸웠다. 그리고 적극적으로 사병들을 격려했다.

"진격하라! 진격하라!"

 국왕은 큰 소리로 외치며 부대를 이끌고 적진으로 돌격했다.

 그런데 다른 쪽에서 진격하던 몇몇 병사들이 지레 겁을 먹고 퇴각하는 모습이 보였다. 만약 다른 병사들이 이 모습을 본다면 일종의 작전으로 오해하고 그들을 따라 후퇴할 수도 있는 상황이었다. 리처드 국왕은 힘껏 채찍질하며 그들에게 달려갔다. 그리고 후퇴하는 병사들에게 말 머리를 돌려 진격하라고 명령했다.

그런데 그 순간 리처드 국왕이 타고 있던 말의 말발굽이 떨어져나갔다. 그러자 국왕의 말은 순식간에 고꾸라졌고 그 위에 타고 있던 리처드 국왕은 땅바닥으로 내동댕이쳐졌다. 게다가 국왕이 땅에 떨어지면서 고삐를 놓치는 바람에 놀란 말은 벌떡 일어나 정신없이 어디론가 달려가버렸다. 리처드 국왕은 후퇴하던 병사들이 뒤따라오는 헨리의 부대에 완전히 포위되는 모습을 힘없이 지켜보았다.

"다 그놈의 말 때문이야! 하찮은 말이 우리 왕국을 쓰러뜨렸다구!"

리처드 국왕은 검을 뽑아 허공에 마구 휘두르며 분풀이를 했다. 이젠 타고 도망칠 말도, 몸을 일으켜세울 기운도 없었다. 게다가 그의 모든 부대는 완전히 와해되었기 때문에 병사들도 자기 목숨 부지하기에 여념이 없었다. 얼마 지나지 않아 헨리의 부대는 리처드 국왕을 생포했고, 결국 전쟁에서 승리했다. 이때부터 민간인들 사이에 이런 노래가 유행했다.

> 못 하나가 없어서 튼튼한 말발굽을 잃었네.
> 튼튼한 말발굽이 없어서 훌륭한 전투마를 잃었네.
> 훌륭한 전투마가 없어서 전쟁에서 패했네.
> 전쟁에서 패해서 나라를 잃었네.
> 아주 작은 못 하나 때문에 모든 것을 잃었네!

잘되는 사람의 생각

간단한 일을 제대로 처리하는 사람은 간단하지 않은 일도 잘 해결할 수 있고, 사소한 일을 제대로 처리하는 사람은 사소하지 않은 일도 잘 해결할 수 있다. 1%의 허점은 100%의 참패를 가져온다. 이것은 대충대충 처리하려는 안일한 자세가 가져다주는 참혹한 대가다.

유언비어는 그것을 듣고 믿을 때 만들어진다

　남의 농사일을 거들어서 받는 일당으로 근근이 생계를 유지하던 한 농부가 있었다. 그가 우연히 길에서, 얼핏 봐서는 사람 같기도 하고 다시 보면 아닌 것 같기도 한 작은 사물을 발견했다.
　농부가 물었다.
　"너 사람 맞니? 어쩜 그렇게 요상하게 생겼니?"
　"전 사람이 아니에요."
　"그럼 대체 뭐니?"
　"전 사람들의 유언비어에서 떨어져나온 요괴예요. 보통 사람들은 날 보지 못하는데, 당신 눈에 내가 보이는 걸 보니 당신은 나쁜 사람이 분명하군요!"
　요괴의 말에 농부는 화를 냈다.
　"무슨 소리! 나는 이날 이때껏 하늘에 한 점 부끄럼 없이 정직하게 살았다구! 여기저기에 헛소문을 퍼뜨린다거나 하는 나쁜 짓 따위는 하지 않았어. 이런데도 내가 나쁜 사람으로 보이니?"

순간 유언비어 요괴는 몸을 빙그르르 돌리더니 눈 깜짝할 사이에 둘로 변했다. 그리고 둘이서 이구동성으로 농부를 집중 공격하기 시작했다.

"하늘이 알고 땅이 아는데 어물쩍 넘어가려고 하지 마! 네가 정직하다고? 이런 비열하고 나쁜 인간아!"

놀란 농부는 더 큰 소리로 화를 냈다.

"어디 인간도 아닌 요괴들이 백주에 사람을 놀려!"

유언비어 요괴는 키득거리며 농부의 그림자를 유유히 한 바퀴 돌더니 곧바로 넷으로 변했다. 그리고 또다시 이구동성으로 말했다.

"그럼, 저번에 왜 네 앞집에 사는 과부를 힐끔힐끔 쳐다봤지?"

농부는 유언비어 요괴들의 거짓말을 듣다가 화가 머리끝까지 치밀어 올랐다. 농부는 계속 반박하고 싶었지만, 더 상대해봤자 요괴들한테 나쁜 말만 들을 것 같아서 차라리 잔꾀를 쓰기로 했다. 그래서 농부는 길가에 주저앉아 요괴가 하는 말에 아랑곳하지 않고 아무 말 없이 휴식을 취했다.

잠시 후, 넷이었던 유언비어 요괴는 둘로 줄었고, 또다시 하나로 줄었다. 그리고 요괴는 점점 작아지더니 마침내 바람과 함께 사라졌다.

> **잘되는 사람의 생각**
>
> 유언비어가 사람을 해치는 이유는 그 말을 듣고 믿는 사람이 있기 때문이다. 유언비어를 들어도 믿지 않고 다른 사람에게 퍼뜨리지 않으면 유언비어는 결코 사람을 해칠 기회를 찾지 못한다.

다른 각도로 생각하라

마흐마드는 엄하기로 소문난 고대 아라비아의 국왕이었다. 불행히도 그는 불의의 사고로 한쪽 눈과 한쪽 팔을 잃었다.

어느 날 그는 재능 있는 세 명의 화가를 불러 자신의 초상화를 그리라고 지시했다.

"난 아주 멋진 초상화를 원한다네. 군마를 타고 전쟁터에서 활약하는 내 모습을 심혈을 기울여 그려주게!"

화가들이 국왕의 초상화를 선보이던 날, 궁전에서는 나팔 소리가 울려 퍼졌다. 국왕은 근엄한 자태로 왕좌에 앉아 있었다. 화가들은 공손하게 자신들이 그린 초상화를 국왕에게 올렸다.

국왕은 몸을 일으켜 첫 번째 초상화를 자세히 살펴보더니 이내 노발대발했다.

"이게 대체 누구란 말이냐? 여기 말을 타고 있는 사람은 두 손으로 활을 쏘고 두 눈으로 앞을 보고 있구나. 두 손과 두 눈을 모두 가진 것을 보니 이자는 분명 내가 아니다. 어찌 이리도 대담하게 거짓을 꾸밀 수 있느냐! 너는 국왕을 기만한 죄로 그 대가를 치러야 한다!"

분노에 가득 찬 국왕은 즉시 명령을 내렸다.

"거짓으로 붓을 놀린 저 화가를 당장 끌어내라!"

국왕은 두 번째 초상화를 보고도 바르르 떨며 불같이 화를 냈다. 그는 심한 모욕을 당했다고 생각하고 크게 소리쳤다.

"정말 악랄한 놈이구나! 감히 나를 비하하려들어? 너야말로 진정 음흉한 놈이로구나! 내 한쪽 눈과 한쪽 팔을 저리도 적나라하게 표현하다니! 네 무슨 심보로 이런 그림을 그렸느냐! 저자를 당장 끌어내라!"

결국 현실주의적이었던 두 번째 화가도 목숨을 잃고 말았다.

세 번째 화가는 매우 두려웠다. 이마에는 식은땀이 흥건했고, 심한 몸살에 걸린 것처럼 온몸이 부들부들 떨렸지만, 그는 아주 공손하게 자신의 그림을 국왕에게 올렸다. 초상화 속의 국왕은 말을 타고 있었는데 정면을 보고 있지 않고 측면을 향해 있었다. 그래서 그림을 보는 사람은 국왕의 오른쪽 눈이 있는지 없는지, 오른팔이 있는지 없는지를 알 수 없었다. 그림 속 국왕의 건장한 왼쪽 팔은 방패를 꼭 쥐고 있었고, 완전한 왼쪽 눈은 마치 매의 눈처럼 힘 있고 예리하게 정면을 응시하고 있었다.

그리하여 재치 있는 화가는 국왕의 총애를 얻었고 그 후 마음껏 궁전에 드나들 수 있게 되었다. 그가 숨을 거둘 때 그의 가슴에는 훈장이 가득 달려 있었다.

> **잘되는 사람의 생각**
>
> 굳게 잠긴 문 앞까지 몰렸을 때는 잠긴 문에 얽매이지 말고 재빨리 생각을 바꿔 그곳을 빠져나갈 수 있는 다른 출구를 찾아야 한다.

마태 효과

　많은 재산과 하인을 거느린 주인이 먼 길을 떠나면서 하인들에게 자기의 재산을 잘 보관해달라고 신신당부했다. 주인은 하인들의 능력에 따라서 첫 번째 하인에게는 5달란트, 두 번째 하인에게는 2달란트, 그리고 세 번째 하인에게는 1달란트를 주었다.
　5달란트를 받은 하인은 그 돈을 밑천으로 장사를 해서 5달란트를 더 벌었고, 2달란트를 받은 하인도 2달란트를 더 벌었다. 하지만 1달란트를 받은 하인은 주인이 준 돈을 땅에 묻어두기만 했다.
　아주 오랜 시간이 지난 후 주인이 돌아오자 5달란트를 받았던 하인이 주인에게 말했다.
　"주인님, 주인님께서 주신 5달란트는 10달란트가 되었습니다."
　"오호, 그래! 대단하구나! 이제 너를 믿고 더 많은 일을 맡겨도 문제없겠어!"
　그러자 2달란트를 받았던 하인도 어깨를 우쭐거리며 주인에게 4달란트를 내밀었다.

"주인님, 주인님께서 주신 2달란트로 2달란트를 더 벌었습니다."

"정말 기특하다! 너 또한 더 많은 일을 맡아도 되겠구나!"

마지막으로 1달란트를 받았던 하인이 주인 앞에 섰다.

"주인님, 저는 씨를 뿌리지 않은 땅에서 무언가를 수확하려니 너무 두려웠습니다. 그래서 이 돈을 땅에 묻고 지켜보기만 했습니다."

그러자 주인은 그를 나무라며 말했다.

"쯧쯧, 게으르고 어리석은 놈 같으니……. 내가 너희에게 밑천을 주면서 너희가 그것으로 무언가를 이루길 바랐다는 사실을 알았다면 그 돈을 은행에 맡겨 이자라도 얻었어야지. 그리고 당연히 내가 돌아왔을 때는 단 몇 푼의 이익이라도 남겼어야 하는 게 아니냐?"

주인은 몸을 돌려 다른 하인들을 보고 말했다.

"저놈의 1달란트를 빼앗아 5달란트를 번 자에게 주어라!"

"하지만 주인님, 전 이미 5달란트를 더 벌었는데요?"

5달란트를 받았던 하인이 눈을 동그랗게 뜨고 묻자 주인이 대답했다.

"무릇 있는 자는 받아 더욱 풍족하게 되고 없는 자는 그 있는 것까지 빼앗기리라(마태복음 25장 29절)."

잘되는 사람의 생각

'마태 효과(Matthews Effect, 사회경제적 부익부 빈익빈 현상)'는 가난한 사람은 갈수록 가난하고, 부유한 사람은 갈수록 부유해지는 현상을 일컫는 말이다.

친구가 많은 사람은 수많은 교류를 통해 더 많은 친구를 사귈 수 있지만 친구가 없는 사람은 항상 외롭고 고독하기 마련이다. 명성이 높은 사람은 자신을 드러낼 수 있는 기회를 다른 사람들보다 더 많이 얻을 수 있다. 그러므로 자신의 가치를 더욱 높이고 배움을 통해 학문의 깊이를 더할수록, 당신은 풍족한 환경 속에서 행복한 삶을 누릴 수 있다. '마태 효과'는 생물의 진화, 개인의 발전, 그리고 국가, 기업 간의 경쟁을 막론하고 모든 분야에서 보편적으로 적용되는 현상이다.

불리함이 유리함으로 바뀌다

브라질에서 전해오는 흥미로운 이야기가 있다.

세 명의 여행객이 동시에 한 여관에 묵었다. 다음 날 이른 아침, 그들 중 한 여행객은 우산을, 다른 여행객은 지팡이를, 그리고 세 번째 여행객은 아무것도 지니지 않고 여관을 나섰다.

밤이 되어 여관으로 돌아왔을 때 우산을 가지고 나갔던 여행객은 온몸이 흠뻑 젖었고, 지팡이를 가지고 나갔던 여행객은 온몸이 상처투성이였다. 그런데 오히려 아무것도 들고 나가지 않았던 여행객은 멀쩡했다. 앞의 두 여행객이 놀란 눈으로 세 번째 여행객에게 물었다.

"참, 신기하구먼. 자네는 어떻게 아무렇지도 않은가?"

그러자 세 번째 여행객은 질문에는 대답하지 않고, 되레 우산을 가지고 나갔던 여행객에게 물었다.

"그러는 당신은 넘어지진 않은 것 같은데 왜 그렇게 흠뻑 젖었소?"

그러자 우산을 가지고 나갔던 여행객이 대답했다.

"비가 내릴 때 우산을 가지고 있던 터라 우산을 펴고 대담하게 빗길을 걸었지. 대신 미끄러운 진흙탕을 지날 때는 지팡이가 없었기 때문에 매우 조심조심 걸었소. 그래서 넘어지지 않았지."

그러자 세 번째 여행객은 지팡이를 가지고 나갔던 여행객에게 물었다.

"당신은 비는 맞지 않았으면서 왜 넘어졌소?"

"비가 내릴 때 난 우산이 없었기 때문에 비를 피할 수 있는 길로만 다녀서 비에 젖지 않았소. 그런데 미끄러운 진흙탕을 지날 때는 가지고 나갔던 지팡이를 꼭 쥐고 걸었는데도 이상하게 자꾸 넘어지더군."

그러자 세 번째 여행객이 웃으며 말했다.

"그게 바로 당신들이 비에 젖고 넘어진 이유라오. 난 의지할 만한 것이 아무것도 없었소. 그래서 비가 내렸을 때는 비를 피할 수 있는 길로 다녔고 미끄러운 진흙탕을 지날 때는 조심조심 걸었소. 덕분에 난 젖지도 않았고 넘어지지도 않았다오. 당신들의 실수는 당신들이 갖고 있는 유리한 점을 너무 믿었다는 것이오. 그래서 아무 근심 걱정 없는 안일한 틈에 그만 실수를 저지르고 만 거요."

> 잘되는 사람의 생각
>
> 유리함은 절대적이지 않다. 그러므로 언제 어디에서든 유리함이 불리함으로, 불리함이 유리함으로 작용할 수 있다.
> 불리함은 우리에게 경각심을 일깨워주지만 유리함은 우리를 안일하게 만든다. 그래서 우리는 불리한 상황에 처하면 신중하게 잘 대처하지만 유리한 상황에서는 얼토당토않은 실수를 저지르고 만다.

희망은 마법의 반지

매일같이 열심히 일했지만 좀처럼 가난에서 벗어나지 못하는 가여운 농부가 있었다.

어느 날 그는 집에서 매우 먼 숲 속에 갔다가 우연히 나이 든 노파와 마주쳤다.

노파가 그에게 물었다.

"나는 네가 매일같이 열심히 일하지만 여전히 가난하다는 사실을 알지. 너에게 마법의 반지를 줄 테니 가져가거라. 이 반지는 네게 많은 재물을 안겨줄 거야. 갖고 싶은 것이 생기면 반지를 살짝 어루만지면서 네 소원을 말하거라. 그럼 그 즉시 소원이 이루어질 테니. 하지만 이 반지는 단 하나의 소원만 들어줄 수 있으니 반드시 소원을 빌기 전에 신중하게 생각하거라."

노파에게 반지를 받고 신이 난 농부는 그길로 발길을 돌려 집으로 향했다. 워낙 집에서 멀리 떨어진 곳이라 도중에 날이 저물고 말았다. 열심히 집으로 돌아가는 길에 농부는 한 상인을 만났다. 신이 난 농부는 그 상인에게 반지를 꺼내 보이며 반지의 신비한 능력에 대해 장황하게 설명했다. 상인은 농부의 말을 듣고 난 뒤 그에게 제안을 했다.

"이미 밤이 깊었으니 오늘은 우리 집에 가서 묵는 게 어떻겠나? 이 늦은 시간에 방을 구하러 다니는 것도 여간 힘든 일이 아닐 텐데."

반지 자랑을 하느라 시간 가는 줄도 몰랐던 농부는 어두워진 밤하늘을 보고 상인의 제안을 흔쾌히 받아들였다.

그날 밤, 상인은 깊은 잠에 빠져 있는 농부의 침실로 들어가 마법의 반지와 똑같이 생긴 가짜 반지를 진짜 마법의 반지와 슬쩍 바꿔치기했다.

다음 날 아침, 잠에서 깬 농부는 상인에게 연방 고맙다는 말을 하고 집으로 향했다.

상인은 농부가 떠나자마자 재빨리 자기 방으로 들어와 문고리를 걸고 반지를 매만지며 말했다.

"마법의 반지야, 내게 1억 냥을 다오!"

그러자 기적이 일어났다. 헤아릴 수 없을 만큼 수많은 금화들이 장마철 폭우처럼 순식간에 상인의 방 안 가득 쏟아진 것이다. 욕심쟁이 상인은 피할 틈도 없이 수많은 금화 더미에 깔려 죽고 말았다.

한편, 농부는 집에 돌아와서 마법의 반지에 관한 얘기를 아내에게 들려주었다.

"그러니 마누라, 이 반지를 잘 보관해두구려."

그러나 아내는 안절부절못하며 남편을 재촉했다.

"여보, 그 말이 정말인지 한번 시험해봐요. 넓은 논밭을 달라고 말해보자구요!"

"그럼 안 되지, 여보. 우리에게 정말 필요한 게 무엇인지 잘 생각해보자고. 이 반지는 단 하나의 소원만 들어줄 거라고 했어. 그러니까 1년 더 고생한 후에 소원을 빌면 지금 비는 소원보다 더 넓고 좋은 논밭을 가지게 될 게야."

그때부터 농부와 그의 아내는 최선을 다해 더욱 열심히 일했고, 1년 후에는 그들이 원하던 크기의 논밭을 살 만큼 충분한 돈을 모았다.

"여보, 일을 도와줄 소하고 말이 있었으면 좋겠어요."

아내가 말하자 농부는 아내를 설득했다.

"마누라, 우리 1년만 더 고생해보는 게 어떻겠소?"

그리고 또 1년이 지났다. 그동안 열심히 일한 농부는 아내가 원했던 소와 말을 살 수 있게 되었다. 농부가 웃으며 아내에게 말했다.

"마누라, 우리는 정말 행복한 사람이구려. 1년 동안 열심히 일하면 항상 원하는 것을 얻을 수 있으니 말이오. 우리 당분간은 마법의 반지를 잊고 삽시다. 아직 이렇게 젊고 생생한데다 사지도 멀쩡한데 요행을 바란다는 것이 난 달갑지 않구려. 우리 늙고 병들어서 더이상 일을 할 수 없을 때까지 기다렸다가 그때 마법의 반지를 씁시다."

그로부터 40년 후, 농부와 그의 아내는 얼굴에 주름이 자글자글한 백발의 노인이 되었다. 그들은 여태껏 열심히 일해서 원하는 것을 모두 얻었기 때문에 '마법의 반지'는 여전히 처음 놓아둔 장소에 그대로 보관되어 있었다. 사실 그들은 마법의 반지가 없어도 상관없을 만큼 충분히 행복했다.

잘되는 사람의 생각

희망은 '마법의 반지'다. 그러므로 희망을 가진 사람만이 자신의 희망을 위해 부단히 노력하여 결국 자기가 원하는 것을 얻을 수 있게 된다. 희망이 바로 성공과 행복을 얻을 수 있게 하는 '마법의 반지'이기 때문이다.

인생, 끊임없이 고치고 다듬어라

　공자는 이웃집에 가는 것을 무척 좋아했다. 그의 이웃은 기술이 뛰어난 석공이었는데, 보잘것없는 돌덩이도 그의 손을 거치면 진짜 꽃처럼 향기를 품고 진짜 새처럼 하늘을 날 듯한 모습으로 바뀌었다.
　어느 날 공자가 여느 때처럼 석공의 집을 찾았는데, 석공은 노나라의 어느 명의를 위한 비석을 만드느라 여념이 없었다. 공자가 그 모습을 보며 말했다.
　"어떤 사람은 마치 구름처럼 이 세상에 흔적 없이 왔다 가지만, 어떤 사람은 자신의 이름을 비석에 새기거나 역사책에 남겨 영원히 사람들의 기억에 남게 되지. 자신의 이름을 세상에 남기는 사람은 진정 일생을 헛되게 보내지 않은 셈이라네!"
　그러자 석공은 못을 박으려던 손을 멈추고 공자에게 물었다.
　"자네는 일생을 구름처럼 살고 싶은가, 아니면 자네의 이름을 비석에 새겨 길이길이 남기고 싶은가?"

석공의 질문에 공자는 담담하게 대답했다.

"자신의 이름을 세상에 남기는 일이 하늘에 오르는 일보다 어렵겠나?"

석공은 공자의 말을 듣고 고개를 가로저었다. 그러고는 견고하게 잘 다듬어진 돌덩이를 가리키며 말했다.

"그보다야 어렵진 않겠지. 하지만 이 하잘것없는 돌덩이도 비석으로 다시 태어나기 위해서는 많은 시간과 각고의 노력이 필요하다네."

석공은 다시 망치를 집어 세밀하게 돌덩이를 깎기 시작했다. 석공이 망치질을 할 때마다 수없이 많은 작은 돌 조각들이 사방으로 튀었다. 잠시 후, 돌덩이 위에는 마치 향기를 내뿜는 듯한 꽃 조각이 새겨졌다. 석공은 자신의 조각을 보며 조용히 입을 열었다.

"만약 이 조각이 오랜 시간 모진 비바람에 의해 힘겹게 만들어진 것이라면, 나는 이와 똑같은 꽃 조각을 새기기 위해서 지금보다 더 많이 노력해야 한다네. 불필요한 돌 조각을 수없이 깎아내야만 마침내 자연이 만들어낸 것과 똑같은 작품을 만들 수 있거든."

> **잘되는 사람의 생각**
>
> 진정한 성취감을 얻으려면 자기 자신을 최고의 인물로 변화시키려는 욕심이 필요하다. 그리고 그와 동시에 자기 자신의 결점을 극복하고 부족함을 채우며 더욱 완벽해지기 위해 끊임없이 노력해야 한다. 이렇게 하는 사람만이 자신의 숨결과 심장 박동을 실감하고 인생의 특별한 의미를 마음에 새길 수 있다.

인생의 돛단배에 짐을 싣지 마라

한 수도승이 인적 없는 산에 들어가 수행을 하기 위해 살던 집을 정리하고 짐을 꾸렸다. 그리고 큰 천으로 옷을 해 입고 홀로 산으로 들어갔다. 산속 생활을 하는 동안 갈아입을 옷이 필요했던 그는 천을 구하기 위해 마을로 내려가 마을 사람들에게 구걸을 하고 다녔다. 마을 사람들 모두 그가 진실한 수도승이라는 사실을 알고 있었기에 아무 거리낌 없이 그를 도와주었다. 그들은 수도승에게 큰 천을 주면서 번갈아 입으라고 했다.

수도승은 산에 돌아와서야 그가 사는 초가집에 쥐가 있었다는 사실을 떠올렸다. 그 쥐는 수도승이 좌선에 열중하고 있을 때 그가 갈아입으려고 빨아 개켜놓은 옷을 갉았다. 수도사는 살생(殺生)해서는 안 된다는 규율을 존중했기 때문에 그 쥐를 해치고 싶지 않았다.

'쥐를 쫓아낼 방법이 없을까?'

수도승은 곰곰이 생각했다.

'아, 그래! 고양이!'

수도승은 다시 마을로 내려가 고양이를 얻어달라고 부탁했다. 고양이를 얻은 수도승은 또 생각했다.

'그건 그렇고, 고양이한테 뭘 먹여야 하지? 고양이가 쥐를 먹으면 안 되는데……. 그래, 우유를 먹여보자!'

수도승은 다시 마을로 내려가 젖소 한 마리를 구해달라고 부탁했다. 이렇게 하여 고양이는 우유를 마시고 살아야 하는 기구한 운명을 맞이하게 되었다. 한동안 이렇게 지내던 수도승은 어느 날 문득 이런 생각이 들었다.

'난 수도승이야. 이런 내가 수행은커녕 매일 젖소나 돌보고 있으니, 이런 시간 낭비가 또 어딨담?'

그 즉시 수도승은 마을 이장을 찾아갔다.

"이장님, 저 대신 젖소를 돌봐줄 사람이 필요합니다. 어디 갈 곳 없는 고아가 없는지 찾아봐주십시오."

그리하여 수도승은 이장이 데려온 고아와 함께 산속에서 살았다. 시간이 지나 고아는 어느덧 짝을 찾아야 할 나이가 되었다. 어느 날 고아가 수도승에게 속내를 드러냈다.

"저는 수도승님과 다릅니다. 아내가 필요해요. 저도 다른 사람들처럼 평범한 가정을 꾸리며 살고 싶다구요!"

수도승은 고개를 끄덕였다.

'하긴, 이 녀석 말에도 일리가 있어. 다른 사람을 무조건 나에게 맞출 수는 없지. 이 녀석에게 나처럼 고행의 길을 걸으라고 강요할 순 없잖아. 이 녀석에게는 아내가 있어야 해.'

이 이야기는 계속 이런 식으로 진행된다. 이러다가는 언젠가 온 마을 사람들이 산속으로 이사를 하게 될지도 모를 일이다.

잘되는 사람의 생각

욕망은 열쇠 꾸러미와 같아서 하나를 가지면 두 개를 가지고 싶고, 두 개를 가지면 세 개를 가지고 싶고, 끊임없이 원하게 된다. 인간의 욕망은 영원히 만족될 수 없다. 그래서 사람들은 딱하게도 자신의 뜻대로 되지 않았을 때 늘어놓을 수 있는 핑곗거리들을 미리 준비해놓는다.

사람들은 많은 재물을 얻기 위해 엄청난 시간과 노력을 투자한다. 그렇게 하면 진정한 행복을 얻을 수 있다고 생각하기 때문이다. 그러나 진정한 행복은 재물을 통해 얻을 수 있는 것이 아니며, 많은 시간을 들인다고 얻어지는 것도 아니다. 오히려 사람은 사소한 것을 통해 행복을 느끼며 그것이 바로 진정한 행복이다. 또한 사람들은 타인이 원하는 모습으로 자신을 바꾸고 그만큼의 대가도 얻지만 정작 자기 자신의 마음이 진정으로 원하는 것이 무엇인지는 모른다.

사람은 가벼운 마음가짐으로 생활해야 한다. 삶이라는 긴 여정에서 온갖 풍파와 싸워야 하는 인생의 돛단배는 무거운 짐을 싣고는 움직이지 않는다.

동물들의 습성 평가 보고서

이것은 어느 문학 작가가 쓴 각종 동물에 관한 습성 평가 보고서다.

카멜레온 : 자신만의 고유한 색을 가지고 있지는 않지만 유행하는 모든 색을 다 표현할 수는 있다.

기린 : 권세 있는 이에게 빌붙어 연줄을 대고 생존한다. 어떤 때는 고개를 숙여 물을 마셔야 한다.

족제비 : 그의 인사는 진심이 아닐 수도 있다.

대벌레 : 변장의 지존. 그러나 한 번 날면 모든 정체가 여지없이 드러난다.

인면충 : 자기를 잘 포장하지만 벌레는 영원히 벌레일 뿐이다.

타조 : 빨리 달리지만 날지 못하므로 새가 아니다.

개구리 : '우물 안 개구리'로 영원히 넓은 하늘을 볼 수 없다.

화미조 : 어떤 때는 새, 어떤 때는 동물, 그리고 어떤 때는 정말 사람 같다.

나비 : 제아무리 아름다움을 뽐내도 누구나 그가 애벌레였고 번데기였다는 사실을 알고 있다.

거북 : 언제나 토끼의 실수 덕에 승리한다.

토끼 : 개에게 맞설 때 썼던 출세 노하우를 매에게 똑같이 쓰다 죽음을 면치 못한다.

호랑이 : 동물의 왕, 세상에 적이 없다. 가죽이 추위를 막고 뼈가 약이 되기 때문에 사냥꾼이 놓치고 싶어하지 않은 표적 영순위다.

백조 : 백조가 떠난 호수가 여전히 눈부실까?

원숭이 : 꼬리를 자르지 않는 한 사람이 될 수 없다.

사마귀 : 항상 사전에 매우 신중히 생각한다. 가끔은 신중에 신중을 더해야 한다.

판다 : 모습이 신기하다. 곰 같기도 하고 고양이 같기도 하다.

공작새 : 휘황찬란한 꼬리에만 신경 쓰느라 추한 엉덩이가 드러나는지도 모른다.

까마귀 : 불길한 소식만 알려주지만 항상 사실만 말한다.

종달새 : 노랫소리가 하늘 위 구름까지 닿는 이유는 용을 부르려는 것이 아니라 자기 자신을 찾으려는 것이다.

제비 : 집안이 화목할 수만 있다면 남의 처마 밑에 얹혀살아도 상관없다.

거미 : 단 한 줄의 거미줄도 소홀히 하지 않아야 근심 없이 생활할 수 있다.

달팽이 : 마음의 평안을 위해 외출할 때도 등에 집을 짊어지고 다닌다.

매미 : 여름 한철 신나게 살다 가겠다며 철없이 시끄럽게 떠들 줄만 안다. 자신의 허물이 인간의 소중한 약재로 다시 태어난다는 사실은 모른다.

여우 : 교활하게 목적을 달성하는 이유는 또 다른 종류의 어리석음 때문이다.

늑대 : 간사하고 교활한 이리를 만나는 것을 두려워하지 않는다. 늑대가 두려

워하는 것은 개와 친구가 되는 것이다.

개 : 노예근성이 몸에 배어 있는 이유는 주인의 권세에 의지하여 기회를 만들어보려는 마음 때문이다.

소 : 성실하게 열심히 일하는 사람에 비유되며 투기꾼들이 콧방귀를 뀌며 비웃는 대상이다.

매 : 바람이 거세게 부는 황량한 낭떠러지도 그에게는 훌륭한 장관(壯觀)이다.

닭 : 얼토당토않은 오만함으로 자기가 매보다 더 높이 날 수 있다고 생각한다.

> 잘되는 사람의 생각
>
> 동물들과 인간은 비슷한 점이 많다. 모든 동물의 장단점 가운데 인간에게서 찾을 수 없는 부분이 있던가?

저승사자의 장부

아주 깊은 밤, 중환자실의 어느 말기 암 환자에게 숨쉴 수 있는 마지막 1분이 남겨졌다. 그는 곁에서 기다리는 저승사자에게 애원했다.

"제게 딱 1분만 더 주세요. 그 1분 동안 마지막으로 하늘과 땅, 그리고 사랑하는 가족과 친구들을 보고 싶어요. 또 나뭇가지에 달려 있는 나뭇잎이 땅에 떨어질 때 들리는 그 작은 소리를 듣고 싶어요."

"자네 생각도 그리 나쁘진 않군. 하지만 난 자네에게 시간을 더 줄 수 없네. 자네는 인생이 주는 선물인 시간을 단 한 순간도 소중히 여기지 않았거든. 못 믿겠다면 내가 자네에게 준 시간 장부를 보게나."

저승사자는 환자에게 장부를 내밀며 하나하나 설명해주었다.

"당신은 60 평생 중 반을 잠자는 데 썼네. 이건 뭐, 그다지 탓할 생각이 없네. 어차피 이삼십 년은 자네가 편할 대로 사용하도록 허락했으니까. 나머지 30년을 살펴보세. 자네가 한숨 쉬며 대충 흘러가는 대로 시간을 때운 게 무려 1만 번이네. 자네는 이것 때문에 인생을 따분하고 의미 없게 보내는 법을 깨우친 셈이지. 좀더 자세히 말해줄까?"

1. **도박**(매일 두 시간씩) : 20대 초반부터 병원에 입원하기 직전까지 총 6,500시간(약 39만 분) 소비.
2. **음주**(매번 살짝 마셨다고 하지만 사실 그 말을 믿을 수 없음) : 20대 초반부터 병원에 입원하기 직전까지 도박에 상당하는 시간 소비.
3. **업무**(거래처 접대하기, 출근 전 텔레비전 보며 꾸물거리기, 틈만 나면 담배 피우기, 업무 시간에 각종 매스컴에서 보도하는 근거 없는 기사 보며 낄낄대기, 다른 사람을 헐뜯는 나쁜 소문에 끼어들기 등등) : 도박 시간과 음주 시간을 합한 시간과 맞먹음.
4. **기타**(사는 게 재미없고 허무하고 외롭다며 한숨 쉬기, 이웃과 친구에게 도박하자고 꼬드기기, 아이들이 가지고 노는 오락기 빼앗기, 밤새도록 인터넷 채팅하기, 닉네임은 '착하고 섹시한 젊은 오빠').

장부를 읽어 내려가던 저승사자는 놀라운 사실 하나를 또 발견했다.

"아니, 당신, 최면술 학회에서 왕성한 활동을 했었군. 그럼 당신의 수면 시간은 30년을 초과하겠네. 게다가 학회장을 맡아서 회원들에게 당신과 같은 생활 리듬을 권유했군. 그리고……."

1분이라는 시간은 그렇게 흐르고 말았다. 결국 환자는 자신의 지난 과오를 들으면서 생을 마감해야 했다.

> 잘되는 사람의 생각
>
> 시간을 무의미하게 낭비하는 것은 스스로 자신의 삶을 무모하게 소모하는 일이다. 이와 반대로 시간을 소중히 하면 시간은 그 사람에게 도움을 아끼지 않고, 시간을 효율적으로 잘 이용하면 시간은 그 사람을 고분고분하게 대한다. 시간을 헛되이 보낸 사람에게 남는 것은 끝없는 후회뿐이고, 시간을 소중히 여긴 사람이 얻는 것은 아름답고 찬란한 인생이다.

타인의 시선으로 자기 자신을 단정 짓지 마라

누워 있던 사자가 갑자기 벌떡 일어나더니 미친 듯이 제자리를 뱅글뱅글 돌았다. 그 바람에 온 숲이 들썩들썩했다. 사자가 이렇게 노발대발하는 이유는 들판에 사는 어떤 동물이 사자에게 거짓말을 했기 때문이다.

"사자님! 꼬리에 뭐가 달려 있네요? 어머나, 이름표에 '당나귀'라고 씌어 있어요! 출생 번호랑 날짜, 세상에! 도장에 서명까지……. 푸하하!"

사자는 그 말을 듣고 매우 흥분하더니 이름표를 떼어내려고 안간힘을 썼다. 사자는 미친 듯 날뛰면서 한편으로 이런 생각을 했다.

'이렇게 된 데에는 이유가 있을 거야. 그러니 함부로 이름표를 떼었다가는 나중에 무슨 일이 벌어질지도 몰라. 어쩐다? 아, 그래! 그거야!'

결국 사자는 모든 동물들이 이름표를 달도록 하는 새로운 법을 만들었다.

"이봐, 내가 누구냐?"

사자가 물었다.

"네, 사자님이십니다. 하지만 법적으로는 당나귀이십니다."

여우가 침착하게 대답했다.

"뭐라고? 내가 어째서 당나귀라는 거지? 난 지금까지 고기만 먹으며 살았단 말이야! 못 믿겠으면 캥거루한테 물어봐. 바로 알 수 있으니까!"

"겉모습이야 분명히 사자죠. 하지만 생김새가 그렇다는 거지 속속들이 전부 다 사자인지는 저도 잘 모르겠습니다."

캥거루의 대답에 사자가 당황하며 울부짖었다.

"이런 바보 같은 놈들! 이봐, 당나귀! 넌 어째서 입을 열지 않느냐? 도대체 어딜 봐서 내가 너랑 같은 가축이라는 게야? 난 가축 우리는커녕 그 근처에도 가본 적이 없단 말이다!"

이 말을 들은 당나귀가 잠시 생각하더니 말했다.

"내가 보기에 당신은 당나귀가 아닙니다. 하지만 사자도 아닙니다."

급기야 사자는 비굴하게 굽실거리면서, 별로 기대할 것도 없는 승냥이에게 다른 동물들에게 말 좀 잘해달라고 부탁했다. 다른 동물들도 이런 사자가 불쌍한 생각이 들었지만 아무도 그 이름표를 떼어주려고는 하지 않았다. 다른 동물들에게 인정받지 못한 사자는 서서히 행동하는 것도 예전과 달라지기 시작했다. 길을 가다 다른 동물과 마주치면 몸을 돌려 길을 양보해주는가 하면, 어느 날 새벽에는 갑자기 '히잉~' 하는 당나귀 울음소리가 사자 동굴에서 흘러나오기도 했다.

잘되는 사람의 생각

세상은 정의롭고 합리적인 것처럼 보인다. 하지만 실제는 어떤가? 불쾌한 냄새가 풍길 정도로 부식된 경우가 많다. 그래서 평범해 보이는 사람도 종종 다른 사람들에게 해로운 상처를 입히는 '킬러'로 변신하기도 한다. 굽실대며 세속에 아첨하는 사람은 결국 타락하여 작은 일격에도 산산이 부서지고 만다. 세속에 휩쓸려 더 멀리, 더 많은 것을 볼 수 있는 당신의 두 눈을 가리지 마라. 그 누구도 당신의 삶을 단정 지을 수 없다.

하나의 사건 그리고 엇갈린 운명

오랜 친구 사이인 톰과 제임스는 아프리카에 여행을 왔다가 어느 사막을 지나게 되었다.

그런데 사막에 들어선 지 며칠도 안 돼서 두 사람이 가져온 식수가 모두 동이 나는 바람에 더위를 먹은 톰이 그만 병에 걸리고 말았다.

아픈 톰을 지켜보던 제임스는 안 되겠다 싶어 톰에게 권총을 쥐어주며 말했다.

"자네는 여기에서 내가 물을 찾아올 때까지 기다리게. 권총 안에는 총알 다섯 개가 들어 있네. 세 시간 후부터 한 시간마다 공중에 총을 쏘는 거야. 총소리를 듣고 내가 길을 잃지 않고 돌아올 수 있도록 말이야, 알았나?"

그리하여 제임스는 반드시 물을 찾을 수 있을 것이라는 자신감을 갖고 길을 떠났고, 톰은 반신반의하는 마음으로 사막 한가운데에서 제임스를 기다렸다. 톰은 시계를 보며 제임스가 말한 대로 시간에 맞춰 총을 쏘았다. 그러나 톰은 과연 제임스가 총소리를 들을 수 있을까 의심스러웠고, 시간이 지날수록 공포감은 점점 심해졌다.

'정말 제임스가 물을 찾아올 수 있을까? 실패할 게 뻔해. 어쩌면 벌써 목이 말라 죽었을지도 몰라. 아니야, 어쩌면 물을 벌써 찾았는데도 나를 버리고 도망갔을지도 몰라. 그럼 이제 영원히 돌아오지 않겠지?'

톰이 이처럼 비관적인 생각을 하고 있는 사이 어느덧 마지막 다섯 번째 총알을 쏠 때가 되었다.

'이게 마지막 총알이군. 어차피 제임스는 이 총소리를 듣지 못할지도 몰라. 그런데 이 총알마저 사용하고 나면 난 무엇에 의지해야 하지? 그래, 죽음을 기다리는 수밖에 없어. 저기 큰 매 한 마리도 보이는군. 나를 뚫어져라 쳐다보고 있네. 저 녀석도 내가 죽기를 기다리는 건가? 참으로 암담하군. 죽기 전 마지막으로 할 수 있는 일이 죽음을 기다리는 일이라니……'

톰은 총을 자신의 머리에 겨누고 방아쇠를 당겼다.

잠시 후, 제임스가 시원한 물이 가득 담긴 물통을 들고 나타났다. 그러나 그를 기다리고 있던 것은 싸늘하게 식어버린 친구의 주검뿐이었다.

잘되는 사람의 생각

약자는 쉽게 자포자기하며 죽음을 기다리지만, 강자는 살아남고 살아가기 위해 마지막 순간까지 희망을 잃지 않고 고군분투한다.
곤경에 처했을 때 가장 중요한 것은 먼저 자기 자신을 이기는 일이다. 더 나은 삶, 새로운 삶, 그리고 행복한 삶을 살고 싶다면 마음속 두려움을 극복해야만 한다.

공동의 승리

　세계 챔피언 타이틀을 가진 미국의 권투 선수 클리체코는 링에 오르기 전에 항상 기도를 했다.
　그 모습을 지켜보던 한 친구가 클리체코에게 물었다.
　"하느님께 이기게 해달라고 기도했나?"
　그러자 클리체코는 고개를 저으며 대답했다.
　"아니. 만약 나와 상대 선수가 모두 이기게 해달라는 기도를 올린다면 하느님이 너무 난처해하시지 않겠나."
　클리체코의 엉뚱한 대답에 친구는 의아함을 감추지 못했다.
　"그럼, 뭐라고 했는데?"
　"단지 이 경기에서 최고의 기량을 발휘할 수 있게 해달라고 기도한다네. 그리고 상대 선수가 누구든지 너무 심한 상처를 입지 않게 해달라고 기도하지."
　"왜 그런 기도를 하는 건가?"

"링에 오른 선수는 누구나 승리를 바라지만 항상 이길 수만은 없지. 나는 최선을 다해 싸우고 상대 선수가 너무 큰 상처를 입지 않으면 그걸로 족하다네."

그러자 친구가 말했다.

"자네 같은 상대를 만나는 선수는 져도 기분이 나쁘지만은 않겠구먼. 하하하!"

잘되는 사람의 생각

경쟁은 창조성과 파괴성을 함께 지니고 있다. 그러므로 경쟁하는 두 사람이 함께 이룬 승리는 경쟁의 가장 높은 경지나 다름없다.

당신이 자기 자신을 생각하는 것처럼 당신과 경쟁하는 상대를 똑같이 생각하고 배려한다면 당신은 결국 모든 사람에게 인정받을 수 있을 것이다.

총명한 유대인 부호

　어느 유대인이 은행 대출 창구를 찾았다.
　"안녕하세요. 무엇을 도와드릴까요?"
　대출 담당 직원은 그의 옷차림을 살피면서 조심스럽게 물었다. 품격 있는 양복, 고급스러운 구두와 명품 시계, 그리고 보석이 박힌 넥타이핀을 보아하니 꽤 많은 재산을 가진 부호라는 사실을 짐작할 수 있었다.
　"돈을 좀 대출받고 싶소."
　"물론 가능합니다. 고객님, 얼마나 필요하십니까?"
　"1달러면 됩니다."
　"네? 1달러요?"
　대출 담당 직원은 놀라움을 감출 수 없었다.
　"단 1달러면 됩니다. 괜찮겠소?"
　"저희야 담보만 있으면 얼마든지 빌려드릴 수 있습니다만……."
　"그럼 좋소."

유대인은 가방에서 증권과 채권 뭉치를 꺼내 탁자 위에 올려놓았다.

"이 정도 담보면 괜찮겠소?"

당황한 직원은 정신을 가다듬고 유대인이 탁자 위에 내려놓은 증권과 채권을 살펴보았다.

"선생님, 이 증권과 채권은 모두 50만 달러입니다. 담보로 충분한 액수입니다만, 정말 1달러만 필요하신 게 맞습니까?"

"그렇소."

유대인은 담담하게 대답했다.

"네, 알겠습니다. 이쪽으로 오셔서 수속을 밟으십시오. 연이자는 6%입니다. 선생님께서 이자를 매달 착실히 내시면 1년 후에 이 모든 증권과 채권을 돌려받으실 수 있습니다."

유대인은 모든 수속을 마치고 자리에서 일어나려고 했다.

상황을 쭉 지켜보고 있던 은행장 역시 돈 많은 유대인의 행동을 이해할 수 없었다.

'50만 달러를 가진 사람이 왜 은행에 와서 1달러를 빌리는 거지?'

은행장은 재빨리 일어나 은행 문을 나서는 유대인을 잡았다.

"선생님, 죄송합니다만 한 가지만 여쭤봐도 되겠습니까?"

"무슨 일이지요?"

"저는 이 은행의 은행장입니다. 저쪽에서 상황을 쭉 지켜보았습니다만, 50만 달러를 가진 분께서 왜 1달러를 빌리려고 하시는지 저로서는 정말 이해가 안 가더군요. 40만 달러를 빌리고 싶다 하셔도 저희는 기꺼이 빌려드릴 수 있는데 말입니다."

"하하하! 그게 그렇게 이상하던가요? 사실 난 사업차 이 지방에 왔소. 사업을 성사시키기 위해서는 여러 사람들을 만나러 다녀야 하는데 몸에 지닌 증권과 채권들이 자꾸 신경 쓰이는 거요. 그래서 맡길 곳을 찾기 위해 여러 곳을 수소문해보았지만 보관함을 빌리는 값이 하나같이 터무니없이 비쌌소. 그러던 중 이 은행의 보안이 튼튼하다는 이야기를 듣고 증권과 채권을 담보로 돈을 빌리고 대신 그것을 은행에 맡기기로 한 겁니다. 여러분께서 내 증권과 채권을 안전하게 보관해주실 테니 참으로 안심이라오. 게다가 이자도 상당히 싸더군요. 1년 동안 보관하는 데 단돈 6센트라니 말이오, 하하하!"

잘되는 사람의 생각

무슨 일이든 그 일을 성사시키기 위해 무조건 한 가지 방법만 고집해서는 안 된다. 그 방법이 통하지 않을 때는 다른 각도로 자신의 생각을 바꿔보면 의외로 아주 쉽게 효과적인 방법을 찾아낼 수 있다. 고정관념을 깨는 사람이 되어야 한다. 정형화된 규율과 명분에 얽매이지 않는 사람이 더 많은 성공 기회를 얻을 수 있다.

성공은 노력으로 쟁취하는 것

옛날 옛날에 사방이 뾰족하게 생긴 조각이 살고 있었다. 그는 마치 산산조각 난 파편처럼 보였다. 그는 항상 우울한 기분으로 땅바닥에 누워 하늘을 보며 중얼거렸다.

"나도 둥글둥글해지고 싶다. 누가 와서 내 부족한 부분을 채워줬으면 좋겠어. 그러면 여기저기 굴러다니며 마음껏 구경할 수 있을 텐데……."

그렇게 조각이 자기와 합칠 만한 친구를 찾는 동안 시간은 어느새 쏜살같이 흘러갔다. 여전히 그는 자기가 바라는 친구가 제 발로 찾아오기만을 기다리며 같은 자리에 누워 있었다. 그러던 어느 날, 커다란 동그라미가 그를 향해 굴러왔다. 조각은 큰 소리로 동그라미를 불러 세웠다.

"이봐! 나 좀 도와줘! 내가 얼마나 너를 기다렸는지 알아? 난 바로 너의 부족한 부분을 채워줄 친구라구!"

그러자 동그라미가 웃으며 말했다.

"내 몸을 보고도 모르겠니? 난 이미 둥글둥글해져서 채워넣을 부분이

165

없어!"

"그래? 그럼 마음대로 굴러다닐 수 있겠네? 정말 좋겠다. 넌 정말 내가 바라던 친구야. 제발 날 좀 데려가줘, 응?"

"안 돼! 절대 너를 데리고 갈 수 없어! 넌 왜 혼자 다니려고 하지 않니?"

"그야 나 혼자서는 다닐 수가 없으니까 그렇지. 난 못 구르거든."

"누가 그래? 나도 처음에는 이렇지 않았어. 나 역시 예전엔 너처럼 온 몸이 뾰족했거든. 그나저나 너, 시도는 해봤니?"

동그라미가 미심쩍은 눈초리로 바라보자 조각은 되레 큰소리를 쳤다.

"당연하지! 나도 노력했어! 그래도 안 되는 걸 어떡해? 일어서면 넘어지고, 또 일어서면 또 넘어지는데……."

그러자 동그라미가 진지하고 엄숙하게 말했다.

"노력한다고 해서 모두가 성공하는 건 아니야. 하지만 노력해야만 성공할 수 있어."

동그라미는 말을 마치고 다시 길을 떠났다. 또다시 혼자 남겨진 조각은 고민에 빠졌다. 그리고 잠시 후, 그는 다시 구르는 연습을 하기로 결심했다. 일어나고 넘어지기를 수없이 반복했다. 하지만 조각은 그럴수록 이를 더 악물고 연습에 매달렸다. 한 번 넘어지면 한 번 더 일어났고, 두 번 넘어지면 두 번 더 일어났다. 그러는 동안 조각의 뾰족했던 부분들이 점차 깎여나갔고 그럴수록 일어나기도 수월해졌다. 그리고 마침내 조금씩 앞으로 굴러갈 수 있게 되었다. 결국 뾰족했던 조각은 자유자재로 굴러다닐 수 있는 작은 동그라미가 되었다.

> 잘되는 사람의 생각
>
> 넘어져 다리에 멍이 들고 피가 나는 과정을 거쳐야 걷는 법을 배울 수 있다. 행복과 성공을 모두 거머쥔 사람은 실패와 좌절을 두려워하지 않으며 다른 사람과 경쟁할 때도 결코 자만하지 않는다.

세상에서 유일한 사람이 되어라

리스와 카이는 같은 회사에 다녔다. 경제가 어려워지자 회사는 구조조정에 들어갔고, 명예 퇴직자 명단에는 리스와 카이가 포함되어 있었다. 명단 아래에는 빨간 글씨로 '해당자는 이번 달까지 사직서를 제출하고 다음 달 내로 퇴사하시오'라고 적혀 있었다. 그날 부서 사람들은 잔뜩 예민해진 리스와 카이에게 아무도 말을 걸지 못했다. 리스와 카이의 눈동자는 하루 종일 붉게 충혈되어 있어 보는 이들을 안타깝게 했다.

리스와 카이가 출근하는 마지막 한 달이 시작되었다. 리스는 여전히 기분이 좋지 않았다. 누구라도 그녀에게 말을 걸면 그녀는 날카로운 목소리로 시종일관 예민하게 반응했다.

며칠 후, 리스는 상사를 찾아가 사정을 봐달라고 부탁했다. 상사는 아무 대답도 하지 않았지만 리스는 분명 좋은 결과가 있을 거라는 기대감을 품었다. 그러나 며칠 후 상사는 리스를 불러 말했다.

"리스, 유감이네. 회사의 결정을 번복할 수 없어."

리스는 그 후에도 몇몇 상사에게 더 부탁을 해보았지만 모두 허사였다. 리스는 큰 절망감을 느꼈고 화가 치밀었다. 리스는 마치 모든 사람들이 그녀를 괴롭히는 귀신이라도 되는 것처럼 이상한 눈빛으로 그들을 대하기 시작했다. 그리고 마치 날카로운 갈고리로 내려찍을 태세로 무섭게 그들을 노려보았다. 그러자 사람들은 정말 그녀를 무서워했고 마침내 그녀를 피해 다니기까지 했다.

예전의 리스는 사람들을 무척 좋아하고 잘 따랐기에 사람들 역시 그녀를 좋아했었다. 그러나 이번 일로 인해 그녀가 점점 동료들과 거리를 두고 대화도 잘 나누지 않는 통에 동료들도 점차 그녀를 싫어하고 멀리하게 되었다.

리스와 반대로 카이는 명예 퇴직 결정 후에도 예전처럼 사람들과 잘 어울렸다. 오랫동안 함께 근무한 동료들은 그녀에게 일을 시키는 것에 여전히 익숙했다.

"카이, 이것 좀 워드로 쳐줘! 빨리!"

"카이, 이 문서 좀 팩스로 보내줘!"

그럴 때마다 카이는 명랑하게 큰 소리로 대답했다. 그리고 모든 일을 능숙하고 빠르게 처리했다. 물론 감원 명단이 발표된 날, 카이는 밤새도록 울었다. 다음 날 출근해서도 마음이 편치 않았지만, 그녀는 다시 마음을 다잡고 컴퓨터를 켰다. 그리고 아무 일 없었다는 듯 예전처럼 일했다. 어느 날 카이는 팩스를 보내다 상사들이 하는 말을 우연히 듣게 되었다.

"아, 정말 카이에게는 뭐라고 할 말이 없어. 그렇게 열심히 일했는데 마른하늘에 날벼락도 유분수지. 이젠 일을 맡기는 게 더 미안하다니깐."

상사의 말을 들은 카이의 눈에는 눈물이 맺혔다. 그 후 카이는 상사를 만나면 자신이 먼저 다가가 명랑한 목소리로 인사했다.

"부장님, 안녕하세요? 좋은 아침입니다!"

그리고 이렇게 덧붙였다.

"일단 하는 데까지는 열심히 할 거예요. 어차피 이렇게 된 거 마지막까지 잘 마무리하고 싶거든요. 그래야 나중에 또 다른 기회가 주어지면 더 잘할 수 있을 것 같아요."

카이는 점차 마음의 안정을 찾았고 열심히 일했다. 상사가 시키는 업무는 무엇이든 완벽하게 처리했다.

한 달 후, 리스는 예정대로 회사를 떠났지만, 카이는 감원 명단에서 제외되어 회사에 남게 되었다. 실제로 카이의 동료들은 감원 명단이 발표된 뒤 종종 이런 말을 주고받았었다.

"다음에 누가 카이 자리에 와도 카이처럼 잘하지는 못할 거야. 카이의 일은 그 누구도 대신할 수 없어."

"그래, 카이처럼 능력 있는 직원을 자르다니……. 그건 완전한 회사 손해지. 그런 직원은 또 없을 거야."

이런 이야기가 상사들에게 전해지면서 고위 간부들은 그녀를 다시 평가하게 되었던 것이다.

> **잘되는 사람의 생각**
>
> 운명의 시험에는 같은 문제가 나오지만 푸는 방식은 사람마다 다르다. 어려움에 직면했을 때는 먼저 정신을 가다듬어야 한다. 이성적으로 자신을 통제하는 사람은 살면서 부딪치게 되는 모든 장애물을 쉽게 뛰어넘을 수 있다.
> '자기 자신을 그 누구도 대신할 수 없는 인물로 발전시켜라.'
> 치열한 경쟁에서 자신의 이름을 성공자 명단에 올리고 싶다면 반드시 이 말을 기억해야 한다.

좌절 속에도 기회는 있다

지미 룬더는 원래 평범한 잠수부였다. 그는 안정적이고 평탄한 삶을 살았지만, 항상 더 나은 삶을 위한 성공의 기회가 찾아올 것이라는 희망을 버리지 않았다.

어느 날 그는 우연히 골프장에서 어떤 사람이 실수로 호수 속에 골프공을 빠뜨리는 광경을 보았다.

'분명 사람들은 저런 실수를 많이 할 거야.'

그 순간 지미는 무언가 생각난 듯 잠수 도구를 들고 와 재빨리 잠수복으로 갈아입고는 물속으로 뛰어들었다. 호수 아래에서 그는 놀라운 광경을 보았다. 하얀색의 골프공 수천 개, 아니 수만 개가 호수 바닥에 깔려 있었던 것이다. 게다가 대부분이 새 것이었다.

지미는 골프장 주인을 찾아가 한 가지 제안을 했다.

"호수 바닥에 있는 공을 제게 파세요."

"뭐, 나쁘지 않지. 주워가는 건 자네가 알아서 하고, 나한텐 공 한 개당

10센트만 주게."

지미는 그날 하루 동안 2,000여 개의 공을 주웠다. 그리고 자기의 일주일치 봉급과 맞먹는 돈을 골프장 주인에게 주고 골프공들을 집으로 가져왔다.

지미는 공을 깨끗하게 씻어서 다시 포장했다. 그러자 공은 원래 가격의 반값까지 받을 수 있을 만큼 꽤 근사해졌다.

물론 골프장 손님이 늘어날수록 지미가 얻을 수 있는 헌 공의 수도 늘어났다. 그리고 지미는 골프장 호수 바닥의 골프공뿐만 아니라 손님들이 가지고 있는 헌 공도 한 개에 8센트를 주고 사들였다. 지미는 매일 이런 식으로 몇만 개의 헌 공을 사와 새로 포장해서 되팔았다.

그는 이렇게 다른 사람들이 실수로 빠뜨린 골프공으로 부자가 되었다.

> **잘되는 사람의 생각**
>
> 누구나 살면서 실수를 한다. 실수를 했을 때 대부분의 사람들은 상당히 의기소침해진다. 하지만 어떤 사람은 "에이, 다음엔 이러지 말아야지!" 하면서 툭툭 털고 일어나 다른 기회를 기다린다. 뿐만 아니라 문제를 다른 각도에서 바라보는 사람은 자신의 실수 속에서 희망을 찾기도 한다.
> 기회란 자기 자신 혹은 다른 사람의 실수 속에서도 얼마든지 찾을 수 있다. 심지어 급격한 사회 변화 속에서도 틈새시장을 발견하고, 어려움 속에서도 지혜를 얻을 수 있다.

고개를 들고 성공을 향해 걸어라

늙은 등산가와 그의 동료가 깊은 산골짜기에서 길을 잃었다. 그들은 그곳에서 사흘 밤낮을 헤맸지만 빠져나올 길을 찾지 못했다.

"산에서 길을 잃다니 아무도 모르게 죽기엔 딱이군그래. 이런 제길! 세상에 실패는 없고 성공만 있다면 오죽 좋아?"

동료가 절망적으로 말하자 늙은 등산가가 말했다.

"어찌 세상에 성공만 있고 실패가 없을 수 있겠나? 실패가 없으면 진정한 성공도 없는 법이라네. 이렇게 깊은 산골짜기가 없으면 높은 산이 어떻게 존재하겠나?"

"실패의 쓴맛은 너무 지독하다구! 어휴, 난 지금 이 산골짜기에서 죽음을 맞을 듯한 느낌밖에 안 들어."

동료가 긴 한숨을 내쉬며 처지를 한탄하자 등산가가 단호하게 말했다.

"자넨 영락없는 비관주의자인데다 늘상 고개를 숙이고 걷는군!"

"쳇! 고개를 들고 걸으면 없던 길이 뿅, 하고 나타나기라도 하나?"

동료는 중얼거렸다.

"앞에 뭐가 보이는지 고개를 들어보게!"

"보나마나 높은 산이겠지, 뭐."

동료가 건성으로 대답하자 등산가가 말했다.

"그래, 나는 위기에 처하거나 실패의 쓴잔을 들어야 할 때 항상 이렇게 고개를 들고 앞으로 나아가지. 그 발걸음은 성공을 향한 것이라네. 그러니 자포자기하지 않고 끝까지 걷는 거야."

잘되는 사람의 생각

많은 사람들이 목표 실현의 관건은 어떠한 조건과 환경을 가지고 출발하느냐에 달려 있다고 생각한다. 그러나 성공에 대한 신념과 적극적이고 끊임없는 노력이 받쳐준다면 조건과 환경이 뒷받침되지 않아도 얼마든지 성공할 수 있다.

지혜는 부(富)의 원천

나치 정권 시절, 아우슈비츠 수용소에 수감되어 있던 어느 유대인은 그의 아들 시스에게 항상 이렇게 말하곤 했다.

"지금 우리의 유일한 재산은 바로 지혜란다. 다른 사람이 1 더하기 1은 2라고 말할 때 너는 2보다 더 큰 숫자를 생각해야 해."

그 후 나치 정권이 아우슈비츠 수용소에 수감된 536,724명을 독살하는 와중에 이 부자(父子)는 운 좋게 목숨을 건졌다. 그리고 1946년, 이들은 미국 텍사스주의 휴스턴으로 이주하여 청동 사업을 시작했다.

하루는 유대인이 아들 시스에게 물었다.

"청동 1파운드의 가격이 얼마지?"

"35센트요."

"맞아, 모든 텍사스주 사람들은 청동이 1파운드에 35센트라는 사실을 알고 있지. 하지만 너는 센트라고 말하면 안 돼. 3.5달러라고 해야 한다. 알았지? 그리고 어떻게 1파운드의 청동이 큰 재산으로 바뀌는지 잘 살펴보아라."

 20년 후, 시스는 돌아가신 아버지의 가업을 물려받아 청동 소고(小鼓), 스위스 시계의 분침과 초침, 그리고 올림픽 메달 등을 제작하는 일을 했다. 그리고 청동 1파운드가 3,500달러에 팔리던 시절, 그는 이미 한 회사의 이사장직을 맡고 있었다.

 그가 뉴욕의 거대한 금속 쓰레기 더미를 처리하여 세상을 떠들썩하게 만들었던 한 일화가 있다.

 1974년, 미연방 정부는 자유의 여신상을 깨끗하게 보수한 후 생긴 각종 금속 쓰레기를 처리해야만 했다. 정부는 그 업무를 담당할 업체가 필요했기에 선정 공고를 냈지만, 몇 달이 지나도록 이 일에 뛰어들겠다는 업체가 없어서 골머리를 썩고 있었다. 당시 시스는 프랑스에서 여행 중이었다. 그러나 그는 이 소식을 전해들은 후 모든 여행 일정을 취소하고 재빨리 뉴욕으로 날아왔다. 그리고 자유의 여신상 아래 산처럼 쌓여 있는 각종 금속 쓰레기를 본 뒤 별말 없이 계약서에 서명을 했다.

 당시 텍사스주에 있던 수많은 운송업체들은 혀를 끌끌 찼다. 그들은 시스가 너무나 어리석은 짓을 했다며 갖은 비난과 조롱을 퍼부었다. 게다가 다른 도시와는 달리 뉴욕은 쓰레기 처리 규정이 상당히 엄격한 탓에 많은 기업들이 쓰레기 때문에 환경보호 단체로부터 기소를 당해 회사 간판을 내리기 일쑤였다.

 시스는 먼저 인부들에게 각종 금속 쓰레기를 분류하게 했다. 그리고 청동 조각들을 녹여 자유의 여신상 미니어처를 만들게 했고, 목재로는 미니어처 받침을, 그 밖에 남은 금속으로는 뉴욕 광장을 본뜬 열쇠를 만들게 했다. 그리고 심지어는 자유의 여신상 몸에서 털어낸 먼지까지 포장하여 자유의 여신상을 보려고 먼 곳에서 온 관광객들에게 팔았다.

결국 시스는 계약서에 서명한 지 3개월도 되지 않아 그 큰 금속 쓰레기 더미를 자유의 여신상 미니어처, 뉴욕 광장을 본뜬 열쇠, 그리고 기념용 먼지 등 350만 달러어치의 현금으로 만들었다. 그 후, 1파운드의 청동 가격은 처음의 1만 배가량 올랐으며, 시스는 정말 아버지의 말대로 그 모든 과정을 직접 두 눈으로 지켜보았다.

> **잘되는 사람의 생각**
>
> 성공의 기적은 아무도 상상하지 못한 방법으로 상식을 파괴하고 그것을 효율적으로 활용하는 뛰어난 지혜에서 비롯된다.
> 모든 사람들이 당연하다고 말하는 평범한 진리도 변화할 수 있다고 당당하게 말하라. 과감하게 파괴하고 능동적으로 창조하는 과정이 곧 성공이다.
> 만약 당신이 전혀 뜻밖의 것을 생각해낸다면 다른 사람들은 감히 엄두도 내지 못하는 큰 결실을 맺을 수 있을 것이다.

하늘이 무너져도 솟아날 구멍은 있다

그는 다섯 살 때 아버지를 여의고, 열네 살 때 학업을 중도 포기한 뒤 유랑 생활을 시작했다. 그는 농장에서 잡일을 하고 기차표 판매원으로도 취직했지만 그다지 행복하지 않았다.

열여섯 살이 되던 해, 그는 나이를 속이고 군에 입대했는데 군 생활도 결코 순탄치 않았다. 제대한 후 그는 철공소를 열었지만 그것도 얼마 안 되서 문을 닫았다. 그는 결국 남부 지방의 철도 회사에 기관차 보일러공으로 취직했다. 그는 그 일에 무척 만족했다.

'드디어 내가 할 일을 찾았군.'

그 후 그는 열여덟 살의 나이에 결혼을 했고 아이도 얻었다. 그러나 그는 아내의 출산 소식과 함께 회사로부터 해고 통지서를 받았다. 그는 다시 일자리를 찾기 위해 이곳저곳을 수소문하고 다녔지만 불행히도 그 사이, 아내는 그의 모든 재산을 가지고 도망가버렸다.

그해, 미국 경제는 깊은 불황의 늪에 빠졌다. 하지만 그는 포기하지 않고 좋은 기회를 찾기 위해 노력했다.

학업을 제대로 마치지 못한 그는 방송통신대학에 입학하여 법학 공부를 시작했다. 그러나 먹고살기에 바쁜 나머지 어쩔 수 없이 도중에 그만둬야 했다.

그는 보험 판매도 해보고 자동차 판매도 해보았다. 그리고 배를 사서 사업도 벌이고 주유소도 인수했지만 번번이 실패만 거듭했다.

자꾸 실패만 하는 그를 보고 사람들은 말했다.

"당신의 운은 여기까진가봐요. 당신은 성공하기 글렀어요."

그러던 어느 날, 그는 납치라도 해볼 생각으로 교외의 한적한 길가에 몸을 숨겼다.

'나는 정말 바보인가봐. 어떻게 하는 일마다 이토록 꼬이기만 하지? 그래, 내가 지금까지 안 해본 일이라고는 이 일밖에 없어! 나쁜 짓을 하는 게 내가 할 수 있는 유일한 일이라면 이것만은 실패하지 않겠지!'

하지만 풀숲에 숨어 표적이 될 만한 사람을 기다리는 동안, 그는 점점 자기 자신이 미워졌다. 결국 납치도 실패로 끝나고 말았다. 그는 아무리 극한 상황에 처했더라도 양심을 버릴 수는 없다고 생각했다.

그 후 그는 주방장이 되었다. 그러나 그것도 잠시, 식당 앞에 도로포장 공사가 착수되면서 손님이 뜸해져 결국 식당은 문을 닫고 말았다.

그렇게 시간이 흘러 그는 어느새 퇴직할 나이가 되었다. 평생 열심히 살았지만 손에 남은 것은 아무것도 없었다. 그는 결국 빈손으로 말년을 맞이했다.

그런 와중에도 그의 마음속에는 절실한 염원이 하나 있었는데 그것은 바로 가출한 아내에게서 자신의 딸을 데려오는 일이었다. 그런데 얼마 후 정말 그의 딸이 돌아왔다. 그리고 그의 아내도 다시 돌아와 그에게 용서를 빌었다. 드디어 그의 인생에도 빛이 보이기 시작했다.

그는 마치 포기할 줄 모르는 불사조 같았다. 그 나이가 되면 하던 일에서도 손을 떼야 할 판인데 그는 오히려 커다란 날갯짓을 시작했다. 만약 집배원이 첫 번째 노후 연금 지급과 관련된 우편물을 전해주지 않았더라면 그는 여전히 자신이 이팔청춘이라고 믿었을 것이다. 연금 지급표는 마치 그에게 '네가 다시 공격수로 돌아간다고 해도 넌 공을 찰 수 없어. 그러니 이제 포기하렴. 이젠 쉬어야 할 때야'라고 말하는 것 같았고, 보험료 지급표는 '넌 늙었어! 넌 늙었어!'라고 소리치는 것 같았다.

그날 밤, 그는 정체 모를 분노 때문에 밤새도록 잠을 이루지 못했다.

"아냐, 끝이 아니야!"

그는 조금 찝찝하긴 했지만 매월 나오는 105달러의 연금으로 새로운 사업을 구상했고, 어느덧 그의 사업은 크게 번창하여 88세가 되던 해, 마침내 대성공을 거두었다.

인생의 끝자락에서도 성공을 향한 발걸음을 늦추지 않은 이 사람이 바로 커널 샌더스, 켄터키 후라이드 치킨(KFC)의 창시자이다. 그가 노후 연금 몇 푼으로 시작한 KFC가 전 세계 사람들의 입맛을 사로잡은 것이다.

> **잘되는 사람의 생각**
>
> 행운이 따라주지 않더라도 발걸음을 멈추지 말고 악운이 끊임없이 쫓아오더라도 좌절한 채로 주저앉지는 마라. 진정한 성공을 거두는 사람은 암흑 속에서도 한줄기 빛을 놓치지 않으며, 역경 속에서도 젖 먹던 힘까지 끌어내어 성공의 기회를 거머쥔다. 역경은 약자를 쓰러뜨리기도 하지만 강자를 만들어내기도 한다. 하늘이 무너져도 솟아날 구멍은 있다. 기적은 고난과 실패를 극복한 용감한 자에게 하늘이 주는 가장 큰 선물이다.

잘되는 사람은 무슨 생각을 할까?

---

chapter 4 영혼의 메아리

타인을 위하는 마음이 곧 자기 자신을 위하는 마음이다

다시 태어날 수 있는 기회가 주어진다면

어느 나른한 오후, 무료함을 참을 수 없던 하느님은 기발한 생각을 떠올렸다.

'만약 세상의 모든 생명체에게 또 한 번의 삶을 주겠다고 하면 과연 그들은 어떤 삶을 선택할까?'

즐거운 호기심에 빠진 하느님은 지상에 공문을 보내 모든 생명체들에게 답하도록 지시했다. 얼마 후 결과 보고서가 도착했다. 내용을 살펴본 하느님은 놀라움을 금치 못했다.

고양이 : 저는 쥐로 태어나고 싶어요. 전 생선을 훔치려다 주인한테 들키면 정말 죽도록 얻어맞습니다. 그런데 쥐는 그렇지 않아요. 주방 선반에 숨어 있다가 주인이 잠깐 집을 비운 사이 주방에 있는 음식을 모조리 먹어치우거든요. 더 부러운 건 그렇게 해도 주인집 식구들이 그를 어쩌지 못한다는 거예요. 괜히 저만 죽도록 맞는 거죠. '넌 고양이가 돼서 쥐도 못 잡니?'라는 소리나 들으

면서요.

쥐 : 저는 고양이로 태어나고 싶어요. 고양이는 태어나서 죽을 때까지 주인의 보살핌 속에 갖은 호강을 다 누리거든요. 게다가 우리들이 갖다 바치는 물고기와 새우도 편하게 받아먹을 수 있어요. 거기에 비해 우리 쥐들은 먹고살려면 정말 힘들거든요.

돼지 : 저는 소로 태어나고 싶어요. 일을 많이 하느라 몸은 좀 힘들겠지만 그래도 사람들에게 인정받잖아요. 게다가 우리는 어리석은 먹보들의 상징이어서 사람들은 걸핏하면 '이 돼지 같은 놈!'이라고 욕을 하지요.

소 : 저는 돼지로 태어나고 싶어요. 저는 풀만 먹고 사는데, 힘들게 일하고 우유도 짜내야 해요. 풀만 먹고 그 많은 일을 하는 건 정말 힘들어요. 뭐, 이렇게 산다고 누가 상을 주는 것도 아니고……. 빨리 돼지로 태어나서 먹고 자고, 자고 먹으면서 신선처럼 살고 싶어요.

매 : 저는 닭으로 태어나고 싶어요. 목마르면 물 마시고, 배고프면 모이 먹고, 졸리면 닭장에서 자고……. 저도 주인의 보호를 받으면서 살아보고 싶어요. 바람이 몰아치든 눈보라가 휘날리든 저는 항상 하늘을 맴돌며 불의의 습격에 대비해야 하거든요. 사는 게 얼마나 피곤하지 몰라요!

닭 : 저는 매로 태어나고 싶어요. 매는 푸른 하늘을 자유롭게 날아다닐 수 있으니까요. 배고프면 토끼든 닭이든 먹고 싶은 대로 마음껏 골라 먹을 수 있잖아요. 그리고 매일 아침 알을 낳고 사람들을 깨워야 하는 스트레스도 없죠. 무엇보다 언제 끌려가서 사람들의 저녁거리가 될지, 하루하루 죽음을 기다리며 불안하게 살지 않아도 되잖아요.

뱀 : 저는 개구리로 태어나고 싶어요. 저는 어디에 가든 사람들이 쳐놓은 덫 때문에 맘 편하게 돌아다닐 수가 없거든요. 사람들은 우리를 잡아먹으면서 무슨 불로장생이라도 바라는 걸까요? 차라리 개울가에서 첨벙첨벙 수영하는 개

구리로 살래요.

개구리 : 저는 뱀으로 태어나고 싶어요. 예전엔 여름방학 끝날 때쯤에나 아이들이 숙제한답시고 개울가에 알짱거렸는데, 요즘은 어른들이 더 극성이에요. 아주 작정하고 우리를 찾으러 다니는 통에 날 풀리는 게 무섭다니까요. 요즘 어른들은 우리를 잡아서 보약으로 만들고 술 담글 궁리만 하거든요.

결과 보고서에 적힌 내용 중 가장 재미있는 것은 사람의 답이었다.

남자 : 저는 여자로 태어나고 싶어요. 아, 물론 예쁜 여자요. 예쁘게 생긴 얼굴들이대고 옥구슬 굴러가는 듯한 가는 목소리로 애교 한 번 떨어주면 엄숙하던 대부호들도 그만 껌뻑 넘어가거든요. 거기에다가 윙크라도 해주면 그야말로 백발백중이죠. 힘들게 일하지 않고도 돈방석에 앉을 수 있다니 얼마나 좋아요? 부호들의 눈에 띄지 않더라도 유명한 광고 모델이 돼서 텔레비전, 신문, 잡지 등 각종 대중매체를 석권하면 이것도 꽤 짭짤하죠. 그냥 몇 시간 동안 웃으면서 예쁜 포즈만 취해주면 되잖아요.

여자 : 저는 남자로 태어나고 싶어요. 남자들은 늦은 시간까지 사람들과 어울리면서 술 마시고 돌아다녀도 아무도 뭐라고 하지 않잖아요. 솔직히 남자들이 술만 마시나요? 술 마시러 가서 아가씨들도 부르잖아요. 자기들은 밖에 나가 그렇게 놀면서 우리가 조금이라도 자세히 물어보면 간섭한다는 둥 의부증이 나는 둥 오히려 큰소리나 뻥뻥 치고……. 게다가 보수적인 남자들은 '남자는 하늘, 여자는 땅!'이라고 아주 노래를 부르고 다니죠. 집안일에는 손도 까딱 안 하면서 이러쿵저러쿵 말들은 어찌나 많은지……. 저도 남자들처럼 맘대로 살고 싶어요!

결과 보고서를 다 읽은 하느님은 한숨을 내쉬었다. 그리고 결과 보고서를 폐기하라고 지시하면서 지상 세계에 공포했다.
"원상태 유지!"

> **잘되는 사람의 생각**
>
> 다시 태어날 수 있는 기회가 주어진다면 아마 많은 사람들이 현재와는 다른 새로운 삶을 살아보고 싶다고 대답할 것이다. 그러나 많은 사람들이 이렇게 대답하는 와중에도 자기 삶에 충실한 사람만은 현재의 삶에 후회가 없다고, 다시 태어난다 해도 그렇게 살겠노라고 자신 있게 대답할 것이다.

당신을 상대의 포로로 만드는 유혹과의 협상

어느 작은 시골 마을에 가끔씩 요사스러운 귀신이 나타나자 온 마을이 발칵 뒤집혔다. 귀신 때문에 마을 사람들이 입은 피해는 이만저만이 아니었다.

촌장은 마을 사람들이 더이상 피해를 입지 않도록 하기 위해 자신이 직접 귀신을 잡아 말끔하게 처리해야겠다고 생각했다. 그래서 어느 늦은 밤, 촌장은 귀신이 자주 출현한다는 초원으로 갔다. 초원을 이리저리 둘러보던 중 촌장은 한 낯선 사람과 마주쳤다.

그가 촌장에게 물었다.

"어디 가세요?"

"네, 귀신을 찾으러 갑니다."

"왜요?"

"그 녀석을 없애서 마을 사람들을 구하려구요."

촌장이 대답하자 그가 웃으며 말했다.

"제가 바로 그 귀신이에요."

촌장은 그 말을 듣자마자 온 힘을 다해 그를 두들겨 팼다. 마침내 촌장이 귀신을 때려눕히고 허리춤에 차고 있던 칼을 꺼내려는 찰나, 귀신이 말했다.

"어차피 전 촌장님 손에 처리될 테니까 천천히 하세요. 그 전에 물어보고 싶은 게 있는데 대답해주실래요?"

"말해보거라!"

촌장은 귀신을 재촉했다.

"저를 없애면 촌장님께 무슨 이익이 있나요? 저를 놔주는 편이 촌장님께 훨씬 이익일 텐데……."

"무슨 이익?"

촌장은 귀가 솔깃했다.

"만약 저를 놔주시면 매일 아침 촌장님 머리맡에 20루피씩 갖다드릴게요. 촌장님이 돌아가실 때까지요."

촌장은 귀신의 말을 듣고 금세 생각이 바뀌었다.

'그래, 내가 이놈을 없앤다고 해서 무슨 이익을 얻을 수 있겠어. 이 녀석을 놔주고 매일 20루피씩 받는 거야.'

결국 촌장은 귀신의 제안을 받아들여 그를 놓아주었다.

다음 날 아침 촌장은 머리맡에서 20루피를 발견하고 매우 기뻐했다.

'역시 탁월한 선택이었어!'

이렇게 시간은 흘러 어느덧 일주일이 지났다. 촌장은 아무에게도 이 일을 말하지 않았다.

'그런데 이 녀석, 어쩜 이렇게 내 말에 고분고분하지? 손가락 하나 까딱하지 않아도 매일 20루피가 생기다니 참 별난 일도 다 있군.'

그러나 다음 날 아침, 평소와 다름없이 촌장은 잠에서 깨자마자 머리맡으로 손을 뻗었는데 돈이 손에 잡히지 않는 것이다.

'어? 이상하다? 오늘은 귀신이 깜빡했나보군. 내일은 이틀치 돈을 갖다두겠지, 뭐.'

그런데 다음 날에도 머리맡에는 돈이 없었다. 이상한 낌새를 챈 촌장은 불안한 마음을 애써 감추며 하루만 더 기다려보기로 했다. 하지만 귀신은 다음 날에도 돈을 갖다놓지 않았다. 촌장은 머리끝까지 화가 나서 직접 귀신을 찾으러 갔다.

그들은 처음 만났던 초원에서 다시 마주쳤다.

"이 사기꾼아! 네가 어떻게 나한테 그럴 수 있어?"

"제가 뭘 잘못했다고 그래요?"

귀신은 적반하장으로 대들었다.

"네가 분명히 매일 20루피씩 갖다놓는다고 했잖아! 얼마 동안 잘한다 했더니 요 며칠 아예 입을 싹 닦아?"

"촌장님, 솔직히 처음에는 약속대로 했지만 나중에는 그러고 싶지 않았어요. 너무 아깝더라구요. 정 그렇게 불만이시라면 저랑 다시 한판 붙어요!"

촌장은 이미 귀신을 때려눕힌 적이 있기 때문에 자신만만했다. 하지만 이번엔 달랐다. 귀신이 촌장을 때려눕힌 것이다. 귀신은 그의 배에 올라타 결정타를 가하려고 했다. 바로 그때 촌장이 말했다.

"이봐, 날 죽이기 전에 한 가지만 묻게 해주겠어?"

"뭔데요?"

귀신이 물었다.

"전에는 분명 내가 너를 이겼는데, 아무것도 변하지 않은 상황에서 왜 지금은 네가 나를 이겼지?"

그러자 귀신이 웃으며 대답했다.

"그날 촌장님은 정의를 위해 싸웠지만 오늘은 돈 때문에 싸웠으니까요. 그래서 오늘은 제가 촌장님을 쉽게 쓰러뜨릴 수 있었던 거예요."

잘되는 사람의 생각

정의로운 사람이 가장 중시하는 일은 자신의 영혼에서 악마의 나쁜 생각과 유혹을 제거하는 일이다. 정의로운 사람은 자신의 욕구를 절제할 줄 알기 때문에 나쁜 생각과 유혹에 쉽게 넘어가지 않고 적절히 대처한다.

세상에서 가장 소중한 물건

희귀병에 걸린 한 사내가 있었다. 그의 병은 삶의 모든 의욕과 즐거움을 앗아가는 희귀한 병이었다. 어느 날 그는 지혜로운 철학자를 찾아가 자신의 답답함을 호소했다. 그러자 철학자가 말했다.

"세상에서 가장 소중한 물건만이 당신에게 행복을 되찾아줄 수 있네."

철학자의 말을 들은 젊은이는 주위를 둘러보았지만 자신에게는 세상에서 가장 소중한 물건이라고 할 만한 것이 없었다.

결국 그는 세상에서 가장 소중한 물건을 찾아 떠나기로 결심했다. 그리고 짐을 꾸리고 아내와 아이들에게 입맞춤을 한 뒤 집을 나섰다.

첫째 날, 그는 어느 정치가를 만났다.

"세상에서 가장 소중한 물건이 무엇인지 아세요?"

정치가는 관료적인 말투로 대답했다.

"세상에서 가장 소중한 물건이라……, 그야 강한 권력이지요."

그러나 사내에게 권력은 별 가치가 없었기에 그는 다시 길을 떠났다.

둘째 날, 그는 거지를 만났다.
"세상에서 가장 소중한 물건이 무엇인지 아세요?"
그러자 거지는 실눈을 뜨고 만사가 귀찮다는 듯이 건성으로 대답했다.
"가장 소중한 물건? 그거야 먹음직스러운 풍성한 음식이지!"
그러나 사내는 먹는 것에 그다지 매력을 느끼지 못했다. 음식 역시 자신에게 가장 소중한 물건이 아니라고 생각했다.
셋째 날, 그는 한 여인을 만났다.
"세상에서 가장 소중한 물건이 무엇인지 아세요?"
"그거야 당연히 프랑스 파리에 있는 값비싼 명품들이지요!"
여인은 황홀한 표정으로 대답했지만 사내는 오히려 거부감을 느꼈다.
넷째 날, 그는 중병에 걸린 사람을 만났다.
"세상에서 가장 소중한 물건이 무엇인지 아세요?"
"건강이 최고죠."
'건강? 난 이제껏 감기 한 번 걸려본 적이 없는데……'
다섯째 날, 그는 신나게 뛰노는 아이를 만났다.
"너는 세상에서 가장 소중한 물건이 뭐라고 생각하니?"
"많은 장난감이요!"
사내는 고개를 저었다. 그리고 또다시 길을 재촉했다.
그 후 사내는 나이 든 아주머니, 상인, 화가, 범죄자, 누군가의 어머니, 풋풋한 스무 살 청년을 만났다. 나이 든 아주머니는 젊음이 가장 소중하다고 했고, 상인은 많은 이윤이, 화가는 아름다운 색이, 범죄자는 자유가 가장 소중하다고 말했다. 그리고 누군가의 어머니는 눈에 넣어도 안 아픈 자식을 꼽았으며, 풋풋한 스무 살 청년은 사랑하는 여자의 환한 웃음이 세상에서 가장 소중하다고 했다.

사내는 수많은 대답을 들었지만 마음에 드는 답을 찾지 못했다.

그는 걷고 또 걸었다. 그러고는 마침내 '정답'을 가지고 철학자가 있는 곳으로 돌아왔다. 지혜로운 철학자는 그의 모습만 보고도 그동안 얼마나 많은 실망과 좌절을 겪었는지 짐작할 수 있었다. 그는 수염을 어루만지며 사내에게 말했다.

"자네에게 빨리 대답하라고 재촉하지는 않겠네. 그 문제는 정확한 답이 없으면서도 한편으로는 유일한 정답을 가질 수밖에 없는 문제거든. 쉽지 않았을 거야."

잠시 후 사내가 입을 열었다.

"집을 나선 후 저는 줄곧 사랑하는 아내와 아이들이 그리웠습니다. 가족들과 난롯가에 둘러앉아 두런두런 이야기를 나누던 어느 추운 겨울밤이 그리웠습니다. 지금 제게는 사랑하는 가족이 가장 소중합니다."

사내의 말에 귀 기울이던 철학자가 그의 어깨를 두드리며 말했다.

"자네의 가장 소중한 것은 바로 자네 집에 있지 않나? 어서 돌아가게. 자네의 가족이 병을 낫게 해줄 걸세."

하지만 사내는 자리에서 떠나지 않고 철학자에게 되물었다.

"하지만 저는 이미 그곳을 떠났는걸요?"

그러자 철학자가 웃으며 대답했다.

"집을 떠나기 전에는 가장 소중한 것이 무엇인지 몰랐지 않은가? 집을 떠난 후에야 그것이 무엇인지 깨달았으니 이제는 돌아가야지."

> **잘되는 사람의 생각**
>
> 인생의 소중한 것들은 항상 그것을 잃은 후에야 진정한 가치를 깨달을 수 있다. 사람들은 자기가 소유하지 못한 것은 맹목적으로 동경하면서 자신이 누리고 있는 행복은 천대하는 경향이 있다. 소중한 것이 반드시 특별하고 희귀한 것은 아니다. 그것은 당신이 이미 소유하고 있는 것 가운데 있다. 단지 그것이 마음속 가장 깊은 곳에 존재하기 때문에 모르고 지나갈 뿐이다.

지나친 풍요는 마음의 눈을 가린다

　아빠 말이 자신의 하나뿐인 아들인 망아지와 함께 넓고 푸르른 초원에서 행복하게 살고 있었다. 그 초원은 맑고 깨끗한 강이 흐르고, 향기로운 꽃들이 만발하며, 매력적인 그늘이 갖춰진 지상 최대의 낙원이었다. 행복하고 풍요로운 생활을 위한 모든 환경조건을 다 갖추고 있었다.
　하지만 망아지는 이런 행복한 생활은 안중에도 없었다. 매일 목적지도 없이 온 초원을 누비고 다녔고 가만히 있는가 싶다가도 어느새 찾아보면 강가에서 목욕을 하고 있었다. 게다가 망아지는 많고 많은 풀 중에서 유독 클로버만 뜯었고 심심하면 아무 데나 누워 잠을 잤다.
　하루는 이 게으르고 뚱뚱한 망아지가 말에게 투덜거렸다.
　"아버지, 저 요즘 몸이 안 좋아요. 클로버가 비위생적이어서 그런가봐요. 에잇, 맛도 향도 없는 클로버 때문에……. 여기는 정말 최악이에요. 강물은 모래와 진흙투성이고, 공기도 칙칙해요. 그래서 제 폐도 하루가 다르게 더러워지는 것 같아요. 하루빨리 이곳을 떠나지 않으면 이대로 죽어버릴지도 몰라요."

망아지는 말도 안 되는 응석을 부렸다. 말은 잠시 생각하더니 망아지에게 말했다.

"사랑하는 아들아, 듣고 보니 그건 네 생명과 관련된 아주 중요한 일이로구나. 네 말대로 하루라도 빨리 이곳을 떠나도록 하자."

말은 망아지를 데리고 새 보금자리를 찾기 위해 떠날 채비를 했다. 망아지는 여행을 간다는 사실에 잔뜩 흥분하여 "히잉!" 하고 기분 좋은 울음소리를 냈다.

그들은 험준한 고산지대에 올라가보았다. 그곳에는 풀은 물론이거니와 배를 채울 만한 어떤 것도 찾을 수 없었다. 날이 어두워지자 이 부자는 어쩔 수 없이 고픈 배를 움켜쥐고 잠을 청해야 했다.

다음 날 그들은 뱃가죽이 등에 달라붙어 숨이 넘어가기 직전에야 겨우 개나리와 진달래를 발견하고는 그것으로 주린 배를 채웠다. 배가 부르자 부자는 매우 만족했다. 생전 겪어보지 못한 배고픔을 알게 된 망아지는 힘을 아끼기 위해 더이상 뛰어다니지 않았다. 그 후 이틀이 지나도록 부자는 또다시 아무것도 먹지 못했다. 망아지는 배가 고파서 한 발짝도 움직일 수 없는 지경에까지 이르렀다.

그 모습을 본 말이 속으로 생각했다.

'그래, 지금까지의 고생으로도 충분한 교훈을 얻었을 거야.'

그리고 날이 어두웠음에도 불구하고 망아지를 다독거려 원래 그들이 살았던 초원으로 돌아왔다. 망아지는 넓고 푸른 초원을 보자마자 정신없이 달려가 풀을 뜯었다. 그리고 그곳이 자신이 예전에 살았던 초원이라고는 꿈에도 생각지 못한 채 즐거워했다.

"아버지! 이렇게 맛있는 풀은 처음 먹어봐요! 어쩜 싱싱한 풀들이 이렇게나 많죠? 아버지, 우리 그냥 여기에서 살아요. 옛날에 살던 고향으로 돌아가지 말자구요. 어디를 가도 이만한 곳은 없을 거예요, 그죠?"

망아지는 너무 신이 나서 같은 말을 하고 또 했다. 그러다 어느새 날이 밝았다. 망아지는 그제야 그곳이 어디인지 깨달았다. 그곳은 바로 며칠 전 아버지와 자신이 떠나왔던 고향이었던 것이다. 망아지는 부끄러워서 한참 동안 고개를 들지 못했다.

> 잘되는 사람의 생각
>
> 편안한 생활이 습관이 되면 그 생활이 선사하는 행복을 거의 느끼지 못하게 된다.
> 행복은 일종의 노동과 같아서 반드시 휴식이 필요하다. 즉, 한 번 맛본 행복은 다시 그 맛을 회복하기까지 시간이 필요하다는 의미다. 삶의 진정한 행복은 인생의 쓴맛과 단맛을 모두 맛본 후에야 제대로 느낄 수 있다.

부메랑

어느 젊은 여자가 고해성사를 하기 위해 신부를 찾았다. 신부는 그녀가 누구인지 이미 잘 알고 있었다. 그녀는 다른 사람에 대해 떠들기를 좋아해 여기저기 근거 없는 말을 퍼뜨리고 다녔기 때문에 마을 사람들 사이에 소문이 자자했다. 그녀가 퍼뜨리고 다닌 말은 결국 다른 사람뿐만 아니라 그녀 자신에게도 큰 상처를 남겼다.

신부가 말했다.

"자매님께서 다른 사람에 대해 경솔하게 말한 것은 분명 잘못입니다. 그러므로 그에 대한 죗값을 치르는 것은 너무도 당연하지요. 지금 시장에 가서 살아 있는 새를 한 마리 사십시오. 그리고 성 밖으로 나가 한 발짝 걸을 때마다 새의 깃털을 하나씩 뽑아 자매님이 지나간 길에 뿌리세요. 절대 멈추지 말고 새의 깃털을 모조리 뽑을 때까지 계속해야 합니다. 그 일을 마치고 나서 다시 제게 오십시오."

신부가 말을 마치자 젊은 여자는 혼잣말로 중얼거렸다.

"참 나, 특이한 벌도 다 있네."

그래도 그녀는 신부가 하라는 대로 새를 사서 성 밖으로 나갔다. 그리고 깃털을 하나씩 뽑아 자신이 지나온 길에 뿌렸다. 몇 시간 후 일을 마친 그녀는 다시 신부를 찾아갔다.

"시키시는 대로 했어요."

"자매님, 그 일은 단지 일부에 지나지 않습니다. 이제는 두 번째 할 일을 알려드리지요. 다시 성 밖으로 가서 자매님이 걸었던 길의 반대 방향으로 가면서 땅바닥에 흩어져 있는 깃털을 전부 다 주우세요."

"하지만 신부님, 그건 불가능해요. 이미 바람 때문에 사방에 흩어져 멀리 날아간 것도 있을 거예요. 모든 깃털을 다 주울 수는 없다구요."

"그래요, 자매님 말씀이 맞습니다. 그렇다면 자매님이 평소에 퍼뜨리고 다닌 소문은 어떻습니까? 자매님 입에서 나온 근거 없는 말들은 또 어떻구요? 그 말들은 바람을 타고 멀리 날아가는 깃털처럼 사람들의 입을 거쳐 결국엔 걷잡을 수 없게 되고 말지요. 그때 가서 후회한들 무슨 소용이 있을까요. 자매님은 어떠신가요? 한 번 뱉은 말을 고스란히 주워담을 수 있었던가요?"

"아뇨."

"그렇다면 나쁘고 근거 없는 소문을 말하고 싶을 때는 입을 꼭 다무세요. 길거리에 해가 되는 깃털들을 마구 뿌리고 다니시면 안 됩니다."

잘되는 사람의 생각

다른 사람을 헐뜯는 말은 결국 자기 자신에게 해가 되어 돌아온다. 말은 입에서 나가는 순간 다시는 주워담을 수 없다. 당신이 내뱉은 경솔한 말 한 마디가 언제, 어떤 방법으로 보복의 부메랑이 되어 날아올지 아무도 알 수 없다.

분노는 흉터를 남긴다

　성미가 불같고 거칠어서 항상 사람들의 미움을 받는 남자 아이가 있었다. 참다 못한 소년의 아버지는 그에게 대못을 주며 말했다.
　"화가 날 때마다 이 망치와 못을 가지고 뒤뜰로 나가 울타리에 못을 박거라."
　첫날, 아이는 하루 만에 서른일곱 개의 못을 박았다. 그 후 일주일이 지났다. 아이는 슬슬 분노를 통제하는 법을 배웠고, 울타리에 박는 못의 수도 점점 줄어들었다. 아이는 화를 참는 일이 울타리에 못을 박는 것보다 쉽다는 사실을 깨달은 덕에 빠르게 성격을 고칠 수 있었다.
　소년이 아버지에게 자신의 변화를 말하자 아버지는 다른 제안을 했다.
　"그럼, 오늘부터는 네가 화를 통제할 때마다 울타리에 박았던 못을 하나씩 뽑으렴."
　얼마 후 소년은 울타리에 박혀 있는 못을 모두 뽑아냈다.
　소년의 아버지는 아들의 손을 이끌고 뒤뜰로 갔다. 그리고 울타리를 가리키며 말했다.

"그래, 아주 잘했구나. 그런데 울타리에 남아 있는 못 자국이 보이니? 박혀 있던 못은 다 빼냈지만 못이 박혀 있던 구멍은 여전히 남아 있구나. 맨 처음 울타리에는 이런 구멍이 없었잖니?"

고개를 끄덕이는 아들을 보면서 아버지는 말을 이었다.

"네가 참지 못하고 내뱉는 화도 이 못 자국처럼 사람들의 마음속에 흔적을 남긴단다. 네가 사람들에게 화를 내고 거칠게 대하는 것은 칼로 그 사람의 몸을 찌르는 것과 매한가지야. 칼을 뽑고 수만 번 미안하다며 머리를 조아리고 사과해도 그 흉터는 영원히 남지. 사람의 마음을 다치게 하는 것은 몸을 다치게 하는 것과 다를 바 없단다."

잘되는 사람의 생각

당신의 분노는 다른 사람에게 깊은 상처를 준다. 육체적인 상처는 오랜 시간이 지나면 희미해질 수 있지만 마음의 상처는 오랜 시간이 흘러도 쉽게 사라지지 않는다.

두 마을

끊임없이 흐르는 큰 강을 사이에 두고 판이하게 다른 생활을 하고 있는 사람들이 있었다. 강의 오른쪽 마을에는 가난한 사람들이 살았고, 왼쪽 마을에는 부유한 사람들이 살았다.

가난한 마을 사람들은 씨를 뿌리고 나무를 심었다. 열매가 무성한 과수원과 푸른 숲은 그들에게 무한한 자연을 선물해주었지만 마을의 남자들은 항상 투덜댔다.

"우리가 지지리 궁상을 떨면서 가난하게 사는 건 전부 무식한 여자들 때문이야. 애초에 숲을 지키겠다고 그렇게 고집 부리지 않았으면 우리도 저 건너편에 사는 부자들처럼 많은 목재와 돈을 거머쥘 수 있었을 거라구!"

부유한 마을 사람들은 숲에서 자라는 나무를 베어 많은 목재와 종이를 만들었다. 그리고 목재로 높은 건물을 짓기도 하고 팔아서 자동차를 사기도 했다. 그들은 매우 흐뭇해하며 말했다.

"이건 모두 자연이 준 선물이야."

그 당시 큰 강을 경계로 해서 가난한 마을의 하늘은 높고 푸르렀지만 부유한 마을의 하늘은 검고 짙은 구름이 가득했다.

몇 년 후, 부유한 마을의 공기가 나빠져 이상기후가 나타나자 마을 사람들 사이에 희귀한 전염병이 돌았다. 그러자 부유한 사람들은 배를 타고 가난한 마을로 건너가 그곳에서 다시 정착하고 싶어했다. 그러나 가난한 마을의 여자들은 완강하게 그들을 저지하며 단호하게 말했다.

"당신들은 우리 마을의 나무를 몽땅 벨 거예요. 우린 돈은 필요 없어요. 그저 푸른 숲과 깨끗한 물, 그리고 맑은 공기를 지키고 싶을 뿐이라구요."

그 후 얼마 지나지 않아 이상기후가 악화되어 거센 폭풍과 수많은 모래알이 부유한 마을을 휩쓸었다. 그리고 부유한 마을의 모든 것을 단숨에 삼켜버렸다.

잘되는 사람의 생각

귀하고 아름다운 것일수록 더욱 아끼고 잘 가꾸어야 한다. 그렇지 않으면 당신의 찬란한 미래는 한순간에 자취를 감추고 말 것이다. 거센 폭풍이 들이닥치는 순간, 후회한들 아무 소용없다.

다른 사람을 돕는 일은 결국 자신을 돕는 일

앞을 못 보는 한 맹인이 밤이 되면 항상 밝게 빛나는 등을 들고 거리를 걸어다녔다. 한 이웃이 그에게 물었다.

"어차피 아무것도 볼 수 없는데 왜 밤마다 등을 들고 다니세요?"

그러자 맹인이 웃으며 대답했다.

"난 아무것도 볼 수 없지만 다른 사람들은 그렇지 않잖아요. 내가 등을 들고 다니는 것은 나를 위한 게 아니라 다른 사람들의 길을 밝혀주기 위함입니다. 제가 길을 밝혀주면 사람들은 실수로 나와 부딪쳐 서로가 다치는 일을 방지할 수 있지요. 이건 결국 다른 사람을 도와줌으로써 제 자신이 안전할 수 있는 방법이랍니다. 그야말로 '일석이조'라고 할 수 있죠, 하하하!"

> **잘되는 사람의 생각**
>
> 장미를 건네준 사람의 손에는 오랫동안 향기가 남아 있다. 열정으로 다시 태어나지 못한 냉정함은 이기심과 무관심을 부채질하여 스스로 덕망을 잃게 만든다. 그와 반대로 다른 사람을 위해 밝히는 등불은 타인뿐만 아니라 자신의 인생에도 커다란 변화를 가져오는 '등대'가 되어준다.

인생을 바꾸는 결정적인 기회는 좌절이다

　루이는 열여섯 살이 되던 해에 큰 보석 가게의 점원으로 취직했다. 루이는 평소 꼭 하고 싶었던 일이라 정말 열심히 일했다. 그는 보석 가게의 모든 일에 두 팔을 걷어붙이고 최선을 다했으며 그 덕에 임금도 금세 올랐다. 그는 그렇게 사업가로 성공하기 위해 차근차근 준비를 하고 있었다. 루이는 자신의 높은 임금을 보면서 자신이 이미 상당한 위치까지 올라왔다고 여겼지만 보석 가게 사장의 눈은 그리 곱지 않았다.
　"자네, 이 일을 관두게. 내가 보기에 자네는 이런 사업에는 수완이 없는 사람이야. 제철소에 가서 철이나 만지지 그래. 그렇게 힘만 세서 무슨 사업을 할 수 있겠나?"
　이런 치욕적인 비난에 과연 무슨 말을 할 수 있었을까? 정말 제철소로 갈 준비를 해야 할까? 모든 계획을 포기해야 할까? 그가 사장의 말에 큰 충격을 받았다는 사실은 의심의 여지가 없었다.
　일반적으로 사람들이 자기가 만들어낸 결과물에 대해 자신감을 갖는 이유는 그만큼 열심히 노력하고 최선을 다했기 때문이다. 물론 만족할 만한 위치에 섰다 하더라도 절대 자만해서는 안 된다. 쉽게 자만하는 사람은 곧 다른 사람에게 추월당할 뿐만 아니라 결국에는 헤어나올 수 없는 깊은 수렁에 쉽게 빠지기 때문이다.

잠시 자신의 위치에 자만했던 루이는 사장의 꾸지람을 듣고 순간적으로 많은 생각을 했다. 물론 태어나 처음으로 치욕과 수치심을 느꼈지만 그렇다고 그것 때문에 자기의 소신을 굽히지는 않았다. 그는 잠시 눈을 감고 마음속으로 자신을 격려했다. 그리고 다시 한 번 성공을 다짐했다.

"물론 사장님께서는 저를 해고하실 수 있습니다. 하지만 성공에 대한 제 집념까지 꺾으실 순 없습니다. 저는 단 하루의 시간이 주어진다 해도 반드시 이 보석 가게보다 더 큰 제 회사를 열고 말 겁니다."

그는 단호한 어조로 사장에게 자기 의사를 분명히 밝혔다.

루이는 결코 허풍쟁이가 아니었다. 그는 사장과의 일을 거울삼아 부단히 노력한 결과 전국에서 가장 큰 전기 부품 관련 회사를 세웠다.

만약 사장에게 충격적인 말을 듣지 않았다면 루이는 남의 가게의 그저 평범한 직원으로 남았을지도 모른다. 충격을 받기 전 그는 자기가 최고라고 생각했는데 이러한 자만심은 분명 그가 발전할 수 있는 계기를 차단했을 것이다. 그러나 그를 과소평가했던 보석 가게 사장의 잔인한 말들은 오히려 그가 성공할 수 있는 원동력이 되었다.

만약 이 모든 것이 루이의 인생에 존재하지 않았더라면 분명 그의 인생은 지금과 완전히 달라졌을 것이다.

> **잘되는 사람의 생각**
>
> 경솔한 자만심을 극복하기 위한 가장 좋은 방법은 심한 충격을 받는 일이다. 패배, 좌절, 그리고 비난은 자기 자신을 똑바로 바라보게 한다. 그리고 결과적으로 더 많이 발전할 수 있는 계기를 안겨준다.

착한 사람은 정신병자인가요?

　매일 오후 같은 시간이면 병원 정문 우측에 있는 계단 위에서 신문지를 깔고 앉아 조용히 책을 보는 한 여자가 있었다. 그녀가 보는 책은 매우 두꺼웠다. 그녀 앞쪽의 화단에는 붉은 튤립이 활짝 피어 있었다. 깊은 생각에 잠겨 있는지 그녀는 크고 맑은 두 눈을 감고 있었다. 비록 칙칙한 환자복을 입고 있었지만, 그녀의 우아한 자태를 가리진 못했다.
　그녀는 성격도 온화해서 누군가 다가와서 길을 묻느라 소중한 독서 시간을 방해해도 끝까지 미소를 잃지 않고 친절하게 답해주었다.
　바람이 강하게 불자 그녀는 책을 덮었다. 그리고 깔고 앉았던 신문지를 차곡차곡 챙겨서 병원 안으로 들어갔다.
　병원 안은 출근하는 사람들과 퇴근하는 사람들, 그리고 병문안을 온 사람들이 뒤엉켜 인산인해를 이루고 있었다. 엘리베이터가 도착하자 사람들은 서로 먼저 타려고 실랑이를 벌였다. 어느 순간 엘리베이터는 '삐!' 하는 경보음과 함께 인원 초과를 알렸다. 하지만 가장 마지막에 탄 중년 여성은 고개를 돌리며 모른 척했다. 내릴 의사가 전혀 없는 듯했다. 그러자 중간에 서 있던 그녀가 사람들을 비집고 나와 엘리베이터에서 내렸다. 그리고 다음 엘리베이터를 기다렸다.

다음 엘리베이터를 기다리는 사람도 꽤 많았지만 다행히 인원 초과경보음은 울리지 않았다. 엘리베이터에 탄 사람들은 저마다 올라가고자 하는 층의 버튼을 눌렀다. 시골 아저씨 같은 허름한 차림새의 남자가 7층을 눌렀지만 7층 버튼에는 불이 들어오지 않았다. 남자는 당황하여 어쩔 줄 몰랐다. 계속 눌러보았지만 소용없었다. 그 모습을 뻔히 보면서도 사람들은 아무 말도 하지 않았다. 그녀가 아저씨의 어깨를 두드리며 말했다.

"아저씨, 이 엘리베이터는 짝수 층에서만 서요."

이 남자는 짝수 층이 무슨 뜻인지 몰랐고 엘리베이터는 이미 8층까지 올라간 상태였다. 하지만 남자는 당황스러워할 뿐 전혀 내릴 기색을 보이지 않았다. 결국 그녀가 나서서 엘리베이터 안에 있는 사람들에게 말했다.

"잠깐만요! 이분을 7층으로 통하는 계단까지 모셔다드리고 올 테니 잠시만 기다려주세요."

그녀는 남자를 계단까지 데려다주었다. 사실 엘리베이터에서 계단까지는 다섯 발짝도 되지 않았다. 이렇게 가까운데도 꿈쩍하지 않다니……. 엘리베이터에 있던 많은 사람들은 그야말로 무관심 그 자체였다. 물론 속으로 이렇게 생각하는 사람도 있었다.

'저 여자는 정말 여기저기 안 끼는 데가 없구먼.'

엘리베이터가 다시 올라가자 한 꼬마가 중얼거렸다.

"이비인후과 병동이 12층인가요?"

그러자 그녀가 바로 대답해주었다.

"그래, 내려서 왼쪽으로 가렴."

엘리베이터가 14층에 섰을 때, 아주머니 한 분이 다급하게 내리다가 손에 들고 있던 비닐봉지를 떨어뜨렸다. 아주머니는 떨어진 물건을 재빨리 주워담았지만 장미 한 송이는 줍지 못한 채 내리고 말았다.

그녀는 아주머니의 비닐봉지 안에 수많은 약이 담겨진 것을 보았다. 그리고 바닥에 떨어진 장미 한 송이는 그 약들 사이에 있었던 것이다. 그녀는 분명 장미 한 송이를 애타게 보고 싶어하는 환자가 있을 것이라 생각했다.

엘리베이터 문이 닫히려는 순간, 그녀가 외쳤다.

"잠깐만 기다려주세요."

그녀는 장미를 주워들고 엘리베이터에서 내렸다. 그런데 그녀가 내리는 순간 엘리베이터 안에 있던 한 여자가 "흥! 별꼴이야!"라며 짜증을 내더니 닫힘 버튼을 눌러버렸다.

"정신병자 아냐? 바빠 죽겠는데 대체 뭐 하자는 거야? 입원한 지 오래된 정신병자가 틀림없어!"

다른 여자도 화를 내며 말했다.

"맞아요. 내가 보기에도 정상이 아닌 것 같았어요."

뒤에 서 있던 남자도 여자들의 말에 맞장구를 쳤다.

엘리베이터에 타고 있던 십여 명의 사람들은 모두 그녀를 떼어놓기를 정말 잘했다고 생각했다.

잘되는 사람의 생각

오늘날에는 온화하고 착한 성격은 비천한 것으로 여겨지고, 적극적이고 열성적인 행동은 멸시받기 일쑤다. 그러나 세상은 사랑의 집합체다. 우리는 다른 사람을 도와주는 사람이 될 수도 있고, 다른 사람의 도움을 받는 사람이 될 수도 있다. 사랑은 거창한 것이 아니라 단 한 번의 작은 행동으로도 충분히 전할 수 있는 것이다.

감사하라

너무도 가난하여 매일같이 배고픔에 허덕이는 노부부가 있었다. 어느 날 남편은 가난에 찌든 생활을 견디다 못해 아내에게 말했다.

"마누라, 우리 하느님께 편지를 씁시다."

그들은 하느님께 생활이 좀더 나아지게 해달라고 편지를 썼다. 편지 아래에 서명도 하고 편지지를 정성껏 접어 봉투에 넣은 뒤, 받는 사람난에는 '하느님'이라고도 적었다.

"이 편지를 어떻게 부치죠?"

아내가 물었다.

"물론 하느님이 어디에 계신지는 모르지. 하지만 우리가 믿음을 갖고 이 편지를 부친다면 분명 하느님께서도 받으실 거야."

남편은 문밖으로 나가 편지를 바람에 날려보냈다.

그때 마침 근처에서 산책을 즐기고 있던 마음씨 좋은 부자가 바람에 날아다니는 편지를 발견했다.

"어? 저게 뭐지?"

그는 편지를 잡아 봉투를 열고 편지를 읽어보았다. 그는 편지에 적힌 가엾은 노부부의 사연에 측은한 생각이 들어 마음이 아팠다. 그래서 그는 노부부를 돕기로 마음먹었다.

노부부가 힘없이 대청마루에 앉아 바람에 날려보낸 편지를 생각하고 있을 때 누군가 대문을 두들기는 소리가 들렸다.

'쾅! 쾅! 쾅!'

"어이쿠, 찾아올 사람도 없는데……."

남편이 힘겹게 자리에서 일어나 문을 열어주러 나갔다.

"네트 선생님 계십니까?"

"내가 네트이오만, 뉘시오?"

부자가 그를 보고 웃으며 말했다.

"드릴 말씀이 있습니다. 두 분께서 몇 시간 전에 하느님께 보내신 편지가 아주 잘 도착했습니다. 저는 하늘나라의 대리인입니다. 하느님께서는 네트 선생님께 100루블을 전해주라고 하셨습니다."

남편은 깜짝 놀라며 다급하게 아내를 불렀다.

"마누라! 마누라! 이리 좀 와봐!"

"아니, 무슨 일이에요?"

곧이어 아내가 나왔다. 남편은 아내에게 자초지종을 일러주었다.

"자, 봐! 하느님께서 우리의 부탁을 들어주셨어!"

노부부는 돈을 받고 하느님과 그 대리인에게 고개 숙여 진심으로 감사를 표시했다.

그런데 대리인이 돌아간 뒤, 남편의 표정은 왠지 못마땅해 보였다.

"아니, 당신 왜 그래요?"

아내가 물었다.

"아무리 생각해도 이상해. 그 대리인이라는 사람 말이야, 사기꾼같이 생기지 않았어? 좀 교활하고 간사해 보이더라구. 오, 그래! 이제 알겠군! 분명 하느님께서는 대리인에게 우리에게 주라고 200루블을 주셨을 거야. 그런데 100루블을 그 대리인이 떼어먹은 거라구!"

잘되는 사람의 생각

타인의 선행에 진심으로 감사하고 만족할 줄 알아야 한다. 그러나 안타깝게도 마음씨 고운 사람이 베푼 선행이 의심받는 경우가 더러 있다. 사실 너무 잘 믿는 것도 문제지만 너무 의심하는 것은 더 큰 문제다.

매일 아침 맞이하는 인생의 갈림길

큰 식당을 경영하고 있는 제리는 굉장히 낙천적인 사람이었다. 그래서 누군가 골치 아픈 일이 있어 도움을 청하면 제리는 언제나 그 사람이 보지 못하는 긍정적인 이면을 알려주었다.

한번은 제리가 강도를 만난 적이 있었다. 배에 세 발의 총을 맞아 생명이 극도로 위험한 지경에 이르렀지만, 그는 병원에 입원한 지 얼마 되지 않아 바로 퇴원했다. 제리의 친구가 매우 놀라워하며 물었다.

"자네, 몸은 괜찮은가? 어쩜 이렇게도 빨리 쾌유할 수 있었나?"

그러자 제리가 웃으며 대답했다.

"하하하! 자네, 내가 아파 드러누워 있는 꼴을 보고 싶었나보군!"

"무슨 그런 농담을 하나? 자네 상처가 꽤 심각했다고 들어서 그렇다네. 그나저나 총에 맞았을 때 무슨 생각이 들던가?"

제리는 친구의 어깨를 두드리며 말했다.

"두 가지 생각밖에 들지 않더군. 살 것이냐, 죽을 것이냐. 하지만 난 머뭇거리지 않고 살아야겠다는 결심을 했네. 그래서 난 내가 입원한 병원이 세상에서 가장 좋은 병원이라고 주문을 외웠지. 최신식 시설과 훌륭한 의술을 가진 의사들에게 최상의 치료를 받고 있다고 말이야."

제리는 잠시 물 한 모금을 마시더니 다시 이야기를 이어갔다.

"그런데 의사들은 마치 나를 시체 다루듯 하더군. 거의 체념한 것처럼 말이야. 그래서 내가 의사들한테 소리쳤지. '이봐! 난 예민한 사람이라구! 살살 좀 해!' 그러자 의사는 내게 어느 부분이 예민하냐고 묻더군. 그래서 나는 배를 가리키면서 우는 시늉을 했어. '뱃속에 총알 세 개가 박혀 있단 말이에요! 엉엉엉!' 그때 난 마치 어린아이처럼 울었다네. 그랬더니 의사들이 박장대소하더군. 죽음을 눈앞에 두고 어디서 그런 힘이 났는지……. 의사들도 그런 나를 보더니 표정이 달라지더군. 그 후 수술은 아주 성공적으로 끝났다네. 그리고 나는 시체에서 산 사람으로 변신했고 말일세. 하하하!"

친구는 이해할 수 없다는 표정으로 제리에게 다시 물었다.

"난 도저히 이해가 안 돼. 그런 상황에서도 낙천적인 성격을 잃지 않다니……. 어떻게 하면 자네처럼 될 수 있지?"

친구의 말을 듣고 제리는 웃으며 대답했다.

"난 매일 아침 나 자신에게 주문을 건다네.

'제리, 오늘도 넌 선택을 해야 해. 기분 좋은 하루와 기분 더러운 하루. 자, 어떤 것을 선택하겠어? 그래, 좋아! 오늘도 기분 좋은 하루를 보내는 거다!'

이렇게 말이야. 하하하! 나쁜 일이 생기면 비참한 피해자가 될 수도 있지만, 오히려 그것을 교훈으로 삼아 더 많은 것을 얻을 수도 있다네. 그럼 나는 항상 교훈을 얻는 쪽을 선택하지.

그리고 누군가 내게 불평 불만을 늘어놓을 때, 무작정 그들의 말에 맞장구쳐주지 않아. 물론, 그럴 수도 있지만 그건 그들에게 아무런 도움이 되지 않지. 그래서 난 그들에게 생활의 다른 긍정적인 이면을 가르쳐준다네. 사실 우리 삶은 수많은 선택의 연속 아닌가!"

> 잘되는 사람의 생각
>
> 낙천적인 사람은 신나는 음악 없이도 춤을 출 수 있다. 불행이 닥쳤다고 해서 무조건 의기소침하거나 자포자기하지 마라. 불행에 대한 걱정과 두려움은 잠시 한쪽에 미뤄두라. 그리고 큰 소리로 노래를 부르며 긴장을 늦추는 여유를 부려라.
> 매일 아침, 당신은 두 가지 선택 앞에 놓인다. 기분 좋은 하루를 선택할 것인가? 기분 나쁜 하루를 선택할 것인가? 당신의 인생은 결국 하루하루의 선택에 달려 있다.

살아 숨 쉴 수 있다는 행복

명성이 자자했던 어느 사업가가 갑작스레 세상을 떠났다. 생전에 수많은 수행원을 거느리고 다녔던 그는 작은 납골당 안에 안치되었다. 그의 작은 납골함을 보는 사람들은 만감이 교차했다.

'그 어떤 재물도, 넓고 좋은 집도, 지금 저 친구에게는 아무 의미가 없군. 지금 그가 가진 것은 저 작고 초라한 납골함뿐이잖아. 많은 부귀와 영예를 누리던 그는 이제 흰 가루가 되었어.'

인생의 허무함에 대해 한탄하는 사람도 있었다.

'영리하고 계산이 빨라 어느 누구한테도 지지 않았던 그였는데, 운명 앞에서는 그저 작고 초라한 생명에 지나지 않는군. 쯧쯧, 죽고 나면 모든 것이 이리도 허무하게 사라지는 것을……'

하지만 대부분의 사람들은 이렇게 생각했다.

'지금부터 열심히 살자! 살아 있다는 것 자체가 행복이야. 모든 것을 가진 사람도 죽고 나면 한 줌 재가 될 뿐이지! 명예, 지위 따위가 다 무슨 소용이야? 권력은 또 뭐구! 세상 모든 걸 가지려고 치열하게 살아봤자 결국 내 손에 쥐어지는 건 뻔하지 않아? 예전엔 물불 안 가리고 사람들의 어깨를 밟고 올라가 나 혼자 우뚝 서려고 했지. 그래서 난 내 욕심을 위해 많은 사람들을 좌절하게 했어. 그게 과연 의미 있는 일일까?'

'집에 돌아가서 내 철천지원수에게 꼭 전화를 해야지. 다시 좋은 친구가 되자고 말할 테야. 우리한테 중요한 건 건강하게 살아 있는 지금 아니겠어?'

사람들은 삶의 진정한 의미에 대해서 골똘히 생각했다.

하루 일과가 끝난 저녁, 당신은 어떻게 하루를 마감하는가?

- 길이 막혀 차가 꿈쩍도 하지 않는다. 그러자 버스 기사는 미친 듯이 클랙슨을 누른다. 귀 따가운 클랙슨 소리에 길을 지나가던 사람들이 귀를 막는다. 사람들이 짜증을 내고 버스 기사는 욕을 한다.
- 갑자기 일이 생겨 야근을 해야만 한다. 저 재수 없는 상사가 또 나를 걸고넘어졌다. 재수가 없다.
- 내게 나쁜 일만 생기면 고소해하는 철천지원수가 있다. 그가 또 나를 비웃는다.

잘되는 사람의 생각

삶은 갖은 잔병치레의 연속이고, 죽음은 일생일대의 거대한 전환점이다. 당신의 인생은 잔병치레 때문에 더 큰 병을 얻을 수도 있고, 갑작스럽게 감내해야 하는 죽음이라는 전환점 때문에 고통을 겪을 수도 있다.
그러나 인생은 그 누구도 예견할 수 없다. 앞으로 살아갈 인생을 두고 너무 많이 갈등하거나, 인생을 정의 내리려고 하지 마라. 살아 있다는 것만으로도 당신은 충분히 행복하다. 우리에게 가장 소중한 것은 뛰고 있는 심장, 즉 살아 있는 생명이다.

인생의 수만 가지 척도

어느 날 하느님이 갑, 을, 병 세 사람을 창조한 후 물었다.
"인간세계에 가서 어떤 삶을 살 것인지 생각해보았느냐?"
그러자 잠시 생각한 후 갑이 대답했다.
"저는 아버님께서 주신 생명으로 진정한 삶의 의미를 만들겠습니다."
이번에는 을이 대답했다.
"저는 인간세계의 좋은 것들을 마음껏 누리겠습니다."
마지막으로 병이 대답했다.
"저는 저만의 삶을 가꾸고 누리겠습니다."
하느님은 갑에게 50점, 을에게 50점, 그리고 병에게 100점을 주었다. 하느님은 병이 가장 완벽한 사람이라고 생각했고, 때문에 병과 같은 사람을 많이 창조하겠다는 계획까지 짰다.
갑은 인간세계에 가서 책임감과 사명감을 품고 아무 대가 없이 수많은 공헌을 했다. 그는 도움을 주느라 바빴으나 정작 자기는 남에게 도움을 받아본 적이 없었다. 그는 진리를 위해 싸웠고, 기가 막히고 억울한 일을 당할지언정 나쁜 말은 입에 담지 않았다. 그는 점점 더 후덕한 인품을 가진 사람이 되었다. 그의 선행은 사람들의 입에서 입으로 전해졌고, 그는 많은 이들의 존경을 받았다. 그래서 사람들은 그를 성인군자라고 불렀다. 그가 인간세계를 떠날 때 수많은 사람들이 진심으로 안타까워했다. 각지에서 몰려든 사람들이 그의 마지막 길을 배웅하기 위해 한곳에 모였다. 비록 그의 육체는 세상을 떠났지만, 그의 후덕한 인품은 사람들의 마음 깊은 곳에서 영원히 숨 쉬게 되었다.

을은 인간세계에 가서 극도의 소유욕과 파괴욕을 표출했다. 목적을 이루기 위해서라면 수단과 방법을 가리지 않고 온갖 나쁜 짓을 범했다. 그는 점점 많은 재물을 얻었고, 생활도 풍요롭고 윤택해졌으며, 아름다운 아내 외에도 수많은 첩을 거느리고 살았다. 그러나 그는 나쁜 짓을 하도 많이 한 탓에 결국 죗값을 치러야 했다. 정의가 그를 인간세계에서 쫓아낼 때 사람들은 그에게 갖은 비난과 멸시를 쏟아 부었다. 그가 떠난 후에도 사람들은 그를 떠올리며 치를 떨었다.

병은 인간세계에 가서 조용히 가정을 꾸린 뒤 성실하고 부지런하게 생활했다. 그가 인간세계를 떠난 뒤 그의 존재를 기억하는 사람은 아무도 없었다.

인간세계의 사람들은 갑에게 100점, 을에게 0점, 그리고 병에게 50점을 주었다. 이 점수가 바로 그들의 최종 성적이다.

▎잘되는 사람의 생각

사람들은 각자 다른 척도를 가지고 인생을 평가한다. 진심을 다해 삶을 창조하고 그 삶을 신중하게 가꾸면 반드시 그에 상응하는 보답을 얻을 수 있다.

세 번째 소원

가난한 부부가 있었다. 그들은 좋은 살림살이와 맛있는 음식이 가득한 멋진 집에서 사는 것이 소원이었다.

어느 늦은 밤, 낯선 여인이 그들의 집을 찾아왔다.

"무슨 일이시죠?"

남편이 물었다.

"당신이 원하는 세 가지 소원을 빌어보세요. 모든 게 이루어질 테니. 하지만 당신이 소원을 말할 때마다 당신의 이웃은 당신이 얻는 것의 두 배를 갖는다는 사실을 기억하세요."

낯선 여인의 뜬금없는 말에 남편은 어안이 벙벙했다. 주위를 둘러보는 사이 여인은 이미 사라지고 없었다.

"여보, 어쩌면 이건 하늘이 주신 기회인지도 몰라요. 우리 한번 시험해봐요."

아내가 말했다.

"그럴까? 음, 좋은 집을 하나 갖고 싶군."

순간, 눈 깜짝할 사이에 부부는 으리으리한 집 안 거실에 앉아 있었다. 그와 동시에 그의 이웃은 그들의 집보다 두 배가량 큰 집을 갖게 되었다.

아내는 새집을 보고 매우 기뻐하며 말했다.

"이 집에 어울리는 멋진 가구가 있었으면 좋겠어요."

그녀의 말이 끝나기가 무섭게 집 안에는 멋진 가구가 생겼고, 그들의 이웃은 그보다 더 좋은 가구를 얻었다.

그런데 부부는 처음 새집이 생겼을 때와는 달리 즐거워할 기분이 나지 않았다.

"이거 너무 불공평한 거 아냐? 우리 덕분에 옆집 사람들까지 덩달아 이익을 보잖아! 게다가 우리보다 더 좋은 집과 더 멋진 가구를 갖다니 정말 너무하는군."

부부는 불평 불만이 가득했다. 마침내 단단히 심술이 난 아내는 세 번째 소원을 빌었다.

"하느님, 제 한쪽 눈을 가져가세요!"

> **잘되는 사람의 생각**
>
> 선의의 부러움은 자신을 발전시킬 수 있는 동력이 된다. 하지만 악의를 품은 욕심은 남에게 상처를 입히는 행위로 시작하여, 결국 자신에게 더 큰 상처로 돌아온다.

누구나 고민거리를 가지고 있다

어느 시골 마을에 살고 있는 한 사내는 자기 운명에 대한 불만이 가득했다. 다른 사람이 자기보다 강한 모습을 보일 때면 부러움을 감추지 못하고 그 사람과 자신의 운명이 바뀌었으면 좋겠다고 생각했다.

그러던 어느 날, 천사가 찾아와 그의 운명을 바꿔주겠다고 제안했다. 천사는 말했다.

"당신의 고민거리와 골칫거리를 모조리 포대에 담아 교외로 가지고 가세요. 그곳에 가면 다른 고민의 포대들이 아주 많이 있을 거예요. 당신의 포대는 그곳에 두고 대신 가장 괜찮은 고민이 담겨 있을 듯한 다른 포대 하나를 골라서 가지고 오세요."

남자가 교외에 도착하자 천사가 말했다.

"시간이 얼마가 걸리든 상관없어요. 당신이 가장 맘에 드는 것을 고를 때까지 시간은 얼마든지 줄게요. 서두르지 말고 고르세요."

남자는 신이 나서 포대를 고르기 시작했다. 어느새 하루가 가고 이틀이 지났다. 수많은 포대들을 들춘 끝에 남자는 가장 마음에 드는 포대를 하나 골랐다. 포대의 모양도 가장 이상적이고 무게도 가벼웠다.

그러나 집에 돌아온 남자는 포대를 열어보고 화들짝 놀랐다. 그가 그렇게 심사숙고하여 고른 포대는 바로 자신이 버렸던 포대였기 때문이다.

| 잘되는 사람의 생각 |

사람은 누구나 고민과 걱정을 가지고 있다. 자신의 운명에 대해 불평 불만이 가득한 사람은 항상 변명하고 현실에서 도피할 수 있을 만한 이유를 찾기에 급급하다.
그러나 사실 지혜롭게 분노를 다스리고 능동적으로 자신의 장점을 개발하는 사람에게 고민과 걱정은 그리 높은 장애물이 아니다.

행복의 여신과 불행의 여신

"하느님, 하느님, 제게 큰 복을 내려주세요."

매일같이 성심성의껏 하늘에 기도를 올리는 젊은이가 있었다. 결국 그의 간절한 기도는 하늘을 감동시켰다.

그날도 젊은이는 기도를 올리기 위해 분주하게 준비하고 있었다. 바로 그때 누군가 문을 두드리는 소리가 들렸다.

"누구세요?"

문을 열고 보니 문밖에 아름다운 여인이 있었다. 여인은 꾀꼬리처럼 고운 목소리로 그에게 말했다.

"저는 당신의 행복을 담당하고 있는 행복의 여신입니다."

젊은이는 뜻밖의 상황에 기쁨을 감추지 못하고 재빨리 그녀를 안으로 안내하려고 했다. 그러자 행복의 여신이 미소 지으며 말했다.

"제 동생도 같이 왔어요. 그녀는 저와 한시도 떨어져 있을 수 없답니다."

행복의 여신은 등 뒤에 서 있는 동생을 젊은이에게 소개시켜주었다. 동생의 생김새를 살펴본 젊은이는 경악을 금치 못했다.

'아니, 세상에! 이렇게 못생긴 여자도 있단 말인가?'

젊은이가 행복의 여신에게 물었다.

"이 아가씨가 정말 여신님의 동생인가요?"

"네, 제 친동생이에요. 이 아이는 불행의 여신입니다. 당신의 불행을 담당하고 있지요."

행복의 여신이 진지하게 대답하자 젊은이는 그녀에게 귓속말로 소곤거렸다.

"저기, 당신만 집 안으로 들어오고 동생 분은 문밖에서 기다리면 안 될까요?"

"그건 안 돼요. 저와 동생은 지금까지 단 한시도 떨어져본 적이 없거든요. 우린 서로의 그림자와 다름없어요."

그녀의 대답에 젊은이는 어떻게 해야 할지 쉽게 결정을 내리지 못했다. 그러자 그녀가 먼저 입을 열었다.

"제 동생이 그렇게 싫으시다면 저희는 이만 돌아가겠어요."

행복의 여신이 돌아가겠다고 하는데도 젊은이는 여전히 우물쭈물하며 결정을 내리지 못했다. 이윽고 행복의 여신의 모습은 점점 희미해지다가 결국 사라지고 말았다.

> **잘되는 사람의 생각**
>
> 행복과 불행은 모순된 동일체다. 재앙 중에 뜻하지 않은 행복이 숨어 있을 수도 있고, 행복 중에 재앙의 근원이 숨어 있을 수도 있다. 즉, 행복과 불행은 서로 등을 맞대고 의존하는 것이기 때문에 서로를 바꾼다고 해도 달라지지 않는다. 세상에 그 어떤 것도 완전무결할 수 없다는 진리는 의심할 여지가 없다.

탐욕의 늪

너무 가난해서 이불 한 장도 없이 맨바닥에 누워 잠을 청하는 가난뱅이가 있었다. 차가운 맨바닥에 누운 채 그는 "나도 부자가 되면 좋겠다! 만약 부자가 되면 절대 구두쇠는 안 될 거야. 항상 베풀고만 살아야지……"라고 중얼거렸다.

바로 그때 눈앞에 마귀가 나타났다.

"좋다. 내가 너를 부자로 만들어주지! 자, 마법의 돈주머니를 받아라!"

얼결에 가난뱅이가 돈주머니를 받자, 마귀가 말을 이었다.

"주머니 안에는 영원히 줄지 않는 금화가 있다. 단, 충분하다는 생각이 들 때 주머니를 버려야 그 금화를 쓸 수 있다는 사실을 명심하거라."

마귀는 말을 마치자마자 감쪽같이 사라졌다. 너무나 갑작스러운 일에 얼떨떨해진 가난뱅이는 자기 손에 쥐어진 돈주머니를 보고서야 자기가 본 것이 사실임을 깨달았다.

마귀의 말대로 가난뱅이가 돈주머니 안에서 금화 한 묶음을 꺼내자 언제 그랬냐는 듯 금화 한 묶음이 또 생겼다. 가난뱅이는 금화 한 무더기가 수북이 쌓일 때까지 밤새도록 금화를 꺼냈다.

"그래, 이만큼이면 평생 먹고살기에 충분하겠어."

다음 날, 배가 고파진 가난뱅이는 먹을 것을 사러 가고 싶었지만, 금화를 쓰려면 우선 돈주머니를 버려야 했다. 그래서 그는 돈주머니를 가지고 강가로 향했다. 그리고 아무도 보지 않는 곳에 미련 없이 돈주머니를 버렸다가 잠시 후 다시 돈주머니를 주워 집으로 돌아갔다. 집에 돌아온 그는 또다시 돈주머니에서 금화를 꺼냈고, 돈주머니를 버리려고 다짐할 때마다 아직은 돈이 더 필요하다고 이내 생각을 바꾸었다.

어느새 그의 집은 금화로 가득찼다. 그만큼이면 맛있는 음식도 실컷 사먹고 좋은 집과 최고급의 물건들도 살 수 있었지만 그는 만족하지 못했다.

"아냐, 아직 부족해. 난 더 많은 금화를 원한다구!"

그는 아무것도 먹지 않고 금화를 꺼내는 일에만 목숨을 걸었다. 금화가 집 안에 쌓이면 쌓일수록 그는 점점 야위었으며, 얼굴빛은 금화처럼 누렇게 변했다.

그는 충혈된 눈을 부릅뜨고 힘없이 중얼거렸다.

"난 돈주머니를 버릴 수 없어. 이것 봐! 금화가 계속 나오잖아……."

그렇게 시간이 흘러 제대로 먹지도, 쉬지도 못한 채 금화만 꺼내던 가난뱅이는 건강이 몹시 악화되었다. 그래도 그는 여전히 돈주머니를 손에서 놓지 않았다. 결국 그는 집 안에 금화를 가득 쌓아두고도, 가난에 치여 살던 때처럼 차가운 맨바닥에 누워 삶을 마감했다.

> **잘되는 사람의 생각**
>
> 사는 게 피곤한 이유는 너무 많은 것을 바라기 때문이다. 사람들은 무엇이든 많이 갖고, 어디든 높이 올라갈수록 좋다고 생각한다. 그래서 우리의 영혼은 쉬지 못하고 바쁘게 뛰어다닐 수밖에 없다. 탐욕은 사람의 이성을 혼탁하게 하는 유혹이자, 한 번 빠지면 헤어날 수 없는 깊은 늪이다.

좋은 소식

아르헨티나의 유명한 골프 선수 로버트 드 빈센조는 어느 날 대회에서 우승을 거둔 뒤 가까스로 많은 취재진을 뚫고 차에 올라탔다. 바로 그때, 한 젊은 여인이 그에게 다가와 우승을 축하하더니, 눈물이 그렁그렁 맺힌 눈으로 자신의 처지를 차근차근 설명하였다.

"중병에 걸린 어린 아들이 있습니다. 병원에서는 살 가능성이 거의 없다고 해요. 하지만 지푸라기라도 잡고 싶은 심정으로 하루에 수백 달러의 치료비를 내고 진료를 받고 있지요. 그런데 지금은 그마저도 포기해야 할 지경이에요. 이젠 도저히 그 많은 약값이며 치료비를 감당할 수 없거든요."

모정이 가득한 여인의 말에 빈센조의 마음이 흔들렸다. 그는 두말없이 우승 상금으로 받은 수표를 꺼내 사인하고, 여인에게 건네주며 말했다.

"이번 경기에서 받은 상금입니다. 아드님이 꼭 쾌유하길 빌겠습니다."

일주일 후, 빈센조는 자신의 집에서 여유로운 점심을 즐기고 있었다.

그때 골프 연합회 임원이 찾아와서는 일주일 전에 아들이 중병에 걸렸다며 접근한 젊은 여자를 만난 적이 있느냐고 물었다. 빈센조가 고개를 끄덕이자 임원은 허탈한 표정으로 의자에 털썩 주저앉았다.

"역시 그랬군. 자네에게 안 좋은 소식이 있네. 그 여자는 사기꾼이야. 중병에 걸린 아들은 있지도 않은데다가 아직 미혼이라고 하더군. 빈센조, 자네는 완전히 당했어."

그러자 이야기를 듣던 빈센조는 오히려 안도의 숨을 내쉬며 말했다.

"그래? 그녀에게 중병에 걸린 아들이 없다니 정말 다행이군. 이건 내가 지난 일주일 동안 들은 이야기 중에 가장 좋은 소식이야."

| 잘되는 사람의 생각 |

선량하고 너그러운 마음씨는 타인에게는 크나큰 은혜, 자기 자신에게는 따뜻한 위로가 된다.
아무리 성공을 거두고 이상적인 목표를 이뤘다고 한들 너그러운 마음씨를 갖지 못한다면 당신은 영원히 마음의 고통을 받을 수밖에 없다.
너그러운 마음씨를 가진 사람은 항상 환한 미소를 잃지 않는다.

잘되는 사람은 무슨 생각을 할까?

----

chapter 5 인생의 깨달음

마음가짐은 인생을 좌우하는 결정적 힘이다

생각을 바꾸면 인생이 달라진다

　긍정적이고 낙천적으로 생각하는 사람은 행복을 얻지만 머릿속이 온통 부정적인 생각으로 가득한 사람은 언제나 우울할 수밖에 없다. 그래서 긍정적인 생각은 몸도 마음처럼 즐겁고 행복하게 만드는 반면, 부정적인 생각은 마음에 병을 만들고 그 증상이 실제 몸에 나타나기도 한다.

　옛날 옛날에 걸핏하면 사는 게 재미없다고 투덜대는 사람이 있었다. 그는 언제나 우울했고 무기력했다.

　그러던 어느 날, 그는 행복하게 웃는 어린아이의 해맑은 웃음을 보고 자신의 인생을 돌아보았다. 찌푸린 얼굴로 낭비한 수많은 시간이 주마등처럼 스쳐갔다.

　'그래, 이제부터 나도 행복해지는 거야! 근데 행복해지려면 어떻게 해야 하지?'

　좀처럼 행복을 느껴보지 못한 그가 행복해지는 방법을 모르는 것은 당연지사. 결국 낙천주의자를 찾아가 행복해지는 비법을 물어보기로 했다.

낙천주의자는 그의 청을 듣고는 호탕하게 웃으며 먼저 앉으라고 했다. 남자가 물었다.

"만약 당신이 가진 모든 친구를 잃는다면 그래도 당신은 행복할 수 있을까요?"

"그럼요. 비록 친구는 잃었어도 다행히 자신은 잃지 않았다고 생각하며 감사해할 것입니다."

"길을 가다가 갑자기 진흙탕에 빠져서 온몸이 진흙으로 뒤범벅됐다 해도 이렇게 껄껄 웃으시겠어요?"

"네, 저는 웃음을 잃지 않을 겁니다. 왜냐하면 제가 빠진 곳은 그저 진흙탕이잖습니까? 깊은 연못이 아니어서 정말 다행이지요."

"길을 걷다 이유도 없이 모르는 사람에게 뒤통수를 한 대 맞았다고 해도 기분이 좋으시겠어요?"

"그럼요. 한 대 맞았을 뿐이잖아요. 살해당하는 것보다야 훨씬 낫죠. 하하하!"

"만약 이를 뽑으러 치과에 갔는데 의사가 실수로 멀쩡한 이를 뽑고 상한 이는 그대로 남겨두었다면 그냥 넘어갈 수 있으시겠어요?"

"그럼요. 의사가 잘못 뽑은 것은 이지 내장은 아니니까요."

"달콤한 잠에 빠져 있는데 갑자기 누군가 듣기 싫은 목소리로 시끄럽게 노래를 불러대도 괜찮으시겠어요?"

"그럼요. 시끄럽게 노래 부르는 사람은 한 명뿐이잖아요. 여러 명이 아니니 얼마나 다행이에요?"

"그럼, 죽기 직전에도 웃으시겠네요?"

"그럼요. 제 인생을 마무리하는 길을 걷는데 당연히 행복해야죠. 난 기쁜 마음으로 나를 데리러 온 저승사자와 함께 죽음의 연회에 참석할 겁니다."

"그렇게 말하는 것을 보니 당신의 삶에는 그 어떤 고통도 없는 것 같군요. 당신의 삶은 영원한 행복으로 가득합니까?"

"그럼요, 물론이죠. 당신도 원하기만 하면 당신의 삶 속에서 즐거운 행복을 얼마든지 발견할 수 있습니다. 고통은 초대하지 않아도 제 발로 당신을 찾아오지만 행복은 직접 찾으려고 노력해도 발견하기 어려울 때가 더 많거든요. 그렇기 때문에 더더욱 노력해야 하는 겁니다."

낙천주의자를 찾아갔던 남자는 그의 대답을 통해 인생의 도리를 이해하게 되었다. 그는 인생을 대하는 자신의 마음가짐부터 새롭게 다지기로 결심했다.

마음가짐의 힘은 이렇게 거대하다. 생각을 바꾸면 인생도 달라진다.

잘되는 사람의 생각

마음에 용기와 평안을 갖는다면, 굶주림과 추위에서도 콧노래를 부를 줄 아는 여유를 얻을 수 있으며, 자신의 관에 앉아서도 바람을 느끼고 풍경을 칭찬할 수 있다.

고통은 초대하지 않아도 제 발로 당신을 찾아오지만 행복은 진심을 다해 스스로 찾아야 한다. 생각을 바꾸면 당신이 원하는 행복을 얻을 수 있다.

마음가짐은 인생에 대한 태도를 결정한다

성격이 판이하게 다른 두 형제가 있었다. 한 명은 너무 낙천적인 데 반해 다른 한 명은 너무 비관적이었다. 아버지는 두 형제의 사이가 점점 멀어지는 것이 걱정되어 그들이 서로 어울릴 수 있도록 성격을 개선시켜야겠다고 결심했다.

그러던 어느 날, 아버지는 꽤 괜찮은 방법을 생각해냈다. 그는 낙천적인 아들을 마구간에 데려다놓고 자신의 허락 없이는 한 발짝도 나오지 못하게 했다. 그리고 비관적인 아들에게는 수많은 장난감을 사주고 방 안에서 마음껏 가지고 놀도록 했다.

얼마 후 아버지는 결과를 알아보았다. 먼저 마구간에 들러 낙천적인 아들을 살펴보았는데 놀랍게도 낙천적인 아들은 삽을 들고 쌓여 있던 말똥 덩어리를 열심히 파헤치고 있는 게 아닌가. 어찌나 열심이던지 이마에는 땀이 흥건했다. 아버지는 어이가 없어 아들에게 물었다.

"뭐가 그리 재밌느냐?"

그러자 낙천적인 아들이 웃으며 대답했다.

"저는 분명 아버지께서 저를 마구간에 데려다놓으신 이유가 있을 거라고 생각했어요. 그래서 혹시 아버지가 이곳에 저를 위한 선물을 숨겨놓으신 게 아닌가 하고 찾고 있어요."

아버지는 땀을 뻘뻘 흘리면서도 되레 웃으며 말하는 아들을 보고 아무 말도 하지 못했다. 힘든 상황에서도 해맑게 웃는 아들을 보고 아버지는 비관적인 아들에 대해서도 희망을 갖게 되었다. 그리고 즉시 비관적인 아들의 방으로 향했다. 하지만 아버지의 예상과는 달리 그 아들은 한쪽 구석에 쪼그리고 앉아 엉엉 울고 있었다. 둘러보니 장난감은 아예 건드리지도 않은 모양인지 방이 깨끗했다. 의외의 결과에 아버지는 어리둥절했다.

"아들아, 왜 울고 있니?"

"괜히 갖고 놀았다가 좋은 장난감들을 망가뜨리면 어떡해요? 그래서 갖고 놀고 싶어도 그럴 수 없었어요. 너무 속상해요, 아버지!"

잘되는 사람의 생각

마음가짐은 인생에 대한 당신의 태도를 결정한다.
심리학자 매슬로우는 말했다.
"마음가짐을 바꾸면 태도가 달라진다. 태도가 바뀌면 습관이 달라지고 습관이 바뀌면 성격이 달라진다. 그리고 성격이 바뀌면 인생이 달라진다."

불로장생을 위한 마법의 약

지혜롭고 명석한 왕이 있었다. 자신의 모든 것을 바쳐 나라를 다스리다보니 그는 어느덧 백발이 성성한 노인이 되어 있었다.

그러던 어느 날, 한 마법사가 궁궐에 찾아와 왕을 뵙고자 했다.

"왕이시여, 이 마법의 약이 바로 불로장생의 약입니다. 이 약 한 모금이면 왕께서는 영원한 생명을 얻으실 수 있습니다."

지혜로운 왕은 마법사의 말을 듣고 잠시 생각하더니 저명한 군인, 부유한 상인, 그리고 빈곤한 농부를 불러오라 명령했다.

이윽고 세 사람이 모두 궁궐에 도착하자 왕은 먼저 저명한 군인에게 물었다.

"내가 이 마법의 약을 마시면 행복하겠느냐?"

그러자 군인이 대답했다.

"예. 분명 행복해지실 겁니다. 이 세상에서 세계 정복을 실현시킬 수 있는 사람은 오직 왕뿐이십니다. 불로장생하신다면 반드시 세계 정복의 영예를 얻으실 수 있을 겁니다. 자신의 힘으로 정복한 땅을 둘러보는 기쁨보다 더한 행복이 어디 있겠습니까?"

왕은 부유한 상인에게도 같은 질문을 했다.

"내가 이 마법의 약을 마시면 행복하겠느냐?"

"예. 분명 행복해지실 겁니다. 왕께서 계속 이 나라를 다스리시면 재물도 날로 늘어날 것입니다. 재물이 끊임없이 늘어나는 것을 보는 것보다 더한 행복이 어디 있겠습니까?"

왕은 마지막으로 빈곤한 농부에게 물었다.

"내가 이 마법의 약을 마시면 행복하겠느냐?"

그러자 농부가 대답했다.

"왕이시여, 지금 군인과 상인이 아뢴 말씀의 반은 사실입니다. 하지만 왜 저들은 왕께서 행복할 거라는 말만 하는 걸까요? 저들은 왕께서 불행할 수도 있다는 사실은 일부러 아뢰지 않았습니다."

"아니, 무슨 헛소리를 하는 게야! 천한 농부 주제에! 불로장생을 한다는데 불행할 이유가 어디 있어!"

군인과 상인이 이구동성으로 소리쳤다.

"지혜로운 왕이시여, 제 말씀을 들어보십시오. 이 마법의 약을 드시면 영원한 생명을 얻으실 수 있습니다. 물론 재물도 늘어날 것이고 세력도 기세를 더할 것입니다. 하지만 언젠가는 왕께서 사랑하시는 왕비님과 자제분 모두 이 세상을 떠날 겁니다. 심지어는 소중한 친구와 충실한 하인들도 하나 둘씩 곁을 떠나겠지요. 이것은 결국 왕께서 떠나가는 그들의 모습을 직접 지켜보고 그로 인한 고통을 겪으셔야 한다는 뜻입니다. 그리고 어느 날엔가 사랑하는 사람들이 모두 떠나버리고 홀로 남겨진 쓸쓸한 자신의 모습을 발견하실 겁니다. 곁에는 아내도, 자식도, 심지어는 친구와 하인조차 없을 테니까요. 지혜로운 왕이시여, 이것이 바로 불로장생하는 대가로 얻는 고통이자 불행입니다. 그런데도 영원한 생명을 원하신다면 마법의 약을 들이키십시오!"

그러자 왕은 매우 흥분하며 소리쳤다.

"그럴 수야 없지! 절대 안 돼! 소중한 가족과 친구를 잃었는데 권력과 재산이 무슨 소용이겠느냐! 내가 살아가는 이유가 사라지고 나면 영원한 삶 또한 아무 의미 없느니라."

왕은 크게 소리치면서 마법의 약이 담긴 항아리를 바닥에 힘껏 내던졌다. 그러자 항아리는 산산조각 났고, 마법의 약은 모두 땅속으로 스며들었다.

잘되는 사람의 생각

행복은 삶의 길이에 따라 결정되는 것이 아니다. 자기에게 주어진 것들에 감사해보지 않은 사람은 일상에 녹아 있는 소중한 행복을 알지 못한다. 그리고 그들은 항상 무료하고 지겨운 일상을 반복하며 신세타령만 하다가 소중한 시간을 다 흘려보낸다.

재복과 권력은 행복을 재는 잣대가 아니다. 사람은 재복과 권력을 위해 사는 것이 아니라 소중한 행복을 위해 살기 때문이다.

금 못과 망토

한 이슬람교 고행승이 있었다. 고행의 나날에 만족하며 지내온 그는 이번 고행을 계기로 천국에 갈 수 있기를 희망했다.

그는 우연히 세상에서 가장 많은 복을 타고났다고 생각하는 왕자를 만났다. 이 왕자는 종종 교외에 나가 천막을 치고는 그곳에서 한가롭고 즐거운 시간을 보냈다. 하지만 왕자가 쓰는 천막은 여느 것과 많이 달랐다. 천막은 귀한 재료로 제작된 것으로 천막을 고정하는 못마저도 아무거나 쓰면 안 되었고 반드시 금으로 된 못을 써야 했다. 항상 고행의 장점을 알리고 다녔던 고행승은 따끔한 말로 왕자를 혼내주었다.

"재물에 대한 욕심은 다 쓸모없어! 금으로 만든 못으로 천막을 고정시키다니, 이런 허영덩어리 같으니라구! 인간은 결국 한 줌의 재가 되어 세상을 떠난다네. 인생의 궁극적인 목적은 고귀하고 영원한 성지에 오르는 것인데, 성지에 오를 때 재물 따위는 아무 소용이 없네. 그러니 재물은 거추장스러운 것에 불과해. 그것을 깨끗이 버려야 성지에 오르는 큰 기쁨을 얻을 수 있다네."

고행승의 이야기를 듣고 난 왕자는 그의 말을 곰곰 생각해보았다. 그러더니 고행승의 손을 덥석 잡고 말했다.

"당신의 말은 내 인생에 밝은 빛이 되었소. 마치 내가 어디로 가야 하는지 인도해주는 기분 좋은 바람 같구려. 나도 당신과 함께 가겠소. 나를 성지로 인도해주겠소?"

왕자는 즉시 자신의 재산과 하인을 모두 버리고 아무런 미련 없이 떠나려고 했다. 그러자 왕자의 거침없는 행동에 당황한 고행승은 왕자의 뒤를 쫓아가며 말했다.

"정말 성지에 가기로 결심했나? 진심으로 그리하길 원한다면 잠깐만 기다려주게. 내 얼른 마을에 가서 망토를 가져올 테니."

고행승의 말에 왕자가 어이없는 웃음을 지으며 말했다.

"나는 모든 재물과 말, 천막, 그리고 하인까지 버리며 당신을 따라나섰는데 당신은 고작 망토 따위를 가져오겠다고 나더러 기다리라는 건가?"

그러자 고행승이 정색하며 대답했다.

"당신이야말로 진정 모든 재물을 버렸다면 지금 걸치고 있는 그 망토도 버려야지!"

그러자 왕자는 부드러우나 강경한 어투로 대답했다.

"나는 천막에 박힌 금 못도 미련 없이 버렸소. 그와 함께 다른 모든 것도 내 마음속에서 깨끗이 지웠는데 아직 부족하단 말이오?"

> **잘되는 사람의 생각**
>
> 여백의 아쉬움이 남을 수밖에 없는 것이 인생이다. 성숙한 사람은 포기해야 할 때 깨끗하게 포기할 줄 알고, 가망 없는 일에 자질구레하게 매달리지 않는다. 포기함으로써 더 많은 것을 얻을 수 있다. 실수 없이 정확하게 취하고 미련 없이 버려야 더 나은 인생을 거머쥘 수 있다.

천사와 악마

천사를 너무나 그리고 싶어하는 한 화가가 있었다. 그는 모델로 쓸 만한 적당한 사람을 구하지 못해 애를 태우고 있었는데, 어느 날 수도원의 수사를 모델로 삼으면 그럴싸한 그림이 나올 것이라는 생각이 들어 직접 수도원을 찾아갔다. 그리고 마침내 천사의 그림을 완성했다. 그의 그림은 화랑에 선보이자마자 세인들의 높은 관심을 끌었고, 화가는 하루아침에 돈과 명예를 얻게 되었다. 그는 자신의 수입 중 상당 부분을 모델이 되어준 수사에게 나눠주었다.

훗날 화랑을 찾은 어느 고객이 화가에게 말했다.

"천사는 이미 그렸으니 이번에는 악마를 그려야 하지 않을까요? 세상에는 천사도 있고 악마도 있으니까요."

화가는 무릎을 치며 동의했다.

"듣고 보니 그렇군요!"

화가는 악마를 그리는 데 모델이 될 만한 사람을 교도소에서 찾기로 했다. 그리고 그림을 그리기로 한 날, 모델이 될 수감자와 만났다. 그런데 이상하게도 수감자는 화가를 보자마자 울음을 터뜨렸다. 화가는 뜻밖의 상황에 매우 당황했다.

"아니, 제가 무슨 잘못이라도……"

수감자는 눈물을 닦으며 말했다.

"저는 당신이 예전에 그린 천사 그림의 모델이었습니다. 기억하시겠습니까? 제가 또다시 당신의 모델이 될 줄은 꿈에도 몰랐습니다. 그런데 이번엔 천사가 아닌 악마의 모델이군요."

화가는 수감자의 말을 듣고 깜짝 놀랐다.

"아니, 어떻게 이런 일이!"

"저는 당신에게 돈을 받은 뒤 수사로서의 도리를 완전히 잊었습니다. 그리고 수도원을 나와 생각 없이 흥청망청 돈을 쓰며 살았지요. 수도자의 초심을 잃은 채 온갖 쾌락에 물들어 정신없이 살다보니 금세 무일푼의 빈털터리가 되었습니다. 게다가 이미 망가질 대로 망가져 쾌락에 대한 욕망을 좀처럼 통제할 수가 없더군요. 그래서 남의 돈을 훔치고, 사람을 해치고 속였습니다. 그러다보니 어느새 교도소에 있더군요."

화가는 그림을 그리려다 말고 연필을 내려놓고는 크게 한숨 쉬었다. 그리고 아무 말 없이 그곳을 떠나며 생각했다.

'선함과 악함은 정말 한 끗 차이로군. 결국 천사와 악마도 겨우 한 발짝 떨어져 있을 뿐이야.'

> **잘되는 사람의 생각**
>
> 인간의 본성은 복잡하다. 어떤 때는 천사처럼 선하다가도 어떤 때는 악마 못지않게, 아니 가끔은 그보다 더 악하기 그지없다. 그렇다면 천사와 악마는 어떻게 결정될까? 그것은 바로 인생을 대하는 태도에 따라 순식간에 결정된다.

행복은 어디에 있나요?

어느 노인이 임종 직전, 아들에게 말했다.

"아들아, 아무래도 이제 곧 너의 곁을 떠나야 할 것 같구나. 내가 없더라도 부디 행복하길 바란다."

"아버지, 행복이 무엇인지 가르쳐주세요!"

"더 넓은 세상에 나가보거라. 사람들이 네게 행복을 찾을 수 있는 방법을 알려줄 것이다."

그리하여 아들은 아버지의 장례를 치른 후 행복을 찾기 위해 집을 나섰다. 어느 해안가에 도착하여 모래사장을 걷던 중 그는 늙고 마른 말 한 마리를 발견했다. 그가 다가가자 말이 먼저 질문을 던졌다.

"이봐, 젊은이. 어디 가는가?"

"전 행복을 찾으러 가는 길입니다. 어디로 가야 행복을 찾을 수 있는지 가르쳐줄 수 있으세요?"

그러자 말이 대답했다.

"행복이야 너무 간단하지! 내 말을 들어보게. 젊고 건강했을 때의 나는 사람들이 갖다주는 물이나 마시고 풀이나 뜯을 줄만 알았네. 굳이 내가 수고를 하지 않아도 사람들은 내 입에 먹을 것을 넣어주었지. 비록 좁은 곳에서 생활했지만 항상 많은 사람들이 나를 찾아주었고 난 그들 앞에서 잠자는 모습이나 먹이 먹는 모습만 보여주면 되었어. 그런데 어느 날부턴가 나는 더이상 사람들 앞에 설 수 없게 되었지. 늙고 병든 건 물론이고 게으름 때문에 어느새 하마처럼 뚱뚱해져버렸거든. 그 후부터 사람들은 내 먹이에는 신경도 쓰지 않았어. 그나마 끼니나 거르지 않으면 다행이었지. 이 세상에서 가장 소중한 것은 젊음이라네. 결코 젊은 날을 낭비하지 말게. 다른 사람이 던져주는 것에 만족한 채 나태해져서는 안 돼. 그리고 기쁨을 받기만 하기보다는 먼저 기쁨을 줄 수 있는 방법을 연구해보게. 그럼 분명히 행복을 느낄 수 있을 거야."

젊은이는 말의 이야기를 깊이 새겨듣고 다시 길을 떠났다. 그리고 우연히 뱀을 만났다. 뱀이 물었다.

"이봐, 젊은이. 어디 가는가?"

"저는 행복을 찾으러 가는 길입니다. 어디에 가면 행복을 찾을 수 있는지 아세요?"

"난 평생 나 자신을 위해 독을 품고 살았어. 그 누구도 함부로 건드리지 못하는 강한 독을 가지고 있다는 사실에 자부심을 느꼈지. 나는 내가 세상에서 가장 강하다고 생각했어. 그런데 세월이 흐르자 세상 사람들이 나를 두려워하는 것에 대해 자부심을 느끼는 것은 어리석은 일이라는 사실을 깨달았지. 사람들은 나를 너무 싫어하고 혐오해서 무조건 죽이고만 싶어했어. 그래서 난 언제나 사람들을 피해 다녀야 했지. 자네의 입에도 독이 있으니 각별히 조심하게. 자네의 말 한 마디가 다른 사람을 다치게 할 수 있거든. 이 점만 주의한다면 사람들과 허심탄회하게 이야기하고 거리낌 없이 어울리며 행복한 나날을 보낼 수 있다네."

젊은이는 뱀의 말도 깊이 새겼다. 그리고 다시 길을 떠났다. 가도 가도 끝이 없는 길이었다. 그는 문득 나뭇가지에 앉아 있는 아름다운 새 한 마리를 발견했다. 화려하고 빛나는 깃털을 가진 신기한 새가 젊은이에게 물었다.

"이봐, 어디 가는 길인가?"

"저는 행복을 찾으러 가는 길입니다. 어디에 가면 행복을 찾을 수 있는지 아세요?"

그러자 새가 대답했다.

"얼굴에는 먼지가 그득하고 옷도 다 해진 걸 보니 행복을 찾아 돌아다닌 지 꽤 오래된 것 같구먼. 그렇게 꼴이 망가졌으니 사람들이 당신을 피한 것도 당연해! 내 생각에 자네는 행복하고 인연이 없는 것 같아. 내 말을 잘 기억해둬. 먼저 자네 몸에 있는 먼지부터 털어내고 깨끗하고 말끔하게 차려입는 거야. 그럼 자네를 찾아오는 사람도, 주위의 환경도, 모든 것이 보기 좋게 바뀔걸? 그렇게 갖추고 나면 자네가 찾으러 다니지 않아도 행복이 제 발로 자네를 찾아올 거야."

이렇게 오랜 시간 많은 이들을 만나본 젊은이는 고개를 끄덕이며 집으로 돌아갔다.

'행복은 다른 곳에 있는 게 아니야. 바로 내 곁에 있어.'

잘되는 사람의 생각

행복이라는 꽃은 너무 꼭 쥐고 있으면 금방 시들어버리고 만다. 그 꽃을 오랫동안 간직하고 싶다면 곁에 두고 그것의 아름다움과 향기를 즐기는 소박한 행복에 만족할 줄 알아야 한다.

마음의 힘

날이 어두워질 즈음 한 상인이 수레를 끌고 거칠고 외진 길을 지나고 있었다.

'아이고, 제발 이 길을 벗어날 때까지만이라도 수레가 고장 나지 말아야 할 텐데……'

바로 그때 상인은 수레가 무거워지는 것을 느꼈다. 아무리 힘을 써서 끌어보려고 해도 수레는 꿈쩍하지 않았다.

'어? 갑자기 왜 이러지?'

이상한 기분이 들어 상인이 수레를 살펴보니, 타이어에 펑크가 나 수레 뒷부분이 폭삭 주저앉아 있었다. 그는 미리 준비해온 새 타이어로 갈아끼우기 위해 팔을 걷어붙였다.

'아, 맞다! 연장!'

하필이면 아침에 급히 출발하느라 연장 챙기는 것을 깜빡했던 것이다. 주위를 둘러보니 다행히 멀지 않은 곳에 등불이 보였다. 그는 불을 밝힌

농가로 가면서 속으로 중얼거렸다.

'집에 아무도 없으면 어쩌지?'

'집에 사람이 있더라도 연장이 없을 수 있잖아.'

'에이, 분명 있을 거야. 그런데 빌려주지 않으면 어쩌지?'

'아니야, 꼭 빌려줄 거야. 안 빌려주면 억지로라도 뺏어야지, 뭐.'

농가로 향하는 내내 그는 부정적인 생각만 했다. 그리고 마침내 농가의 문 앞에 도착한 상인은 심호흡을 하며 주먹을 불끈 쥐고 세차게 문을 두드렸다. 문이 열리자마자 상인은 농부에게 자초지종도 설명하지 않고, 대뜸 연장을 내놓으라고 소리치며, 농부의 대답은 듣지도 않고 바로 주먹을 날렸다. 그리고 소리쳤다.

"이 나쁜 놈아! 안 되는 게 어디 있어!"

> 잘되는 사람의 생각
>
> 마음은 인생의 많은 부분을 결정한다. 긍정적인 마음으로 세상을 보는 사람은 오색찬란한 미래를 맞이할 것이고 부정적으로 보는 사람은 스스로 부정적인 결과만 부각시켜 긍정적인 결과는 보지 못할 것이다.

행복을 위한 적극적인 자세

어떻게 해야 즐겁고 행복한 생활을 할 수 있을지 밤낮으로 고민하는 부랑자가 있었다. 어느 날 그의 꿈에 부처님이 나타나 말했다.

"곧 너에게 큰일이 벌어질 것이다. 네가 그 기회를 잡으면 부자가 되어 높은 지위와 예쁜 아내를 얻게 될 게야."

꿈에서 깬 부랑자는 부처님의 말을 생각하며 매우 기뻐했다. 그리고 그 날부터 이 기이한 꿈이 실현되기만을 손꼽아 기다렸다. 하지만 아무리 기다려도 그런 일은 일어나지 않았다.

부랑자는 부처님의 말만 믿고 아무것도 하지 않은 채 여생을 보내다가 결국 늙어 외롭게 생을 마감했다.

임종 전, 다시 부처님을 만난 그는 부처님을 보자마자 다짜고짜 따지기 시작했다.

"부처님께서는 제게 많은 재물과 높은 지위, 그리고 예쁜 아내까지 준다고 하셨잖아요. 그래서 평생을 기다렸는데 전 아무것도 얻지 못했습니다!"

그러자 부처님이 대답했다.

"나는 네게 '주겠다'라고 말한 적은 없다. 그저 많은 재물과 사회적 지위를 얻고, 예쁜 아내를 맞을 수 있는 기회를 준다고 했을 뿐이야. 네가 이 모든 기회를 그냥 지나쳐버리지 않았느냐."

부랑자는 어안이 벙벙했다.

"그게 무슨 말씀이세요?"

"잘 기억해보거라. 분명 네 인생을 바꿀 수 있는 좋은 기회가 있었을 거야. 그런 기회를 눈앞에 두고도 너는 꿈쩍도 하지 않았지. 왜냐하면 너는 실패가 두려워서 아무것도 시도하려들지 않았거든."

부랑자는 기억을 더듬어보았고 부처님은 계속 말을 이었다.

"네가 아무런 행동도 하지 않았기 때문에 그 기회는 결국 다른 사람에게 넘어갔지. 그 사람은 두려워하지 않고 용감하게 행동했단다. 그리고 훗날 부자가 되었지. 한번은 대지진이 일어나 마을의 집 대부분이 부서진 적이 있었어. 기억하느냐?"

"네, 기억나요."

"그러자 집을 잃은 수천 명의 사람들이 힘을 합쳐 새집을 지으려고 했어. 그때 넌 충분히 그들을 도와줄 수 있었지만 그렇게 하지 않았지. 오히려 혼란한 틈을 타 누군가 네 집을 털지 않을까 걱정하기만 했어. 그래서 사람들에게 얼토당토않은 변명을 늘어놓고 고의적으로 그 자리를 피했지."

부랑자는 고개를 끄덕였다.

"그것은 네가 수천 명의 사람들을 도울 수 있는 좋은 기회였다. 그 기회는 네게 명예를 가져다줬을 거야. 그리고 언젠가 검은 머리가 탐스러운 아름다운 여자에게 매력을 느꼈던 때가 있었을 거야. 그것도 기억나나?"

"네."

"넌 그때 분명 그녀에게 강하게 끌렸지만 어떤 행동도 하지 않았어. 물론 그때까지 넌 여자를 그렇게 좋아해본 적이 없었기 때문에 혼란스럽고 두려웠겠지. 하지만 그녀를 놓친 후 다시는 그렇게 좋은 여자를 만나지 못했어. 너는 이렇게 생각했던 거야. 그녀가 나 따위를 좋아할 리 없다고 말이야. 그래서 감히 청혼할 엄두도 내지 못했지. 왜냐하면 거절당할 게 뻔하다고 생각했거든. 그렇게 너는 아름다운 아내를 얻을 수 있는 기회를 날려버린 거지."

부랑자는 눈물을 흘렸다.

"그녀는 원래 네 아내로 정해져 있었지. 네가 그녀를 잡았다면 그녀와 결혼해서 예쁜 아이들도 낳고 행복하게 살았을 텐데……"

▎잘되는 사람의 생각

성공과 행복을 얻기 위해서는 기회가 왔을 때 적극적으로 행동해야 한다. 성공으로 이어질 기회를 무의미하게 흘려보내서는 안 된다.

인생의 아쉬운 결말

그들은 모든 학생들이 부러워할 정도로 잘 어울리는 캠퍼스 커플이었다. 하지만 애석하게도 아주 사소한 일을 계기로 헤어지고 말았다.

졸업 후, 그들은 각자 다른 길을 걸었고 각자 다른 사람과 결혼했다. 하지만 그들의 결혼 생활은 그다지 행복하지 않았다. 그래서 그들은 자신들의 연애 시절을 종종 떠올리곤 했다.

시간은 빠르게 흘러 그들은 백발이 성성한 노인이 되었다.

오랜만에 캠퍼스를 찾은 남자는 우연히 여자와 마주쳤다. 여자도 자신의 사랑을 추억하기 위해 캠퍼스를 찾았던 것이다.

남자가 먼저 오랫동안 가슴에 담아두었던 이야기를 꺼냈다.

"그날 밤 너희 집 문을 두들겼을 때 왜 문을 열지 않았니?"

그러자 여자가 대답했다.

"사실 그때 난 문 뒤에서 널 기다리고 있었어."

"기다리고 있었다구? 왜 문을 열지 않고 기다리기만 했니?"

"나는 네가 열 번째로 문을 두들기면 그때 열어주려고 했어. 그런데 넌 아홉 번만 두들기더니 그냥 돌아가버리더라."

오랜 시간이 흘러서야 진실을 알게 된 그들은 그날의 일을 후회했다.

'왜 꼭 문을 열 번 두들길 때까지 기다려야 한다고 생각했을까?'

여자는 고집을 부리며 그를 시험한 것, 그가 문을 열 번 두들기기 전에는 문을 열지 않으려고 생각했던 것, 그리고 집으로 돌아가는 그를 보고도 다시 부르지 않았던 것을 후회했다. 남자도 마찬가지였다. 그는 마치 오랜 꿈에서 깨어난 것 같은 기분이었다.

'원래 그 문은 잠겨 있지도 않았다구. 그런데 나는 열어볼 시도도 하지 않았다니……. 그리고 난 왜 아홉 번만 두들기고 계속해서 두들길 생각은 하지 않았던 걸까?'

만약 그날, 둘 중 한 사람만이라도 다르게 행동했더라면 그들의 인생은 지금과는 완전히 달랐을 것이다.

잘되는 사람의 생각

쉽게 포기하면 그만큼 후회도 크다. 용감하게 행동하여 쟁취하라. 달콤하고 값진 행복은 스스로 쟁취하는 자에게 돌아간다. 사랑은 평생토록 가꾸고 지켜야 하는 소중한 행복이다.

행복의 수많은 얼굴

한 새색시가 친정집에 와서 신세를 한탄했다.

"도대체 이 결혼을 왜 한 거야? 시댁에 돈이 많기를 해, 그렇다고 남편이 남들이 부러워하는 좋은 직업을 가졌어? 아, 아무래도 평생 구질구질하게 살 것만 같아!"

그러자 친정어머니가 웃으며 물었다.

"너희, 같이 있는 시간이 많니?"

"너무 많아 탈이지!"

딸이 입을 비쭉대며 대답했다.

"네 아버지가 전쟁터에 나가셨을 때, 난 매일 네 아버지가 전쟁터에서 무사히 돌아오길 기도했단다. 평생 서로 의지하면서 오순도순 살길 바랐는데 아쉽게도 네 아버지는 전사하고 말았지. 그래서 다시는 우리 곁으로 돌아오지 못했단다. 나는 너희들이 서로 으르렁거려도 함께 있다는 사실이 마냥 부럽기만 하구나."

어느새 어머니의 눈에 눈물이 맺혔다. 그 모습을 지켜본 새색시도 어머니의 뜻을 알 수 있을 것 같았다.

한 술집에 젊은 남자들이 모여 자신의 아내 이야기를 하느라 정신이 없었다.
"우리 마누라는 사사건건 너무 많이 간섭해."
"우리 마누라도 마찬가지야. 아주 갑갑해죽겠어. 난 완전히 자유를 잃었다니까! 우리 안에 갇힌 가축이나 다름없어!"
그들은 집에서 아내와 무슨 일로 어떻게 싸우는지, 과연 사내대장부의 위엄을 되살릴 수 있는 방법이 무엇인지 핏대를 세우며 토론했다.
그때, 다른 테이블에서 조용히 듣고 있던 중년 남자가 그들에게 다가와 술을 권하며 물었다.
"여러분의 아내는 모두 살아 있습니까?"
남자들이 고개를 끄덕이자 중년 남자가 한숨을 내쉬며 말했다.
"내 사랑하는 아내도 간섭이 심했지요. 그래서 난 그녀와 이혼했습니다. 그런데 그녀가 우울증에 걸려 얼마 전에 죽고 말았습니다. 다 내 탓이지요. 만약에 또 한 번의 기회가 생긴다면 반드시 그녀에게 미안하다고 용서를 빌 겁니다. 그리고 다시 그때처럼 나를 간섭해달라고 조를 겁니다. 여러분, 아내와의 인연은 참으로 소중하답니다."
남자들은 그의 말을 듣고 감히 아무 말도 하지 못했다.

어느 회사의 간부가 부하 직원들이 화합하지 못하고 분열되어 업무에 지장을 초래한 바람에 그 책임을 지고 좌천되었다. 그의 아내는 의기소침해진 남편의 어깨를 두들겨주며 말했다.

"인생에서 지위가 그렇게 중요한가요? 당신은 배울 만큼 배웠고 전문적인 기술도 가지고 있잖아요. 얼마든지 다시 시작할 수 있어요. 당신이 회사에서 높은 자리까지 올라갔든 그러지 못했든 그것과는 상관없이 당신이 능력 있는 인재라는 사실은 변함없어요. 무엇보다 당신은 좋은 남편이고 아이들의 훌륭한 아버지잖아요. 그거 알아요? 내가 예전보다 당신을 더 많이 사랑하고 있다는 거 말예요……."

남편은 고마움과 사랑이 가득 담긴 눈빛으로 아내를 물끄러미 바라보았다. 그의 눈에는 어느새 눈물이 고여 있었다.

어느 맹인이 음악회에 갔다. 교향악은 웅장하고 무겁다가도 금세 밝고 경쾌해졌다. 마치 오랫동안 태양을 덮고 있던 짙은 구름이 사라져 밝게 날이 개는 듯한 좋은 느낌이었다. 음악을 들으며 행복에 빠진 맹인이 옆에 앉아 있던 사람에게 말했다.

"보여요, 보여. 푸르른 산과 맑은 시냇물, 향기로운 꽃과 울창한 나무들이……. 그리고 내 밝은 미래와 아름다운 인생이 보여요."

듣지는 못하지만 똑똑한 남자 아이가 있었다. 어느 날 아이는 부모님과 함께 미술관에 가서 아름다운 미술품들을 감상하기로 했다. 미술관에 도착한 아이는 그림에 높은 관심을 갖고 작품 하나하나를 집중해서 보았다. 그러다 갑자기 아이가 흥분된 목소리로 부모에게 소리쳤다.

"엄마! 들려요. 작은 새가 노래하는 소리가 들려요. 폭포가 높은 낭떠러지에서 떨어지는 소리도 들리고, 바람이 부는 소리도 들려요……."

의사가 환자에게 진지한 목소리로 말했다.

"수술은 아주 성공적입니다. 복부에서 제거한 종양은 다행히 양성이었습니다. 며칠 동안 치료를 더 받으시고 몸이 회복하는 대로 퇴원하셔도 좋습니다. 그리고 생명에는 아무 지장 없으니 안심하세요."

환자는 두 눈을 감고 안도의 숨을 내쉬었다. 그리고 의사의 손을 꼭 잡고 울먹였다.

"감사합니다, 정말 감사합니다. 선생님께서는 제게 제2의 인생을 주셨어요."

잘되는 사람의 생각

"행복은 어디에 있나요?"
이런 질문을 받은 사람들은 어떻게든 그 해답을 찾으려고 애를 쓴다. 그러나 사실 행복은 가까운 곳에 있다. 당신의 마음속에, 그리고 당신이 사랑하고 당신을 사랑하는 이의 곁에 있다. 사실 우리는 충분한 행복을 누리고 있으면서도 먼 곳에 있는 다른 사람의 행복을 보고 그들을 동경한다. 곁에 있는 행복을 잊고 오직 불평불만으로 살아간다면 자기 곁에 머물던 행복을 멀리 날려보내게 될 것이다.

행복의 열쇠

모든 사람은 자기 마음속에 행복 열쇠가 있지만 항상 자기도 모르게 그것을 다른 사람에게 넘겨주고 만다.

"정말 못살겠어! 벌써 며칠째 독수공방이야? 이렇게 하루가 멀다 하고 출장가는 남편은 세상에 단 한 명밖에 없을 거야."

화를 내며 남편을 탓하는 여자는 자신의 행복 열쇠를 남편에게 주었다.

"우리 애는 내 말을 귓등으로도 안 들어. 이놈을 어떻게 다뤄야 할지 정말 머리가 지끈지끈하다니까!"

사춘기 아들을 둔 이 학부모는 자신의 행복 열쇠를 아들에게 주었다.

"왜 김 부장님은 항상 나를 과소평가하시지? 정말 일할 맛 안 나는군."

직장 생활에 회의를 느끼는 이 남자는 자신의 행복 열쇠를 직장 상사에게 주었다.

"우리 며느리는 정말 형편없어! 시부모를 지가 키우는 애완견쯤으로 생각한다니까. 기가 막혀서 정말!"

며느리에게 좋은 대우를 받고 싶어하는 이 아주머니는 자신의 행복 열쇠를 며느리에게 주었다.

"무슨 이런 가게가 다 있어? 장사 하루 이틀 하나? 서비스가 영 엉망이군! 다시는 오나봐라!"

물건을 사러 가게에 들어갔다 나온 이 남자는 자신의 행복 열쇠를 가게 주인에게 주었다.

이들의 공통점은 모두 자신의 감정을 다른 사람에 의해 통제당하고 있다는 점이다. 자신의 감정이 다른 사람에 의해 좌지우지되면 마치 무능한 피해자가 된 듯한 기분에 휩싸인다. 하지만 이미 다른 사람에게 자신의 행복을 넘겨준 사람들이 할 수 있는 일은 고작 혼자 화를 내고 그들을 탓하며 헐뜯는 것밖에 없다.

다른 사람을 헐뜯을 때 사람들은 꼭 이런 말을 흘린다.

"제가 이렇게 불행한 이유는 다 저 사람 때문이에요. 저 사람은 나를 불행하게 만든 대가를 꼭 치러야 해요!"

사람들은 정말 두꺼운 얼굴을 가지고 있다. 뻔뻔하게 남한테 자신의 행복을 요구하면서 스스로 책임져야 할 일까지 자기 편의대로 남에게 떠넘기곤 한다. 성숙한 사람은 행복 열쇠를 자신만의 비밀 장소에 잘 보관해두고 타인에게 자신의 행복을 바라지 않는다. 성숙한 사람은 자기 일은 스스로 책임지고, 남에게 행복을 구걸하지 않으며, 오히려 자기 스스로 얻은 행복을 다른 사람들과 사이좋게 공유할 줄 안다.

| 잘되는 사람의 생각 |

우리 곁에 있는 사람, 사물, 사건은 모두 우리의 기분에 많은 영향을 끼친다. 외부적 요인에 의해 자신의 기분이 흔들릴 때 이 말을 반드시 기억하라.
"행복과 불행을 결정하는 것은 바로 자기 자신이다. 자신의 기분을 다스릴 수 있는 사람은 오직 자기 자신뿐이다!"

복수는 양날의 칼

화구상들이 모여 있는 시장에 조정 대신의 외아들이 행차하였다. 이날 대신의 아들은 어느 화가의 작품에 푹 빠졌다. 그림에 대한 미련을 떨치지 못하고 한참 동안 꼼짝 않고 서 있던 대신의 아들은 가장 마음에 드는 그림 한 점을 골라 화가에게 가격을 물었다.

"당신한테는 내 그림을 팔지 않을 것이니 그만 돌아가시오!"

화가는 큰 천으로 그림을 가리며 퉁명스럽게 말하고는 가게 안으로 들어가버렸다.

사실 화가의 아버지는 그가 어릴 때 한 대신에게 큰 치욕을 당한 뒤 모욕감에 스스로 목숨을 끊었는데 공교롭게도 화가의 아버지를 죽음으로 몰고 간 대신이 바로 그림을 사려고 한 젊은이의 아버지였던 것이다.

왜 팔려고 내다놓은 그림을 유독 자기에게만 팔지 않겠다는 것인지 영문을 모르는 젊은이는 시종일관 그 그림에 대한 미련을 버리지 못했다. 게다가 그는 한번 마음먹은 것은 반드시 이루고 마는 끈질긴 성격을 가지고 있었기 때문에 절대 그림을 포기할 수 없었다. 그림을 떠올리면 떠올릴수록 갖고 싶은 마음만 더해갔고, 그 사이에 누군가 사가지나 않았을까 하는 걱정 때문에 잠도 제대로 이루지 못했다. 이때부터 대신의 외아들은 시름시름 앓기 시작하더니 결국 몸에 마비를 일으켰다.

하나뿐인 아들이 병들어 누워 있는 모습을 보다 못한 대신이 직접 화가를 만나러 갔다.

"돈이라면 원하는 만큼 줄 테니 그 그림을 내게 팔게나."

하지만 화가의 대답은 단호했다.

"이 그림을 헛간에 걸면 걸었지, 당신에게는 절대 팔지 않을 거요. 헛걸음하셨소. 돌아가시오!"

대신은 화가의 분노가 깊다는 사실을 깨닫고는 아무 말 없이 발길을 돌렸다. 화가는 멀어지는 대신의 뒷모습을 노려보며 중얼거렸다.

"우리 아버지를 위한 복수다!"

평소 화가는 신성하고 인자한 신의 모습을 화폭에 담았다. 그리고 신의 그림을 그리면서 자신의 마음과 정신을 다스렸다. 그런데 이상하게도 어느 순간부터 그의 그림은 예전의 것과 많이 달라졌다. 화가도 자신의 그림이 하루가 다르게 변하고 있다는 사실을 느낄 수 있었다.

화가는 어떻게 된 일인지 그 원인을 찾으려고 부단히 애를 썼지만 원인은 쉽사리 밝혀지지 않았다.

화가는 그날도 여느 때와 다름없이 그림을 그리고 있었다. 몇 시간째 그림 그리는 데 정신이 팔려 있던 화가는 갑자기 화들짝 놀라며 손에 들고 있던 붓을 바닥에 던졌다. 그리고 자리에서 벌떡 일어나 그림을 뚫어지게 쳐다보았다. 그가 그리고 있던 신의 눈에서 아버지의 원수인 대신의 눈을 보았기 때문이다. 자세히 살펴보니 꼭 다문 입술 모양까지도 그

대신과 닮아 있었다. 그는 몹시 괴로워하며 그림을 내던졌다.

"맙소사! 이젠 내가 복수의 표적이 되었구나! 대신을 향한 복수의 마음이 화가로서의 내 삶을 해치고 있어!"

> **잘되는 사람의 생각**
>
> 복수는 양날의 칼이다. 다른 사람에게 깊은 상처를 주는 만큼 자기 자신도 큰 상처를 입는다. 사람은 성인군자가 아니기 때문에 적을 용서하고 사랑해야 한다고 백만 번 다짐해도 실제로 그 다짐을 실천하기란 결코 쉽지 않다. 그러나 건강한 마음을 가진 사람은 적을 미워하기 전에 먼저 용서하는 법부터 배운다. 그래서 적을 용서하는 너그러운 마음으로 자기 마음속에 맺힌 앙금도 함께 제거한다.

건강, 참으로 커다란 재산

정의를 위해 많은 업적을 쌓은 한 영웅이 한적하게 해안가를 거닐고 있는데, 누군가 자신을 부르는 소리가 들렸다.

"거기 서! 꼼짝 말고 서 있으란 말이다!"

뒤를 돌아본 영웅은 코웃음 치며 대꾸했다.

"뭐야? 너 같은 놈 따위는 내가 손가락 하나만 까딱해도 바로 끝이야! 그런데 감히 분수도 모르고 나를 불러세워? 너는 누구냐? 대체 어떤 놈이기에 감히 내게 그런 말을 하는 게냐?"

그러자 왜소한 체구의 사내가 대답했다.

"나는 저승사자다. 너야말로 나에게 반항할 수 없지. 분수도 모르는 것은 내가 아니라 바로 너야!"

그러나 영웅은 오히려 저승사자를 공격하기 시작했다. 정의의 사자와 저승사자의 싸움, 그것은 길고도 치열했다. 결국 영웅의 결정타 한 방으로 저승사자는 해안가에 털썩 쓰러지고 말았다. 영웅은 다시 가던 길로 향했지만, 싸움에 패배한 저승사자는 만신창이가 되어 일어설 힘도 없었다. 그는 멀어져가는 영웅을 보며 혼잣말로 중얼거렸다.

"영원히 이렇게 쓰러져 있어야 하면 어쩌지? 죽어야 할 사람들이 제때에 죽지 않으면 큰일인데……. 세상이 인간들로 바글바글해지면 서 있을 공간조차 부족하게 될 거야. 이런, 정말 큰일이군."

바로 그때, 힘이 넘쳐보이는 건강한 소년이 즐겁게 노래를 부르며 그를 향해 걸어왔다. 소년은 맥없이 누워 있는 저승사자를 보고 가여운 생각이 들어 그를 일으킨 뒤 물병에 담긴 시원한 물을 먹여주었다. 기운을 회복한 저승사자가 소년에게 물었다.

"넌 내가 누군지 아느냐? 네가 지금 물을 먹여 살려낸 내가 누군지 아느냔 말이다."

그러자 소년은 천진하게 대답했다.

"아뇨, 몰라요. 아저씨는 누구신데요?"

"난 저승사자야. 난 용서와 배려라는 걸 모르지. 그러니 너도 예외는 아니란다. 그래도 나를 구해줬으니 고마움의 표시 정도는 해야겠지. 다른 건 몰라도 이거 하나만은 꼭 약속하마. 먼 훗날 내가 너를 데리러 와야 할 때 어느 날 갑자기 너를 잡으러 오지는 않을 거야. 내가 너를 데리러 올 때는 먼저 부하를 보내서 시간을 알려주도록 하지."

"좋아요! 아저씨가 미리 알려주시면 적어도 언제 죽을지 몰라 불안에 떨며 시간을 헛되게 보내지는 않겠네요!"

소년은 말을 마친 후 그곳을 떠났다. 그리고 그 후에도 즐거운 나날을 보냈다.

젊음과 건강은 영원할 수 없는 법. 시간이 흐르자 소년도 꼼짝없이 병에 걸린 노인이 되었다. 날이 갈수록 병이 심해져 그는 낮에는 고통 때문에, 밤에는 불면증 때문에 제대로 쉬지도 못했다. 다만 그는 병상에 누워서도 종종 이렇게 중얼거리곤 했다.

"난 아직 죽지 않아. 저승사자가 여태 부하를 보내지 않았거든. 하지만 요즘같이 고달플 때는 차라리 빨리 죽었으면 좋겠다는 생각이 들어."

그는 건강하고 즐거웠던 시절을 떠올렸다.

그러던 어느 깊은 밤, 잠을 설치던 그는 누군가 자신의 팔을 끌어당기는 힘을 느꼈다. 눈을 뜨고 살펴보니 저승사자가 그의 곁에 서 있는 게 아닌가!

"나와 함께 가야겠다. 세상과 이별해야 할 시간이 됐구나."

"그게 무슨 말입니까? 당신을 구해준 나를 배신할 셈인가요? 분명 먼저 부하를 보내 언제 데려갈 것인지 알려준다고 하지 않았습니까? 난 아직 당신의 부하를 본 적이 없단 말입니다!"

그가 노발대발하자 저승사자가 약간 흥분한 어조로 대답했다.

"이미 수차례 내 부하를 보내지 않았는가? 자네, 열이 심하지? 항상 머리가 어지럽지? 사지도 안 쑤시는 곳이 없지? 귀는 잘 들리나? 치아는 말짱한가? 이젠 눈도 잘 보이지 않지? 그리고 무엇보다 불면의 신이 매일 밤 내가 올 것이라고 알려주지 않았는가? 밤마다 잠도 편하게 못 자고 뜬눈으로 지새우는 게 어디 건강한 사람이 할 짓이냐 말일세."

저승사자의 말에 그는 아무 대꾸도 할 수 없었다. 그저 하늘의 명을 순순히 받아들이고 저승사자를 따라갈 수밖에 없었다.

> **잘되는 사람의 생각**
>
> 생명이 소중하다면 항상 건강을 살펴라. 몸의 적신호를 무시하면 어느 날 갑자기 청천벽력 같은 소식을 접하게 될지도 모른다. 이미 그때는 자신이 낭떠러지 끝에 섰다는 사실을 알아도 어떤 조치도 취할 수 없다.

분노를 다스려라

고대 티베트에 아디바라는 사람이 있었다. 그는 화가 나거나 누군가와 싸우고 나면 항상 집으로 돌아와 자신의 집과 땅 주위를 세 바퀴씩 돌고 밭에 앉아 숨을 돌리는 습관이 있었다. 그리고 아디바는 항상 열심히 일했기 때문에 금세 집과 땅을 넓힐 수 있었는데 화가 났을 때 집과 땅 주위를 세 바퀴씩 도는 습관은 그 후로도 변하지 않았다.

"아디바, 자네는 화날 때마다 왜 집과 땅 주위를 도나?"

사실 그의 친구뿐만 아니라 그를 아는 모든 사람들이 그 이유를 꼭 알고 싶어했다. 하지만 아무리 물어봐도 아디바는 절대 대답해주지 않았다.

그렇게 시간이 흘러 아디바는 백발의 노인이 되었다. 그의 집은 으리으리한 저택이 되어 있었고, 땅도 끝이 보이지 않을 정도로 넓었다. 하지만 여전히 그는 화가 나면 지팡이를 짚으면서까지 그 넓은 집과 땅을 힘겹게 돌았다. 그가 세 바퀴를 돌고 나면 태양도 지쳐 어느새 서산 뒤로 숨어버리곤 했다. 그러면 아디바는 저문 해를 바라보며 홀로 밭에 앉아

가쁜 숨을 내쉬었다. 어릴 때부터 아디바의 그런 모습을 보고 자란 그의 손자가 어느 날 걱정스럽게 말했다.

"할아버지! 연로하신데 너무 무리하시는 거 아니에요? 이 마을에서 할아버지만큼 큰 땅을 가지고 있는 사람은 없어요. 그러니 이젠 너무 앞만 보시지 말고 편하게 쉬세요. 정 화가 나시면 딱 한 바퀴만 도시든가요."

그래도 고개만 가로젓는 아디바에게 손자가 물었다.

"그런데 왜 꼭 세 바퀴를 돌아야 하죠?"

아디바는 결국 수년간 가슴에 묻고 있던 비밀을 손자에게 털어놓았다.

"젊었을 때 나는 누군가와 다투거나 싸우고 나면 내 집과 땅 주변을 세 바퀴씩 돌았어. 그러면서 생각했지. '에잇, 정말 터무니없이 작구나. 어서 더 많은 돈을 벌어야지. 이렇게 화내는 것도 다 시간 낭비야'라고 말이야. 그러면 화도 금세 누그러졌지. 결국 이 습관은 내게 열심히 일할 수 있는 힘을 주었단다."

"그렇지만 할아버지, 지금은 마을에서 제일가는 부자가 되셨잖아요. 그런데 왜 여전히 그러세요?"

"지금은 이런 생각을 한단다. '이렇게 크고 넓은 집과 땅을 가졌으면서 왜 여전히 사람들과 으르렁대며 지내지? 이젠 누그러질 때도 됐는데 말이야. 인자한 노인네가 되자. 참자, 참아'라고……. 그러면 또 화가 금세 누그러지거든."

잘되는 사람의 생각

분노는 다른 사람의 잘못으로 인해 자기 자신이 받게 되는 일종의 형벌이다. 행복과 기쁨만 누리기에도 인생은 짧다. 그런데 화를 내며 허비할 시간이 어디 있겠는가?
자기 자신을 통제할 줄 아는 사람이 행복도 얻을 수 있고 인격, 학문, 지혜, 그리고 기술적인 면에서도 자기 자신을 배로 성장시킬 수 있다. 자기 자신에게 주어진 많은 문제를 지혜롭게 해결할 수 있도록 자신을 발전시켜야 한다. 화를 참지 못하고 쉽게 분노하는 사람은 결코 성장하지 못한다.

인생의 감초, 재기 발랄한 유머

옛날 일본에 '참새 감상하기'라는 엉뚱한 취미를 갖고 있는 천황이 있었다. 어느 날 대신 한 명이 새 시장에 가서 천황에게 올릴 귀한 중국 참새 여섯 마리를 샀다.

사실 이 여섯 마리 중에는 일본 참새 한 마리가 섞여 있었다. 하지만 그것을 구별할 줄 몰랐던 대신은 상인의 말만 믿고 참새를 샀다.

천황은 참새들을 보고 매우 기뻐했다. 그리고 한 마리 한 마리 귀한 중국 참새들을 감상하느라 정신이 없었다. 그런데 잠시 후, 천황은 중국 참새들 사이에 일본 참새가 섞여 있다는 사실을 발견하고는 대신을 엄하게 꾸짖었다.

"이것이 어찌 된 일이냐? 네 이놈! 감히 내 좁은 식견을 비웃으며 너의 학문을 뽐내는 게냐?"

천황의 꾸지람을 들은 대신은 온몸에 식은땀이 줄줄 흘렀다.

'이것은 왕을 기만한 죄이니 이대로 있다간 분명 죽음을 면하지 못할

게야! 우물쭈물할 시간이 없다!'

그 순간 대신은 재기를 발휘하여 천왕에게 아뢰었다.

"진정 예리한 안목이십니다, 전하! 저는 중국 참새들이 우리와 의사소통이 되지 않아 심한 스트레스를 받지 않을까 염려되어 일부러 우리 일본 참새 한 마리를 통역관으로 초빙했사옵니다."

천왕은 대신의 재치 있는 대답에 즐거워하며 웃었다. 다행히 대신은 그 어떤 처벌도 받지 않았고 오히려 천왕을 즐겁게 해준 것에 대한 상을 받게 되었다.

> **잘되는 사람의 생각**
>
> 유머는 세상사를 원활하고 매끄럽게 할 뿐만 아니라 갖은 비난과 조롱을 피할 수 있게 해준다. 유머는 상대방을 자신의 매력에 빠져들게 하여 어려움을 극복하려는 고도의 생존 전략이다. 유머는 거짓, 악행, 그리고 추악함에 대한 채찍질이자 진실, 선행, 그리고 아름다움에 대한 촉매제다.

인생의 고마운 동반자, 희망

앞 못 보는 노인과 소년이 있었다. 그들은 매일 피아노를 연주하여 근근이 생계를 이어가며 서로를 의지했다.

그러던 어느 날, 노환 때문에 줄곧 병상에 누워 있던 노인은 문득 세상을 떠나야 할 자신의 운명을 직감했다. 그렇지만 홀로 남겨질 소년을 생각하니 떠나는 발걸음이 무겁기 그지없었다. 노인은 다급하게 소년을 불렀다. 그리고 소년의 손을 꼭 잡고 진지하게 입을 열었다.

"아가, 비밀이 있단다. 나는 네 눈을 뜨게 할 수 있는 신비로운 비법을 알고 있어. 그 비법은 바로 저 피아노 안에 숨겨져 있단다. 하지만 그 비법은 네가 천 번째로 피아노를 치는 날에야 꺼낼 수 있어. 이 약속을 지키지 않으면 너는 영원히 앞을 볼 수 없을 게야. 잊지 말고 꼭 천 번째로 피아노를 치는 날 비법을 꺼내보아라."

소년은 노인의 당부에 흐르는 눈물로 대답을 대신했다. 노인은 마지막으로 소년의 눈물을 닦아주고 편안한 미소를 머금은 채 세상을 떠났다.

그 후 소년은 노인의 유언을 마음 깊이 새기고 피아노 속에 있는 비법을 생각하며 부지런히 연주를 했다.

드디어 천 번째로 피아노를 치게 되는 날이었다. 어리고 약해 보이기만 했던 소년은 어느덧 노인이 되어 있었다. 그는 이제 눈을 뜰 수 있다는 기쁨에 잔뜩 흥분하여 피아노 뚜껑을 열고 비법이 적혀 있다는 흰 종이를 꺼냈다.

"이게 뭐야? 백지잖아!"

그의 뒤에서 흰 종이를 힐끔 쳐다본 이웃이 크게 소리쳤다. 그는 아무것도 씌어 있지 않다는 사람들의 말을 믿고 싶지 않았다. 하지만 실망감도 잠시뿐, 그는 흐르는 눈물을 닦으며 되레 아무렇지 않은 듯 웃음 지었다. 그는 노인이 왜 자신에게 그런 거짓말을 했는지 깨달았다. 비록 한낱 백지에 불과했지만 그것은 소년이 혼자서도 꿋꿋이 세상을 살아가기를 바라는, 노인의 마음을 전달하는 일종의 비밀 문서였던 것이다.

잘되는 사람의 생각

희망은 부러지지 않는 강인한 지팡이이고 인내는 희망을 이루기 위해 반드시 짊어져야 할 무거운 짐이다. 희망과 인내를 가진 사람만이 인생의 긴 여정에 오를 수 있다. 만약 미래에 대한 긍정적인 기대를 안고 이 여정에 오른다면 겁쟁이는 어떤 것이라도 이겨낼 수 있는 용기를, 실패자는 다시 시작할 수 있다는 자신감을 얻고 머나먼 목적지를 향해 한 발 한 발 나아갈 수 있을 것이다.

기다림을 배워라

데이트를 하려고 시내로 향하는 젊은 남자가 있었다. 그는 성격이 하도 급해서 항상 약속 시간보다 일찍 나왔다. 그리고 기다리는 것을 끔찍하게 싫어해서 항상 "기다리는 건 내게 지독한 고문이야!"라고 말하곤 했다. 이런 성격 탓에 약속 장소의 빛나는 태양과 아름다운 봄의 경치, 그리고 향기로운 꽃들로부터 그는 아무런 감흥도 받지 못했다. 애인을 기다리며 그가 할 수 있는 일이라고는 그저 나무 그늘 아래 서서 초조하게 담배를 피우며 안절부절못하는 것뿐이었다.

그런데 그 순간, 갑자기 그의 눈앞에 난쟁이가 나타나 말을 걸었다.

"사는 게 우울하고 재미없지? 난 그 이유를 알지! 자, 이 단추를 줄게. 기다려야 하는 상황이 되면 이 단추를 오른쪽으로 돌려. 그럼 시간을 뛰어넘을 수 있단다. 네가 원하는 만큼 얼마든지 뛰어넘을 수 있어."

남자는 동화 속에서나 나올 법한 일이 눈앞에 펼쳐지자 쩍 벌어지는 입을 다물지 못했다.

그는 난쟁이가 준 단추를 받아들고 반신반의하는 마음으로 시험 삼아 돌려보았다. 단추를 오른쪽으로 돌리자 그가 줄곧 기다리고 있던 애인이 바로 눈앞에서 걸어왔다.

'와! 이거 정말 대단한데! 아예 지금 당장 결혼식까지 올리면 좋겠어!'

그는 또 단추를 돌렸다. 그러자 성대한 결혼식과 피로연이 펼쳐졌다. 그들은 식장 맨 앞에 있는 강단에 서 있었고, 주위에서는 그들을 축하하는 사람들의 박수 소리가 끊이지 않았다. 사람들의 환호성이 그칠 줄 모르자 그는 아내의 눈을 바라보며 생각했다.

'조용히 단둘만 있다면 얼마나 좋을까?'

그는 아무도 모르게 단추를 오른쪽으로 슬쩍 돌렸다. 그러자 갑자기 하늘이 캄캄해지고 수많은 별들이 빛났다. 그리고 그 별빛 아래에는 오직 두 사람만 있었다.

행복한 남자는 또 이런 생각을 했다.

'아, 하루빨리 풍요로운 생활을 할 수 있으면 좋을 텐데……. 좋은 집이나 하나 있었으면 좋겠다.'

그리고 오른쪽으로 단추를 돌렸다. 그러자 눈앞에 으리으리한 집 한 채가 나타나 새로운 주인을 맞이했다.

'참, 우리의 사랑스런 아기가 태어나려면 또 얼마나 기다려야 하지?'

그는 또 기다리지 못하고 단추를 돌렸다. 그러자 세월이 쏜살같이 흘러 그의 곁에는 귀여운 아이들이 세 명이나 생겼다.

어느 한가로운 오후, 포도 농장을 구입한 남자는 허허벌판인 농장을 바라보면서 한숨을 쉬었다.

'아유! 포도가 열리려면 또 얼마나 기다려야 하나? 지금이 딱 제철인데 우리 농장에서 나는 포도를 먹을 수 없다니 그것 참 유감이군. 포도가 열

릴 때까지 기다리는 건 너무 가혹해.'

그래서 그는 또 오른쪽으로 단추를 돌렸다.

난쟁이의 단추는 계속 그의 머릿속 욕망이 들끓도록 조정했다. 게다가 성질 급한 그는 시도 때도 없이 단추를 돌리고 또 돌렸다. 그렇게 그의 인생은 쏜살같이 지나갔다.

불행하게도 그는 수많은 경험에서 오는 인생의 참맛이나 오랜 고민, 노력 끝에 얻는 성취의 묘미를 제대로 한 번 느껴보지도 못한 채 결국 남들보다 훨씬 빨리 노년을 맞이하고 말았다. 노년이 되자 시간은 더욱 걷잡을 수 없이 빠르게 흘렀다. 그리고 그도 이제는 너무 늙어서 병상에 누워 꼼짝 못하는 신세가 되고 말았다.

그는 병상에 누워서야 지난 일을 돌이켜보게 되었다. 그리고 자신의 급한 성격으로 인한 수많은 오산과 착오에 대해 크게 후회했다. 과거의 그는 기다리기 싫어했고, 단숨에 얻는 만족에 쾌감을 느꼈으며, 어리석게도 그것을 맹목적으로 쫓아다녔다. 그는 작은 생명의 불씨만이 남은 시점에 이르러서야 기다림의 참된 의미와 기다림 끝에 얻을 수 있는 기쁨의 가치를 깨닫게 되었다.

'아! 시간을 조금만 되돌릴 수 있다면!'

그는 단추를 만지작거리며 한동안 머뭇거리다 왼쪽으로 돌려보았다.

바로 그 순간! 그는 나무 그늘 아래에서 애인을 기다리고 있던 젊은 날의 자신으로 돌아왔다. 깜짝 놀란 그는 자기 모습을 쇼윈도에 비춰보았다. 바로 단추를 받기 전 자신의 모습이었다.

단추로 인한 경험을 계기로 기다림의 소중함을 깨닫게 된 남자는 이제 더이상 조급해하지 않았다. 그의 나쁜 습관이 연기처럼 사라져버린 것이다. 그는 나무 그늘 아래에 서서 편안한 마음으로 푸른 하늘도 보고 즐겁게 지저귀는 새소리도 들었다. 뿐만 아니라 콧노래를 부르며 풀잎에 앉아 있는 곤충을 관찰하는 여유까지 부렸다.

> **잘되는 사람의 생각**
>
> 사람은 오랜 시간이 지난 후에야 곁에 있던 아름다운 풍경을 볼 수 있다.
> 인생은 단 한 번의 소중한 여정이다. 많은 사람들은 자신의 목표가 실현되기를 바라며 그 목표를 실현시키기 위해 수단과 방법을 가리지 않는다. 대부분의 사람들은 목표를 이룰 수 있는지 없는지에만 관심을 쏟을 뿐, 목표를 실현하는 과정에서 어떠한 정신적 교훈을 얻는지에 대해서는 거의 관심이 없다.
> 목표를 향한 긴 여정에서는 그 여정의 끝이 행복인지 불행인지에 대해 미리 마음 졸일 필요가 없다. 현재 위치에서 태연하고 편안한 마음가짐을 갖는 것이 중요하다. 그런 마음가짐으로 긴 여정을 인내하고 감사하며 차근차근 걸어가야 한다.

나뭇가지의 행복

한 젊은이가 극도의 괴로움을 참지 못하고 자살을 결심했다.

밤이 깊어지자 그는 밧줄을 가지고 뒤뜰과 통하는 숲 속으로 들어갔다. 그는 곧 있을 자신의 죽음을 생각하며 나무 위로 올라갔다. 그가 나뭇가지에 밧줄을 묶으려고 하자 나뭇가지가 깜짝 놀라며 말했다.

"제발 부탁이니 내 몸에서 목을 매고 죽지 말게! 요즘 작은 새 한 마리가 내 가지에 둥지를 틀고 있거든. 난 그들을 보호해주고 싶다네. 만약 자네가 내 몸에 매달리면 내 몸은 부러질 게 분명해. 그럼 새의 둥지도 땅바닥에 떨어질 게 아닌가. 제발 가여운 새들을 생각해서 날 좀 봐주게!"

젊은이는 그 말에서 나뭇가지의 선한 마음을 느꼈다. 그래서 매던 밧줄을 풀고 그 옆에 있는 다른 나뭇가지로 몸을 틀었다. 그러나 그 나뭇가지도 젊은이를 막았다.

"젊은이! 나 좀 봐주게! 봄이 오면 나는 꽃을 피워야 해. 또 수많은 벌떼들이 날아와 내게 장난도 치고 맛있는 벌꿀도 모아올 거야. 그들은 내게 커다란 기쁨을 안겨주지. 만약 자네가 내 나뭇가지에 밧줄을 매면 난 자네 때문에 망가져서 꽃은 아예 피지도 못하거나 피어도 곧 죽어버리겠지. 내 소중한 벌꿀 친구들도 다시는 내게 놀러 오지 않을 거야."

젊은이는 어쩔 수 없이 또 다른 나뭇가지로 옮겨야 했다.

"오, 안 돼! 제발, 그러지 말아줘! 자네가 그러면 내 몸에는 영원히 큰 흉터가 남게 될 거야. 친구! 난 지금까지 정말 열심히 가지를 넓혔다네. 그건 피곤에 지친 여행객들이 내 그늘에서 시원한 바람을 느끼며 맘 편하게 쉴 수 있도록 해주기 위해서야. 그 일은 내게 정말 큰 기쁨을 안겨주지. 만약 자네가 내 몸에 밧줄을 매면 내 나뭇가지는 더이상 뻗어나가지 못할 게 뻔해. 그럼 난 다시는 기쁨을 누릴 수 없을 거야."

나뭇가지들의 완강한 거절에 젊은이는 깊은 생각에 빠졌다. 그리고 자기 자신에게 되물었다.

'난 왜 지금 자살하려고 하지? 단지 고통을 견디기 힘들어서? 도대체 왜 난 이 나뭇가지들처럼 다른 사람을 돕거나 그들에게 기쁨을 주는 일을 하지 않는 걸까? 그동안 난 무엇을 했지?

그는 인생의 중심점을 자기 자신에게서 다른 사람에게로 옮겨보았다. 그러고는 나뭇가지들에 양해를 구하고 잔가지를 꺾어가지고 집으로 돌아왔다. 그 후 젊은이는 잔가지들을 소중하게 보관하면서 죽을 때까지 그들의 말을 되새겼다. 그리고 두 번 다시 자살을 생각하지 않았다.

잘되는 사람의 생각

인생의 눈으로 자기 자신만 바라본다면 그동안 자기가 어떤 상처를 입고, 어떤 치욕을 당했으며, 어떤 책임을 짊어져야 했는지에만 연연하게 된다. 그리고 나아가 그것에 대해서 무거운 부담과 스트레스를 느낄 것이고 결과적으로는 삶에 대한 모든 의욕을 잃게 될 것이다. 그러면 누군가는 아주 극단적인 어리석은 생각을 하기도 한다. 인생의 눈을 다른 사람에게 옮겨보면 다른 사람을 도움으로써 큰 기쁨과 삶의 의욕을 얻을 수 있다. 그러면 당신의 시야도 점점 넓어져 당신의 일상은 싱싱한 활기가 넘칠 것이고, 그에 따라 당신의 인생도 점차 풍요로워질 것이다.

주어진 것에 만족하는 기쁨

어느 지혜로운 사람이 그 지역에서 가장 아름답고 호화로운 저택에 살고 있는 친구를 찾아갔다. 하지만 친구는 그다지 행복해 보이지 않았다.

"왜 그래? 무슨 안 좋은 일이라도 있나?"

"자네, 우리 집에 오면서 이 앞에 새로 지은 큰 저택 못 봤나?"

친구의 말에 그는 창문을 열어보았다. 과연 거대한 유럽식 저택이 눈에 띄었다.

친구가 우울해하며 말을 이었다.

"우리 집보다 훨씬 으리으리한 저택을 보니 살맛을 잃었네. 자네는 지금 내 기분이 어떤지 절대 이해하지 못할 거야. 눈을 뜰 때부터 잠을 잘 때까지는 물론이고 심지어는 꿈속에서도 저 집을 본다네. 요즘은 매일 이런 악몽을 꾸다 잠에서 깰 정도지. 아주 곤욕스러운 일이야."

그러자 지혜로운 친구가 대꾸했다.

"자네 말대로 난 도저히 이해가 안 되네. 이 좋은 저택에서 행복하게 잘 살다가 난데없이 자네의 인생을 이웃과 결부시키다니……, 이 얼마나 뜬금없는 말인가? 설사 저 이웃이 자네의 인생에 막대한 영향을 끼쳤다고 한들 한번 입장을 바꿔 생각해보게. 지금 자네가 저 이웃의 저택 때문에 고통받고 있다는 건 예전엔 자네의 이웃이 자네의 호화로운 저택 때문에 고통을 받았다는 뜻이야. 자네가 행복하게 지내는 동안 자네의 이웃은 고통을 참고 견뎠다는 말이지. 그렇게 생각하면 지금 자네의 고통은 그동안 자네가 이웃에게 준 고통의 대가라네!"

그들이 이야기를 나누고 있을 때 마침 유럽식 저택에 사는 이웃이 찾아와 그들을 저녁 식사에 초대했다. 지혜로운 사람은 흔쾌히 응했지만 친구는 굉장히 불쾌해했다.

"음! 난 안 되겠어요! 선약이 있거든요. 난 상당히 바쁜 몸이라구요!"

지혜로운 사람은 이웃이 돌아가자 친구의 옆구리를 찌르며 물었다.

"하나도 바쁘지 않으면서! 정말 저녁에 선약이 있나?"

그러자 친구가 어깨를 들썩이며 대답했다.

"아니, 바쁘기는커녕 아무 약속도 없어. 하지만 이제부터는 분명 바쁠 걸세. 그리고 내가 저 집보다 더 좋은 별장을 짓기 전까지는 절대 저 집에 놀러 가지 않을 거야. 두고 보게. 내가 더 큰 집을 지으면 보란 듯이 저 집에 가서 온 식구들을 저녁 식사에 초대할 테니!"

잘되는 사람의 생각

자기 분수도 모르고 주제넘게 행동하는 허영덩어리는 절대 행복해질 수 없다. 주어진 상황에 만족하며 긍정적으로 생활하는 사람만이 행복과 성공의 진정한 묘미를 알 수 있다. 그래서 사람들은 주어진 것에 만족하고, 그 만족에서 기쁨을 느낄 줄 아는 사람을 마음의 부자라고 한다.

거짓말은 인생의 텃밭에 꽃을 피울 수 없다

방금 해외여행에서 돌아온 제크는 짐을 풀기가 무섭게 얼마 전 다른 고장으로 이사간 친구를 찾아갔다. 그리고 그와 함께 맛있는 저녁을 먹은 뒤 산책을 하면서 줄곧 근질근질했던 입을 열었다. 하지만 제크가 자기의 여행에 대해 지나치게 과장하며 떠들어대는 통에 친구의 기분은 썩 좋지만은 않았다.

"내가 가본 곳들은 정말 최고였어! 흥, 여기와는 비교도 안 되지. 자고로 날씨라는 건 너무 덥지도 춥지도 않은 게 딱인데 여긴 1년 365일 들쑥날쑥이지 않은가? 아, 그곳은 정말 천국이나 다름없어! 정말 매력적인 곳이라니까! 날씨가 환상이니 거추장스럽게 옷을 껴입을 필요가 없는 건 물론이고, 하루 종일 밝은 대낮이라 등불을 밝힐 필요도 없다네. 그곳엔 태초부터 깜깜한 밤이란 존재하지 않았다더군. 그리고 사시사철 항상 봄이어서 여기저기에 아름다운 새들과 향기로운 꽃들, 나무에는 열매들로 가득하지. 게다가 밭에는 채소들도 가득하다네. 하하하! 생각만 해도 기분이 좋구먼! 이렇게 그리울 줄 알았으면 그곳에서 좀더 머물다 올걸 그랬어. 그럼 그 큰 작물들을 직접 재배할 수도 있었는데……. 참! 내가 오이 얘기 했던가? 세상에, 난 태어나서 그런 오이는 처음 봤어! 조금도 거짓말 안 보태고 정말 산만 하더라니까!"

"그래? 물론 세상 어디든 신기한 기적은 존재하지. 그런데 자네, 진실의 다리에 대해서 들어봤나?"

한참 동안 제크의 말을 듣기만 하던 친구가 말을 끊고 질문을 던졌다.

"진실의 다리? 글쎄……, 금시초문인데?"

"이 고장 외곽에 다리가 하나 있는데 보기에는 평범해 보여도 아주 비범한 능력을 가진 다리라네. 매우 신기한 능력을 가지고 있어서 이곳 사람들은 그 다리를 일명 진실의 다리라고 부르지."

"그래? 어떤 능력인데?"

"거짓말을 한 사람이 다리를 건너면 반도 못 가서 미끄러져 물에 빠지고, 반대로 정직한 사람이 다리를 건너면 커다란 마차를 몰고 지나가도 무사하다는 거야."

"그, 그래? 강은 얼마나 깊은데?"

"아마 8미터는 족히 될걸? 참, 자네 산만 한 오이를 봤다고 했지?"

"아, 아니! 내가 언제. 작은 언덕이나 집 한 채만 하다고 했지."

"와! 아무튼 정말 신기하군. 하긴 신기한 거라면 저 다리도 만만치 않지. 자네 오늘 신문 봤나?"

"아니. 왜?"

"며칠 전 화창한 어느 날 두 신문기자와 재봉사가 저 다리를 건너다가 그만 큰 봉변을 당하고 말았거든. 그 기사가 신문에 실렸더라구. 근데 신기한 건 그 세 사람이 모두 이 고장에서 거짓말쟁이, 사기꾼으로 유명했다는 사실이야. 참! 자네가 말한 오이가 얼마나 크다구? 집 한 채만 하다고 했던가? 그래, 그렇게 큰 오이가 있다는 것도 참 신기해, 그치?"

"아니 뭐, 집이라고 다 같은 집인가? 사실 자네가 생각하는 만큼 그렇게 신기할 건 없어. 아무리 집 한 채만 하다고 해도 도시에 있는 높은 빌딩을 생각하면 곤란하지. 내가 말한 집은 두 명만 들어가도 서 있을 공간이 없는, 뭐 그런 작은 집을 말하는 걸세! 하하하!"

제크는 식은땀을 닦으며 애써 변명했다.

"그럼, 그 오이로 장사를 해보는 건 어떤가? 우리 동업하세! 그 오이를 가져와 팔면 분명 떼돈을 벌 거야. 내 생각에 손해 보는 장사는 아닌 것 같은데, 자네 생각은 어때?"

"어……, 그야……."

"아, 그렇지! 그곳에 다녀오려면 저 다리를 건너야 하는데…… 뭐 어떤가? 어차피 우리는 진짜 오이를 가져올 텐데. 거짓말을 하는 사람이야 몇 발짝도 못 가 떨어져 죽겠지만 그렇지 않은 사람은 모두 무사하다고 하니 걱정할 게 없지."

다리를 건너야 한다는 말에 제크는 대뜸 화를 내기 시작했다.

"그만하게! 우리가 대체 뭘 하고 있는 건지 모르겠구먼! 까짓것 강이야 나룻배를 타고도 건널 수 있지 않은가! 어찌 됐든 건너기만 하면 되는 거 아냐?"

친구의 잔꾀에 제크는 그만 이성을 잃고 말았다.

> **잘되는 사람의 생각**
>
> 과장되고 허황된 거짓말로는 인생의 텃밭에 아름답고 향기로운 꽃을 피울 수 없다. 잠시 동안은 간사한 거짓말로 다른 사람의 눈을 가리고 귀를 막을 수 있겠지만, 궁극적으로 신뢰를 얻을 수는 없다. 그러나 진실한 말은 비록 처음에는 다른 사람의 믿음을 쉽게 얻지 못할지라도 결국에는 타인의 인정과 믿음을 한꺼번에 얻을 수 있을 것이다.

신의 소원

어느 산자락에 큰 집을 짓고 사는 남자 아이가 있었다. 아이는 음악, 나무 타기, 수영, 그리고 공놀이를 매우 좋아했다. 그리고 동물과 예쁜 여자 아이도 좋아했다. 다만 차가 없어 멀리 나갈 때 다른 사람의 도움을 받아야 하는 것을 제외하면 그곳에서의 생활은 무척 행복했다.

그러던 어느 날, 산에서 즐겁게 뛰어놀던 아이는 우연히 산신령을 만났다. 아이는 매우 반가워하며 산신령에게 말했다.

"산신령님, 저는 크면 뭐가 필요할지 생각해봤어요."

그러자 산신령이 물었다.

"그래? 무엇이 필요한고?"

"저는 큰 현관이 있는 커다란 집에서 살고 싶어요. 현관 앞에는 성 베르나르드의 조각상이 있고 뒤뜰에는 화원이 있는 집이요. 그리고 현명한 여자를 아내로 삼고 싶어요. 아, 성격은 온순해야 해요. 그리고 검고 긴 생머리에 커다란 파란 눈을 가진 사람이면 좋겠어요. 참, 키도 크면 좋겠고, 이왕이면 기타도 좀 칠 줄 알면 더 좋겠어요. 목소리까지 고우면 금상첨화겠지요."

"그래? 그건 그렇고 내가 아는 세 명의 남자 아이가 있었는데 그 아이들은 커서 한 명은 과학자, 한 명은 정치가, 그리고 나머지 한 명은 운동선수가 되었단다. 넌 커서 뭐가 되고 싶지?"

"전 바다와 산을 누비는 모험가가 되고 싶어요. 그리고 빨간색 페라리 스포츠카를 장만해서 다른 사람의 차를 얻어 타는 일이 없었으면 좋겠어요."

"거 참, 꿈도 야무지구나. 부디 네 꿈을 실현하길 바란다."

며칠 뒤, 아이는 축구를 하다가 무릎을 크게 다쳤다. 그 후 아이는 두 번 다시 등산이나 나무 타기를 할 수 없게 되었다. 그러니 당연히 바다에 나가는 것은 꿈도 꾸지 못할 일이 되고 말았다. 결국 그는 경영학을 공부한 뒤 의료 기관에 취직하여 행정 업무를 담당하게 되었다. 그리고 현명하고 온화한 여자를 만나 결혼도 했다. 그의 아내는 검고 긴 생머리에 큰 눈을 가진 아름다운 여인이었지만 애석하게도 키가 크지 않았고 눈도 파란색이 아니었다. 게다가 기타도 칠 줄 몰랐고 상당한 음치였지만 요리와 그림 솜씨만큼은 전문가 못지않을 정도로 훌륭했다.

이렇게 아이에서 어른으로 자란 그는 직장 때문에 시내 중심가에 있는 고층 아파트에서 살았다. 다행히 그곳에서는 멀리 있는 푸른 바다와 따사로운 햇살을 마음껏 느낄 수 있었다. 그의 현관에는 성 베르나르드의 조각상 대신에 작은 고양이의 집이 놓여 있었다.

또한 그에게는 예쁜 세 명의 딸이 있었다. 긴 소파에 나란히 앉아 있는 딸들의 모습은 너무나 사랑스러웠다. 딸들은 아버지를 매우 좋아했고 잘 따랐다. 비록 딸들은 아버지와 공놀이를 할 순 없었지만 공원에 나가 소꿈놀이를 하는 것으로 더 큰 기쁨을 얻었다. 그리고 공원의 나무 그늘 아래에 앉아 같이 기타 치며 노래 부르는 것을 매우 좋아했다.

그는 행복하고 풍요로운 나날을 보냈다. 하지만 아직 빨간색 페라리 스포츠카는 갖지 못했다. 가끔 승용차를 몰고 다니기는 했지만 그것은 그의 것이 아닌 회사 것이었다.

어느 날 잠에서 깬 그에게 문득 아주 오래 전 자신의 꿈들이 떠올랐다.

"정말 속상해!"

그는 아직 자신의 꿈이 다 실현되지 않았다며 연신 한숨만 쉬고 다녔다. 그렇게 말할수록 점점 더 속상해졌고 기분도 상했다. 그는 자기가 현재 가지고 있는 모든 것은 단지 산신령이 자기한테 치는 장난일 뿐이라고 생각했다. 아내와 친구들의 충고는 하나도 들리지 않았다.

결국 그는 병을 얻어 입원까지 했다. 첫날 밤 문병을 왔던 사람들이 모두 집으로 돌아가고 병실에는 그와 간호사만이 남았다. 그때 그가 허공에 대고 산신령에게 물었다.

"제가 어릴 때 당신께 말씀드렸던 소원을 기억하시나요?"

그러자 어디선가 산신령의 목소리가 들려왔다.

"아주 귀여운 꿈이었지."

"그런데 왜 제가 꿈을 이루지 못하게 하시는 거예요?"

그가 흥분하며 물었다.

"넌 이미 이루지 않았느냐? 그리고 난 너를 놀라게 해주려고 일부러 네가 생각하지 못한 것까지 줬느니라. 내가 네게 준 것들을 생각해보거라. 온화하고 아름다운 아내와 사랑스러운 세 딸들, 좋은 직업, 그리고 편안하고 풍족한 생활……. 세상에 이만큼 아름다운 조화를 이루는 것은 또 없느니라."

"그래요! 하지만 전, 신령님께서는 제가 진정으로 원하는 것이 무엇인지도 아실 줄 알았어요!"

그가 산신령의 말을 끊으며 소리쳤다.

"그건 나도 마찬가지다. 너라면 내가 원하는 것을 줄 수 있을 거라고 생각했다."

"네? 신령님은 뭘 원하시는데요?"

그는 산신령도 원하는 것이 있다는 말을 듣고 어리둥절했다. 다른 사람도 아닌 산신령이 원하는 것이 있으리라고는 생각도 못했기 때문이다.

"난 내가 네게 준 것들로 인해 네 스스로 행복이 무엇인지 이해하길 바랐느니라."

그는 밤새도록 산신령의 마지막 말에 대해 깊이 생각해보았다. 그리고 새로운 꿈 하나를 생각해냈다. 그 꿈은 바로 지금 가지고 있는 것들에 만족하고 감사할 수 있게 되는 것이었다.

얼마 후 그는 완전히 회복하여 퇴원했다. 그리고 47층 높이에 있는 아파트에서 아내와 아이들의 재잘거리는 소리를 들으며 행복하게 살았다. 그리고 밤이면 멀리 있는 바다를 응시하고 현재 자신의 삶에 만족하며 미소 지었다.

잘되는 사람의 생각

꿈과 현실 사이에는 영원한 거리와 차이가 존재한다. 그래서 인생에는 당신의 노력과는 아무 상관없이 단지 우연에 의해 결정되는 것들이 많다.
지혜로운 사람은 이것을 하느님의 또 다른 은혜라고 생각하고 감사하는 마음을 품은 채 성실하게 현재를 산다. 하지만 어리석은 사람은 오히려 수중에 갖고 있는 행복까지도 하찮게 보고 멋대로 그것을 버린다.

잘되는 사람은
무슨 생각을
할까?

----

chapter 6 사랑의 감동

진정한 사랑은 사람을 감동시킨다

넌 행복하게 잘 살아야 해!

낭만과 현실은 사이좋은 연인이었다. 그들은 한시도 떨어져 있지 못할 만큼 서로를 너무나 사랑해서 단 하루만 만나지 못해도 1년을 넘게 만나지 못한 듯 요란을 떨어 친구들의 핀잔을 들을 정도였다.

어느 날 낭만은 자신의 질문에 현실이 어떻게 반응하는지 알고 싶어 시험을 해보기로 했다. 낭만은 현실을 만나자마자 다짜고짜 물었다.

"너 도대체 날 사랑하기는 하는 거니?"

그러자 현실이 대답했다.

"그럼! 내가 널 얼마나 사랑하는데!"

"그럼, 내가 죽으면 너도 따라 죽을 수 있어?"

"아니, 그럴 순 없지!"

"그럼, 내가 먼저 저세상으로 떠나버리면 넌 어떻게 할 건데?"

"난 널 생각하면서 더 열심히 살 거야!"

현실의 대답에 너무 실망한 낭만은 도저히 현실에게 자신의 모든 것을 맡길 수 없다고 생각했다. 그래서 현실에게 이별을 통보하고 진정한 사랑을 찾아 떠났다.

  그 후 낭만은 달콤을 만났다. 낭만은 달콤의 말에 금세 넘어가 사랑에 빠졌지만 얼마 지나지 않아 헤어지기로 결심했다. 막상 만나고 보니 달콤이 자기가 생각했던 이상형과는 너무 거리가 멀다는 사실을 깨달았기 때문이다. 그 후에도 낭만의 진정한 사랑 찾기는 계속되었지만 그리 순탄치 않았다. 몇 번의 만남과 헤어짐, 상대에 대한 비교를 거듭한 낭만은 결국 현실이 가장 진실하고 믿음직스러웠다는 결론을 내렸다. 과거를 그리워하며 낭만은 재빨리 현실에게 돌아갔다.

  낭만이 현실의 방문을 열었을 때 현실은 병에 걸려 시름시름 앓고 있었다. 그 모습을 본 낭만은 마음이 아파 펑펑 울었다.

  "현실아, 네가 죽으면 난 어떡하니?"

  그러자 현실은 마지막 힘을 다해 낭만에게 말했다.

  "낭만아, 넌 행복하게 잘 살아야 해!"

  그제야 낭만은 현실의 깊은 뜻을 깨달았다.

잘되는 사람의 생각

낭만은 인생의 아름다운 일면이지만, 현실은 그러한 낭만의 근본이다. 현실이라는 뿌리가 약한 낭만은 마치 충분한 수분과 양분을 얻지 못해 금세 시들어버리는 꽃과 같다.

시간, 사랑의 결정적인 증거

옛날 어느 작은 섬에 행복, 고통, 지식, 사랑 등 많은 감정들이 옹기종기 모여 살고 있었다.

그러던 어느 날, 섬이 곧 바다 아래로 가라앉을 것이라는 소식을 들은 감정들은 재빨리 섬을 떠나기 위해 서둘러 배를 준비했다.

"안 돼! 섬을 지켜야 해."

사랑은 끝까지 섬에 남고 싶어했지만 섬이 조금씩 가라앉는 바람에 더 이상 버틸 수 없었다.

"흑흑흑! 미안해, 섬아. 나도 떠나야겠어."

하지만 그동안 섬만 바라보면서 아무 준비도 하지 않은 사랑이 막상 섬을 떠나려고 보니 다른 감정들의 도움이 필요했다.

바로 그때, 사랑은 이제 막 출항하려고 하는 부유함의 배를 발견했다.

"부유함아! 나 좀 태워줄 수 있겠니?"

사랑이 소리쳤다. 하지만 사랑의 간절한 부탁에도 부유함은 비열한 웃음을 지으며 냉정하게 대답했다.

"아니! 내 배에는 금은보화가 가득 실려 있어서 네가 탈 자리가 없어!"

부유함의 냉혹한 거절에 사랑은 크게 실망했다. 하지만 이윽고 부유함의 큰 배 뒤를 졸졸 쫓아가는 작지만 화려한 허영의 배를 발견했다.

"허영아! 나 좀 도와줘!"

"미안해! 네가 그렇게 젖은 채로 내 배에 탔다가는 내 예쁜 배가 망가지고 말 거야."

그때 다른 쪽에 있던 괴로움의 배가 출발했다. 사랑은 마지막으로 용기를 내 괴로움을 불러보았다.

"괴로움아, 제발 나 좀 데려가줘! 응?"

"어, 어...... 사랑아, 나 지금 너무 많이 힘들거든. 날 그냥 혼자 내버려 뒀으면 좋겠어."

괴로움은 미간을 잔뜩 찌푸린 채 대답했다.

마음이 다급해진 사랑은 즐거움에게도 도움을 청해보았다. 하지만 즐거움은 너무 기분이 좋아서 잔뜩 흥분한 나머지 사랑의 말은 듣지도 못했다.

그때 갑자기 사랑의 귀에 그의 이름을 부르는 목소리가 들렸다.

"사랑아, 빨리 오렴! 나랑 같이 가자!"

사랑은 그의 목소리를 듣고 다급한 나머지 아무 생각 없이 그의 배에 타긴 했지만 사실 그가 누구인지, 그의 이름은 무엇인지도 잘 몰랐다. 그는 생김새가 길쭉길쭉하고 키도 굉장히 컸다.

이윽고 배가 다른 섬에 도착했다. 그런데 그는 사랑이 다가갈 틈도 주지 않고 홀연히 그곳을 떠났다. 사랑은 그에게 고맙다는 인사도 하지 못한 것이 못내 아쉬워 그 배에 함께 탔던 지식 할아버지에게 물어보았다.

"지식 할아버지, 절 태워준 길쭉길쭉한 아저씨가 누군지 아세요?"

"허허허! 사랑이는 아직 몰랐구나. 그가 바로 시간이란다."

"시간이요? 그런데 시간이 왜 절 도와줬을까요?"

그러자 지식 할아버지가 웃으며 말했다.

"왜냐하면 너와 시간은 아주 밀접한 관계가 있기 때문이지."

"저하고 시간이요?"

"그래, 사람들은 시간이 흘러야 사랑이 얼마나 위대하고 소중한지를 깨닫거든."

> **잘되는 사람의 생각**
>
> 사랑은 시간과 공간을 초월하는 위대한 감정이다. 특히 시간은 사랑에 빠진 연인들의 이야기를 단 한순간도 놓치지 않는다. 그리고 그들이 함께 내딛는 발자국까지 묵묵히 지켜봐 준다. 그래서 사람들은 사랑하는 사람과 함께했던 시간을 그들의 사랑을 증명하는 중요한 증거라고 생각한다.
> 하지만 소중한 시간은 눈 깜짝할 사이에 지나간다. 부유함, 허영, 즐거움, 그리고 괴로움은 모두가 겪는 인생의 평범한 여정이지만 사랑은 시간에 의해 증명되는 가장 찬란하고도 격동적인 오색 빛깔의 아름다운 여정이다.

열린 문

　잉글랜드의 어느 소도시에 열여덟 꽃다운 나이의 예쁜 아가씨가 살고 있었다. 그러나 그녀는 가부장적이고 권위적인 집안 분위기 때문에 하루도 마음 편할 날이 없었다. 심지어 그녀의 부모는 어느 보수적인 집안과의 정략결혼까지 고려하고 있었다. 결국 그녀는 자신의 삶을 짓누르는 구속에서 벗어나기 위해 가출을 결심했다.
　집을 나온 그녀는 혼자 이곳저곳을 떠돌아다니며 태어나 처음 맞는 자유를 원 없이 만끽했다. 그러나 그런 행복도 잠시, 그녀는 적당한 일거리를 찾지 못해 전전긍긍했고, 결국 가지고 있던 돈마저 바닥나고 말았다. 그리고 생각처럼 일이 잘 풀리지 않자 독립에 대한 의욕도 금세 꺾이고 말았다. 그녀는 울며 겨자 먹기로 몸을 팔아 생계를 이어나갔다. 비록 타락한 생활을 시작했지만 그래도 항상 밝은 마음을 갖고 더 나은 생활을 위해 노력했다. 그러나 발버둥 치면 칠수록 더 깊은 수렁으로 빠질 뿐 모든 것이 허사였다.

그렇게 몇 년의 시간이 흐르는 사이, 그녀의 아버지는 세상을 떠났고, 아름다운 용모를 자랑하던 어머니도 얼굴에 주름이 자글자글한 노인이 되었다. 하지만 모녀는 서로 연락이 끊어져 있었다.

그러던 어느 날, 그녀의 어머니는 딸이 살아 있다는 소식을 들었다.

"뭐? 우리 애가 살아 있다구? 그게 정말인가?"

"네, 마님. 그런데……."

"잘 지낸다던가? 어떻게 지낸다고 하던가?"

"그게……, 말씀드리기 송구스럽습니다만, 창녀들이 모여 사는 외곽의 작은 마을에서……."

소중한 딸이 몸을 팔아 어렵게 생활하고 있다는 사실을 전해들은 어머니는 딸을 찾으러 관공서에 가면서 그림 한 장을 챙겼다.

"저, 선생님! 제발 부탁이니 여기에 이 그림을 걸도록 허락해주세요!"

"글쎄요. 너무 뜬금없는 말씀이시라 어떻게 해야 할지 저도 잘 모르겠습니다. 뭐, 그림을 걸어두는 일쯤이야 문제될 건 없는데……."

"부탁입니다!"

어머니의 간곡한 부탁에 관공서 직원은 난처함을 감추지 못했다.

"그럼, 잠시만 기다리세요. 서장님께 여쭤보고 오겠습니다."

다행히 관공서 측은 그림을 걸 수 있도록 허락해주었다. 어머니가 관공서에 걸려고 했던 그림은 인자한 미소를 짓고 있는 백발의 노인, 바로 자신의 초상화였다. 그리고 초상화 아래에는 이런 글귀가 적혀 있었다. 마치 딸을 향한 메시지처럼…….

'나는 변함없이 너를 사랑한단다. 돌아오거라.'

그러나 안타깝게도 그 후 몇 달이 지나도 관공서에서는 아무 소식도 들려오지 않았다.

바로 그 시간, 며칠 동안 아무것도 먹지 못해 피골이 상접한 딸이 무료 급식을 받기 위해 관공서에 들렀다. 그녀는 형식적인 관공서 직원의 안내를 받으며 무료 급식을 기다리는 동안 무심코 게시판 옆에 걸린 그림을 바라보다 깜짝 놀라 그 자리에 멈춰서고 말았다. 그리고 한참 후 들릴 듯 말듯하게 중얼거렸다.

"어, 엄마? 정말 우리 엄마 맞아?"

그녀는 밥도 먹는 둥 마는 둥 하다가 숟가락을 내려놓고 다시 그림 앞에 서서 인자하게 미소 짓고 있는 백발노인의 얼굴을 자세히 훑어보았다. 흰머리가 많고 얼굴에 주름이 가득했지만 아무리 봐도 자신의 어머니가 분명했다. 게다가 그림 아래에 씌어 있는 어머니의 메시지 때문에 그녀의 심장은 터질 듯 빠르게 뛰고 있었다.

'나는 변함없이 너를 사랑한단다. 돌아오거라.'

뛰는 가슴을 부여잡고 그림 아래 씌어 있는 글귀를 중얼거리던 그녀는 그만 울음을 터뜨리고 말았다.

금방이라도 소낙비가 쏟아질 것처럼 캄캄한 구름이 잔뜩 낀 새벽, 그녀는 집에 돌아갈 준비를 하고 길을 나섰다. 그리고 출발한 지 꼬박 이틀이 지나서야 집에 도착할 수 있었다. 집과 가까워질수록 그녀는 더욱 두려워졌다. 집에 가는 내내 걱정스런 마음이 끊이지 않아 발걸음도 자꾸 느려졌다.

'아! 어떻게 하지? 이렇게 하는 게 과연 옳은 일일까?'

그녀는 집에 도착한 후에도 한참 동안 서성이다 용기를 내어 문을 두들겼다.

'똑! 똑······.'

'끼익!'

대문이 저절로 열리자 그녀는 가슴이 덜컥 내려앉았다.

'이 시간에 문이 잠겨 있지 않다니, 설마 도둑이?'

어머니가 걱정된 딸은 곧바로 침실로 뛰어갔다. 다행히 그녀의 어머니는 편안하게 잠들어 있었다. 너무 오랜만에 어머니의 잠든 모습을 본 딸은 떨리는 마음을 주체하지 못하고 어머니를 흔들어 깨웠다.

"엄마! 엄마! 제가 왔어요! 일어나세요!"

잠에서 깬 어머니는 그토록 그리워하던 딸의 얼굴을 보고는 자신의 눈을 믿을 수 없었다.

"어이쿠, 세상에! 이게 누구야! 내 딸, 정말 내 딸 맞지? 돌아온 거지?"

어머니는 한없이 눈물 흘리며 어렵게 자신의 곁으로 돌아온 딸을 꼭 안아주었다. 어머니의 품에 안긴 딸도 회한의 눈물을 흘렸다.

"엄마, 죄송해요! 제가 잘못했어요. 집에 들어오는데 대문이 열려 있어서 도둑이 든 게 아닌가 하고 걱정했지 뭐예요!"

그러자 어머니는 온화한 목소리로 딸에게 일러주었다.

"아가, 네가 집을 떠나던 날부터 우리 집 대문은 항상 열려 있었단다."

잘되는 사람의 생각

가족이 모여 사는 집은 영혼까지 적셔주는 시원한 오아시스이자, 편안한 휴식처가 되어주는 넉넉한 나무 그늘과 같다. 마음속에 따뜻한 가정을 품고 있는 사람은 천 리 길을 떠나도 항상 집 안에 있는 것처럼 따뜻한 마음과 사랑이 넘친다.

세상 그 무엇이 자식을 생각하는 부모의 마음보다 위대할까? 부모의 마음은 세상에서 가장 인자한 법관이요, 마음을 터놓고 지내는 가장 가까운 친구요, 몸과 마음을 따뜻하게 해주는 고마운 태양이다. 이러한 부모의 마음은 모든 사람의 영혼 깊은 곳에 존재하며 그들 삶의 꺼지지 않는 불씨가 되어준다.

사랑은 가장 당연하고도 평범한 일상

"사랑이 무엇인가요?"

갑작스런 학생의 질문에 선생님은 당황하여 어색한 웃음을 지었다.

"하하하! 세상에서 정의 내리기 가장 어려운 것이 바로 사랑 아닐까? 사랑은 부드러운 깃털로 자네를 감싸 보호하기도 하지만, 가끔은 그 부드러운 깃털 사이에 날카로운 칼을 숨겼다가 자네를 해치기도 하지. 그리고 사랑은 달콤한 목소리로 자네를 꿈속으로 빠지게 만들었다가 일순간에 차가운 말로 자네의 달콤한 꿈을 깨뜨려버리기도 하지. 사랑이 가장 자주 하는 말은 '난 네 거야'지 '넌 내 거야'가 아니야. 사랑은 언제나 상대의 전부가 되고 싶어해. 하지만 사랑의 깊이는 이별의 순간이 되어서야 제대로 헤아릴 수 있어. 사랑에 빠졌을 때는 그것의 깊이를 알 수 없지."

그러자 다른 학생이 물었다.

"연인들의 사랑은 어떻게 변하나요?"

"처음 사랑이라는 공간에 함께 들어갈 때 연인들의 얼굴에는 기쁨과 행복이 만연하지. 하지만, 그곳에서 나올 때는 처음에 보였던 행복은 온데간데없고 그들의 몸과 마음에는 깊은 상처들만 가득하지."

그러자 줄곧 엉덩이를 들썩거리던 학생이 재빨리 질문을 던졌다.

"선생님! 그럼, 사랑하는 사람을 어떻게 자기 것으로 만드나요?"

"그 사람에게 자네 마음의 반만 보여줘야 해. 그리고 나머지 반은 마음 깊은 곳에 영원히 감춰두어야 하지."

"반만 보여주라고요? 그랬다가 영원히 제게 관심을 보이지 않으면 어쩌죠?"

"그럼, 포기하는 게 가장 좋지."

선생님의 명쾌한 대답에 학생은 실망스러운 마음을 감추지 못했다.

"결국 사랑하는 사람이 떠난대도 그리하도록 가만히 내버려둬야 한다는 말씀인가요?"

"얻지도 못했는데 무엇을 잃었다는 거지? 얻어야 잃는 것이 있고, 잃어야 얻는 것이 있는 거야."

그러자 사랑에 빠지는 것을 두려워하는 소극적인 학생이 손을 들었다.

"저를 사랑하는 사람이 실은 저를 무시하고 천대할 가능성이 가장 높은 사람이지요?"

"그럴 수도 있고 아닐 수도 있어. 물론 자네 말대로 그 사람이 자네에게 날카로운 칼날을 들이댈 수도 있어. 하지만 세상 모든 사람들의 비난은 겸허히 받아들이면서도 오직 자네 한 명에게서 받는 비난과 상처만은 쉽게 견뎌내지 못하는 사람도 바로 그 사람이라는 사실을 잊어서는 안 되네."

"그럼 제가 사랑하는 그 사람이 저를 버리면 어떻게 하죠? 어떻게 그

괴로움에서 벗어날 수 있을까요? 전 생각만 해도 심장이 멎는 것 같아요."

"자네를 버린 그 사람의 삶이 가엾다고 생각하게."

선생님의 너무도 간단한 대답에 질문을 던진 학생은 당황하는 기색을 감추지 못했다.

"그래도 여전히 괴롭다면요?"

줄곧 가만히 듣고만 있던 학생이 짓궂게 물었다.

"천국과 지옥은 한 끗 차이라네."

"그렇게 생각한다고 해도 쉽게 정리되지 않는 게 사람 마음이잖아요."

"그렇다면 자네 인생이 너무 가엾지 않겠나? 떠나간 사람에게 연연하다 보면 자네 자신은 물론이고 자네의 인생까지도 송두리째 잃어버리게 될 텐데 말이야."

> **잘되는 사람의 생각**
>
> 사랑은 그것을 이해하지 못하는 사람에게는 영원히 건널 수 없는 넓고 깊은 강이자 영원히 해결할 수 없는 어려운 문제다. 그렇지만 그것을 제대로 이해한 사람에게는 가장 당연하고도 평범한 일상이다.

하루에 한 번, 1분 동안 꼭 안아주기

어떤 부부에게 아기가 생기자 부부 중심이었던 결혼 생활은 아기 중심으로 바뀌기 시작했다. 게다가 낮에는 밖에서 각자 일하느라 바쁘고 저녁에 집에 돌아와도 집안일을 하고 아이를 돌보느라 정신이 없었기 때문에 자연히 부부가 마주 보고 대화하는 시간도 점차 줄어들었다.

그러던 어느 날, 부부 생활에 위기를 느낀 아내가 남편에게 말했다.

"나 아주 중요한 부탁이 있는데 당신이 들어줬으면 좋겠어요."

"무슨 부탁?"

남편이 대수롭지 않게 물었다.

"매일 1분 동안만 나를 안아줘요."

그러자 남편이 껄껄대고 웃으며 말했다.

"꼭 해야 돼?"

"내가 중요한 부탁이라고 한 건 내게 정말 절실한 일이기 때문이에요. 지금 당신이 내게 '꼭 해야 돼?'라고 되묻는 거 자체가 이 부탁이 얼마나 중요한가를 증명하고 있다구요."

"사랑은 마음으로 하는 거야. 꼭 그렇게 표현할 필요는 없다구."

남편은 여전히 대수롭지 않게 대답했다.

"만약 연애할 때 당신이 내게 사랑한다고 표현하지 않았으면 우린 절대 결혼할 수 없었을 거예요."

"연애할 때는 연애할 때지. 지금 와서 사랑을 하긴 했었냐는 둥 사랑이 식었냐는 둥 굳이 또 확인을 해야 하냔 말이야!"

남편이 짜증을 내자 아내도 이에 질세라 자기 생각을 밀어붙였다.

"물론 내키지도 않으면서 억지로 말하는 건 거짓이에요. 하지만 상대를 향한 믿음과 사랑을 표현하지 않는 것도 마음을 기만하는 거죠. 자신의 진심을 상대에게 표현하는 건 매우 중요해요."

이런 이야기를 나누다 결국 부부는 싸우기 시작했고, 남편은 조금이라도 빨리 침대에 누워 쉬고 싶은 마음에 아내에게 손을 들었다. 그리고 아내를 1분 동안 안아준 뒤 침대로 향하면서 코웃음을 쳤다.

"당신은 정말 허영덩어리야!"

그러자 아내가 곧바로 남편의 말을 받아쳤다.

"모든 여자들은 허영을 좋아해요!"

이때부터 남편은 매일 1분 동안 짬을 내서 아내를 안아주었다. 어떤 날은 딱 1분이었지만 어떤 날은 10분이기도 했고, 심지어는 한 시간, 또는 몇 시간이 되기도 했다. 그러던 어느 날, 여느 때처럼 1분 동안 아내를 안아준 남편은 즐거운 웃음소리를 내며 말했다.

"오늘의 임무 완성!"

"사랑의 임무는 행복한 임무예요. 언젠가는 이 말이 무슨 뜻인지 당신도 알게 될 거예요."

아내도 웃으며 말했다.

시간이 지날수록 두 사람의 관계는 점점 친밀해졌다. 매일 서로를 안은 채 아무 말도 하지 않았지만 그 침묵의 맛은 달콤하기 그지없었다.

그러던 차에 아내는 지사로 장기 출장을 떠나야 했다. 아내가 기차에 올라타며 남편에게 말했다.

"결국 당신은 이렇게 임무에서 해방되는군요."

그러자 남편이 웃으며 대답했다.

"내 임무가 그리워질까봐 걱정이오."

잘되는 사람의 생각

매일 매일 사랑을 창조하는 일에 익숙해진다면 우리 가슴속 사랑은 결코 메마르지 않을 것이다.

진정한 친구

　진정한 친구를 가진 사람은 억만금을 소유한 억만장자가 부럽지 않다. 재물은 잃었다가도 다시 모을 수 있지만 친구는 한 번 잃으면 결코 되찾을 수 없다. 그리고 재물이야 없으면 없는 대로 살 수 있지만 친구가 없는 삶은 상상조차 할 수 없다.
　남아프리카의 어느 마을 사람들은 친구를 한 번 사귀면 그 친구에게 성심성의껏 자신의 모든 것을 베풀기로 유명하다. 그것은 이 마을 사람들이 다른 지방 사람들보다 인정이 많고 소탈하기 때문이었다.
　특히 이 마을에 사는 폴과 제임스는 둘도 없는 친구 사이였는데 그들의 우정은 그 마을 사람들까지 부러워할 정도였다.
　어느 늦은 밤, 잠을 자고 있던 제임스가 비명을 지르며 벌떡 깨어났다. 그는 온몸에 땀이 흥건한 채로 가쁜숨을 내쉬었다. 제임스는 숨을 고르며 방금 꾼 꿈을 되새겨보았다. 그리고 그 꿈이 다름 아닌 저승사자가 가장 소중한 친구 폴의 집으로 가고 있는 장면이었다는 것을 생각해내고는 곧바로 폴의 집으로 뛰어갔다. 폴의 집에 도착한 제임스는 있는 힘껏 문을 두들기며 온 집안 식구들을 깨웠다.

늦은 밤 갑작스런 제임스의 방문에 당황한 폴이 말했다.

"급한 용건이 아니라면 자네가 이 늦은 밤에 나를 찾아올 리 없겠지. 그래, 무슨 일인가? 혹시 누가 자네를 협박하기라도 했나? 어이쿠, 그럼 큰일이구먼! 자, 어서 이 돈을 가지고 가게. 그리고 그놈과 싸움이 붙더라도 걱정 말게. 내 날카로운 검을 줄 테니 이것도 챙기게."

"아니, 자네의 성의는 고맙네만 내가 온 이유는 그게 아니야. 방금 꿈에서 자네에게 끔찍한 일이 일어나는 걸 보았네. 그래서 혹시 진짜 무슨 봉변이라도 당한 게 아닌가 싶어 달려와 봤어."

"허허허! 자네 같은 진정한 친구가 있으니 나는 죽음도 두렵지 않네그려."

폴은 제임스를 안고 기쁨의 눈물을 흘렸다.

잘되는 사람의 생각

우리에게 가장 절실한 것은 마음에서 우러나오는 타인의 따뜻한 말 한마디가 아닐까. 당신의 소중한 친구가 바라는 것도 바로 이런 관심일 것이다. 진정한 우정을 나누려면 서로에게 진실하게 다가서야 한다. 진심을 다해 그를 걱정하고 자신의 일보다 그의 일을 먼저 생각하는 마음이 없다면 진정한 우정을 나누지 못할 것이다. 진정한 우정은 자신이 끊임없는 관심과 아낌없는 사랑 안에서 살고 있다는 사실을 깨닫게 해준다. 친구라는 말의 또 다른 정의는 서로를 생각하는 진심 어린 마음이라 할 수 있다.

사랑과 우정 사이

항상 사이좋게 지내는 남자와 여자가 있었다.

"솔직히 말해! 너희 둘, 사귀지?"

"뭐? 우리가?"

주위 사람들은 항상 그들에게 같은 질문을 했다. 점점 그렇게 물어오는 사람들이 많아지자, 그들은 새삼 스스로에게 반문해보았다.

'이게 사랑일까?'

그들은 오랜 시간을 함께했기에 그것이 사랑인 줄도 모르고 그저 단순한 우정이라고 생각했을 수도 있다고 생각했다. 결론은 쉽게 내려지지 않았다. 결국 그들은 조언을 듣기 위해 지혜롭기로 소문난 철학자를 찾아갔다.

"선생님, 사랑과 우정의 차이가 무엇입니까?"

철학자는 두 젊은이를 보고 웃으며 대답했다.

"정말 어려운 질문을 하는군요. 사랑과 우정은 같은 배에서 한날한시에 태어났지만 성격이 완전히 다른 쌍둥이와 같습니다. 그래서 어떤 때는 아주 쉽게 분간할 수 있지만 어떤 때는 아예 분간할 수가 없지요."

"무슨 말씀인지 잘 모르겠어요. 예를 들어 설명해주세요."

"사랑과 우정은 사람이 느낄 수 있는 아름답고 따뜻한 감정입니다. 사랑과 우정 모두 사람들에게 삶의 아름다움과 기쁨을 가르쳐주기 때문에 그럴때는 분간하기가 아주 어려워요. 하지만 곤란한 문제에 부딪쳤을 때는 아주 다른 면모를 보이지요."

"예를 들면……."

철학자는 두 젊은이에게 여러 가지 예를 들어주기 시작했다.

"우정은 사랑에게 '넌 나뿐만 아니라 모든 사람에게 소중해'라고 말하지만 사랑은 우정에게 '넌 오직 내 거야. 그러니 나만 특별하게 대해줘'라고 말합니다. 우정이 찾아왔을 때 사람들은 '자, 이리 와서 앉아'라고 친절하게 말하지만 사랑이 찾아왔을 땐 아무 말 없이 그를 꼭 껴안아줍니다. 우정의 뾰족한 가시가 당신에게 상처를 입히면 당신은 마음에 박힌 그 가시를 빼내고 아무 미련 없이 등을 돌려 멀리 떠날 수 있지만, 사랑의 날카로운 칼날이 당신에게 상처를 입히면 당신의 마음은 붉은 피를 철철 흘리면서도 눈빛만은 여전히 사랑을 향해 있을 겁니다. 사랑이 먼 길을 떠날 때는 눈물을 흘리면서 '날 잊으면 안 돼!'라고 말하지만 우정이 먼 길을 떠날 때 당신은 웃으면서 '잘 다녀와!'라고 말합니다. 사랑은 따뜻한 봄바람이 될 수도 세차게 부는 비바람이나 차갑고 딱딱한 얼음이 될 수도 있지만, 우정은 당신에게 영원한 봄바람이 되어줄 겁니다. 절망적인 순간에 당신은 사랑에게 '네가 죽으면 나도 따라 죽을 거야!'라고 말하지만, 우정과 함께 삶의 막다른 골목에 섰을 때는 '우리 각자 열심히 살길을 찾아보자!'라고 말합니다. 사랑이 당신을 버리면 당신은 3일 동안 원망하고, 3일 동안 울고, 또 3일 동안 웃겠지만 우정이 당신을 떠나면 하루는 탄식하고, 하루는 마음을 가다듬기 위해 따뜻한 차를 마시며, 바로 그 다음 날에는 새로운 우정을 찾을 겁니다. 사랑이 죽었을 때 당신은 그의 주검 옆에 쭈그리고 앉아 '난 이미 너와 함께 죽었어'라고 울부짖지만, 우정이 죽었을 때 당신은 담담하게 꽃을 바치며 그의 이름을 당신의 마음속에 새긴 뒤 조용히 당신의 삶으로 돌아갈 것입니다."

두 젊은이는 철학자의 말을 듣더니 서로를 바라보며 웃었다. 그리고 서로에게 질문을 던졌다.

"내가 먼 길을 떠나면 넌 웃을 거니, 울 거니?"

> **잘되는 사람의 생각**
>
> 젊은 남녀는 거짓을 버리고 진실한 마음으로 서로의 관계를 지속해야 한다. 그래야만 사랑과 우정을 비롯한 그 어떤 감정도 성숙하게 교류할 수 있다.

완벽한 사랑을 꿈꾸는 노인

세상에 완벽한 인생은 없다. 대부분의 사람들은 자신의 인생이 불완전하다고 생각한다. 한 치의 오차도 없이 매사 완벽을 추구하는 것은 자기 손으로 골칫거리를 만드는 셈이 된다. 그리고 그것은 스스로를 혹사시키는 아주 어리석은 짓이다.

어느 마을에 낯선 노인이 나타났다. 한눈에 봐도 멀리서 온 여행객이라는 사실을 알 수 있었다. 얼굴에 피곤함이 가득한 노인은 양어깨에 낡고 헌 봇짐을 메고 구멍이 숭숭 뚫린 신발을 신고 있었다.

노인의 겉모습은 초라하기 그지없었지만 그의 두 눈은 젊은이 못지않게 반짝이고 있었다. 노인은 길을 걸을 때나 바닥에 누워 있을 때에도 항상 지나가는 사람들을 유심히 관찰했다.

그런데 재미있는 것은 노인이 사람들에게 보이는 관심보다 사람들이 노인에게 보이는 관심이 더 크다는 사실이었다. 사람들은 어울리지 않는 겉모습과 두 눈을 가진 노인에게 큰 관심을 보였다. 간혹 노인을 본 사람들은 말했다.

"범상치 않은 여행객이야. 분명 어떤 목적이 있어서 이 마을에 들어온 게 틀림없어. 뭘 찾으러 온 것일까?"

어느 날, 평소 궁금한 것이 있으면 참지 못하는 젊은이가 결국 노인에게 물었다.

"할아버지, 대체 뭘 찾으십니까?"

그러자 노인이 대답했다.

"난 완벽한 아내를 찾고 있다네. 자네만큼 젊었을 때부터 난 아내로 삼을 만한 완벽한 미인을 찾으려고 참 많은 애를 썼지. 우리 고향부터 시작해서 그 다음에는 다른 마을, 또 다른 마을……. 하지만 아무리 많은 곳을 다녀 봐도 완벽한 미인을 찾기란 보통 어려운 일이 아니더군. 그래서 아직까지도 완벽한 미인을 찾고 있는 것이라네."

"얼마나 오랫동안 돌아다니신 건데요?"

"음……, 한 60여 년 됐지, 아마."

노인의 대답에 놀란 젊은이는 입을 다물지 못했다.

"그럼, 60여 년 동안 완벽한 미인을 단 한 명도 찾지 못하셨단 말씀이세요? 혹시 완벽한 미인이란 아예 처음부터 세상에는 존재하지 않는 게 아닐까요? 그렇다면 죽을 때까지 못 찾으실 텐데……."

"아니야, 있어! 분명 세상에는 완벽한 미인이 존재한다네. 한 30년 전쯤 그런 여인을 만난 적이 있었지."

노인이 단호하게 말했다.

"정말이요?"

"암, 그 옛날 이른 아침, 난 세상에서 가장 아름다운 여인과 마주쳤지. 그녀에게서는 범상치 않은 광채가 났어. 마치 하늘에서 내려온 천사처럼 온화한 말씨와 상냥한 인품을 가졌지. 착하고 순수하고……."

　노인은 30년 전에 만났던 여인을 회상하며 천천히 말을 이어나갔다. 그러자 다급해진 젊은이가 노인을 재촉했다.

　"그래서요? 왜 그 여인을 아내로 삼지 않으셨는데요?"

　순간 노인의 눈에서는 눈물이 흘러내렸다.

　"물론 그녀를 만난 즉시 난 그녀에게 청혼했지. 하지만 그녀는 내 청혼을 받아주지 않았어."

　"왜요?"

　"왜냐하면 그녀도 나처럼 세상에서 가장 완벽한 반쪽을 찾고 있었거든."

> **잘되는 사람의 생각**
>
> 모든 사람들은 완벽한 사랑을 꿈꾼다. 누구나 자신의 반쪽이 동화책에 나오는 공주이거나 백마 탄 왕자이길 원한다. 그러나 티끌 하나 없는 완벽한 사람은 세상에 존재하지 않는다. 사랑이 아름다운 이유는 그 사랑이 본래부터 완벽하기 때문이 아니라 예쁜 사랑을 만들기 위해 서로가 노력하는 과정이 아름답기 때문이다. 사랑하는 사람에게 사랑받는 것은 감동이고, 사랑하는 사람을 발견하는 것은 행운이며, 서로 진심으로 사랑하는 사람을 만나는 것은 세상에 더없는 행복이다.

사랑은 너그럽다

사랑은 보답을 기대하고 결실을 중시하는 특별한 감정이다.
 건강한 사랑을 할 줄 모르는 사람은 사랑을 소유하기 전에는 갖기 위해 전전긍긍하다가 막상 사랑을 소유하고 나면 잃을까봐 노심초사하고, 그러다 사랑을 잃으면 살아야 할 이유를 완전히 잃은 듯 깊은 절망에 빠진다.
 그러나 사실 인생은 수많은 만남과 헤어짐의 연속이다. 그리고 세상이 변할 때마다 사랑의 모습도 변한다. 인생은 깐깐하지 않게 두루뭉술하게 사는 것이 좋다. 설사 기대에 미치지 않는 결과를 얻더라도 겸허하게 받아들이고, 오히려 감사할 줄 알면 무거운 패배감도 덜고 마음의 건강도 지킬 수 있다.
 철학자 소크라테스는 실연당한 한 젊은이와 이런 대화를 나누었다.
 소크라테스가 물었다.
 "왜 그리 상심해 있는가?"

"사랑을 잃었습니다."

"음, 아주 정상적인 일이로군. 실연한 후 마음이 아프지 않다면 연애의 달콤한 맛도 느낄 수 없지. 그런데 젊은이, 어쩌다 연애의 달콤한 맛보다 실연의 쓴맛을 먼저 알게 되었는가?"

"다 잡은 고기를 놓쳤어요. 정말 아쉽게도 손에 쥐었던 것을 놓치고 말았어요. 선생님 같은 분은 이런 바보 같은 실수를 이해하시지 못하겠죠?"

"잃은 고기는 잃었으니 그렇다 치고, 왜 그물을 또다시 던지지 않았는가? 크고 신선한 고기는 얼마든지 있는데."

그러자 젊은이는 잠시 생각에 잠겼다. 그러고는 말했다.

"아뇨, 다른 고기는……, 다른 사람은 필요 없어요. 그냥 먼발치에서 그녀를 지켜주는 건 어떨까요? 제가 가까이 갈 수 없으니 멀리서라도 같이 있는 거예요. 혹시라도 나쁜 놈이 얼씬하지 못하게요."

"하지만 그렇게 하면 자네는 영영 그녀에게서 멀리 떨어져 있을 수밖에 없지 않은가? 그건 그녀와 더욱 가까워지고 싶은 자네의 마음을 거스르는 일이라네."

"그럼, 제가 어떻게 해야 한다는 말씀이신가요? 전 정말 그녀를 사랑해요."

젊은이는 애절한 눈빛으로 소크라테스를 바라보았다.

"정말 사랑한다고? 그럼 당연히 사랑하는 그녀의 행복을 빌어줘야 할 게 아닌가?"

"그거야 당연하죠!"

"만약에 그녀가 자네를 떠나는 것이 자신의 행복이라고 한다면?"

"그럴 리 없어요! 예전에 그녀가 저한테 그랬어요. 저하고 같이 있는 시간이 가장 행복하다구요!"

젊은이는 몹시 흥분하며 소리쳤지만 소크라테스는 차분함을 잃지 않고 말했다.

"그건 이미 지나간 일 아닌가? 과거란 말일세. 지금 그녀는 그렇게 생각하지 않는 것 같은데……"

"그럼 지금까지 그녀가 저를 속였다는 말씀이세요?"

"아니, 그녀는 항상 자네에게 충실했네. 그녀가 자네를 사랑했을 때는 자네와 함께 있었지만 자네를 사랑하지 않는 지금은 자네 곁을 떠났어. 이것만큼 상대에게 충실한 행동이 또 어디 있겠나? 자네를 사랑하지도 않으면서 자네를 사랑하는 척하고 심지어는 결혼도 하고 자식까지 낳는다면 그것이야말로 자네를 기만하는 일 아닌가!"

"저는 그녀를 위해 제 모든 걸 다 쏟아 부었어요. 그건 모두 낭비인가요? 그럼 그건 누가 보상해주죠?"

"자네의 사랑은 낭비가 아니네. 자네가 그녀에게 사랑을 쏟아 부었을 때 그녀도 자네에게 사랑을 쏟아 부었기 때문이지. 그리고 자네가 그녀를 행복하게 해주었을 때 그녀도 자네에게 기쁨과 보람을 느끼게 해주지 않았는가?"

"하지만 이건 너무 불공평해요!"

"확실히 불공평하지. 자네가 사랑했던 그녀에게 이건 너무 불공평해. 그녀를 사랑하는 것은 자네의 권리이지만 자네를 사랑하고 사랑하지 않는 것 또한 그녀의 권리라네. 하지만 자네는 자신의 권리만 행사하고 다른 사람의 권리는 인정하지 않는군. 이건 분명 권리를 행사할 수 있는 자유를 갈취하는 거야. 정말 불공평한 일이지."

"하지만 분명한 건 지금 괴로운 사람은 저라는 사실이에요! 그녀가 아니라 저라구요. 저는 지금 그녀 때문에 너무 힘들단 말이에요!"

"그녀 때문에 힘들다고? 자네 자신 때문에 힘들다고 말해야 옳지."

"선생님은 이 모든 게 마치 제 탓인 것처럼 말씀하시는군요!"

"그렇다네. 처음부터 자네는 잘못을 저질렀지. 만약 자네가 그녀를 행복하게 해줬다면 그녀는 자네를 떠나지 않았을 걸세. 세상에 어느 누가 행복을 거절하고 그것에서 도망치려고 하겠나?"

"……"

소크라테스의 말에 젊은이는 고개를 숙인 채 아무 말도 하지 못했다.

"너무 상심하지 말게. 시간이 자네의 상처를 치유해줄 걸세."

"그럼, 이제 전 어떡하죠? 어디서부터 다시 시작해야 하나요?"

"우선 자네를 버린 그녀에게 감사하고 그녀의 행복을 빌어주게."

"왜 감사까지 해야 하죠? 전 성인군자가 아니에요. 절 버린 사람한테 고마워할 만한 여력은 없다구요."

"그건 그녀가 자네에게 또 다른 행복을 찾을 수 있는 새로운 기회를 줬기 때문이지."

젊은이는 그제야 모든 것을 이해했다는 듯 고개를 끄덕였다.

잘되는 사람의 생각

실연의 늪에 빠졌다면 상심하지도, 눈물을 흘리지도 마라. 모든 것은 이미 지나간 과거다. 앞으로는 새로운 날이 당신을 기다리고 있다. 그러니 당신을 버린 그 사람에게 감사하라. 모든 아픔을 벗어던지면 사랑이 얼마나 너그럽고, 인생은 또 얼마나 아름다운지 발견할 수 있을 것이다.

오랜 친구일수록 더 소중히 아끼고 사랑하라

날이 저물자 양치기는 양 떼를 몰고 집으로 돌아왔다. 양치기는 양들을 우리로 몰다가 양 떼들 틈에 산양 몇 마리가 끼어 있는 것을 발견했는데도, 그들이 함께 있도록 내버려두었다.

다음 날 폭설이 내리는 바람에 양치기는 양 떼에게 풀을 먹이러 나갈 수 없었다. 그래서 어쩔 수 없이 하루 종일 양 떼를 우리 안에 가두어놓고 미리 뜯어다놓았던 풀을 먹였다. 그런데 양치기는 자기 소유의 양 떼에게는 그저 배불리 먹을 수 있을 정도의 풀만 주었고, 산양들에게는 영양분이 풍부한 특별 먹이를 듬뿍 주었다. 사실 양치기는 산양들에게 잘해주어 그들이 계속 우리에 남아 있도록 하려는 속셈이었다.

그러나 산양들은 눈이 녹자마자 원래 자기들이 살던 산으로 급히 도망갔다. 양치기는 도망가는 산양들을 보며 화를 냈다.

"이런 배은망덕한 것들 같으니라구! 내가 얼마나 잘해줬는데, 그 은혜도 모르고 눈이 녹자마자 냉큼 도망을 가? 내 우리 양들한테보다 열 배,

아니 백 배는 더 잘해줬단 말이야!"

이때, 산으로 도망가던 산양 한 마리가 고개를 돌려 양치기를 바라보며 말했다.

"당신이 아무리 잘해줘도 소용없어! 우리한테는 산속이 더 안전하거든. 오랜 시간 돌봐오던 양 떼들보다 갑자기 나타난 우리한테 더 잘해주는 걸 보면 나중에 새로운 양들이 왔을 때 우리 역시 찬밥 신세가 되리라는 건 안 봐도 뻔한 일 아니겠어!"

> 잘되는 사람의 생각
> 그 사람의 진짜 성품을 알고 싶다면 오랜 친구를 대하는 그의 태도를 보라.

사랑은 한 움큼의 모래

이제 곧 시집을 가게 될 세라가 어머니에게 물었다.

"엄마, 결혼한 다음엔 어떻게 해야 잘한다는 소리를 들을 수 있을까요?"

딸의 질문에 어머니는 입가에 미소를 지었다. 그리고 땅바닥에 있는 모래를 한 움큼 쥐었다. 어머니의 손에 쥐어진 모래는 조금도 흘러내리지 않았다. 그런데 어머니가 손에 힘을 주자 모래는 순식간에 손가락 사이로 조금씩 새어나가고 말았다. 그리고 어머니가 다시 손을 펴 세라에게 보여주었을 때는 손바닥에 모래가 거의 남아 있지 않았다. 한 주먹 가득했던 모래가 모두 새어나가 없어진 것이다. 이 모든 과정을 유심히 지켜본 세라는 결혼 후 자기가 어떻게 해야 사랑받는 새 가족이 될 수 있을지를 깨달았다.

> **잘되는 사람의 생각**
>
> 사랑받기 위해 지나친 욕심을 부리면 안 된다. 하지만 그렇다고 자신의 감정을 너무 억제하면 사랑을 받기는 커녕 오히려 그 사랑마저도 잃게 된다. 기억하라. 제아무리 충만한 사랑도 아량과 배려가 부족하면 순식간에 추악한 욕심으로 전락하고 만다는 사실을……

사랑이 그리운 아이

아주 깊은 밤이었다. 회사 일을 마치고 집에 돌아온 크루즈는 온갖 스트레스에 지칠 대로 지쳐 있었다. 초저녁부터 그를 기다리고 있던 열 살짜리 아들 마크는 그가 집에 들어와 신발을 벗기도 전에 다급하게 질문을 해댔다.

"아빠, 뭐 하나 물어봐도 돼요?"

"그럼, 물론이지. 뭐가 궁금한데?"

"아빠는 한 시간에 얼마를 벌어요?"

"어허! 그건 네가 신경 쓸 일이 아니야! 도대체 그런 건 알아서 뭐 하게?"

크루즈는 벌컥 화를 내며 마크를 다그쳤다.

"그…… 그냥 알고 싶어서요. 가르쳐주시면 안 돼요?"

마크는 신발을 벗고 있는 크루즈의 소매를 잡아당기며 졸라댔다.

"그렇게 알고 싶으냐?"

"네!"

"정 그렇게 알고 싶다면……, 그래, 한 시간에 20달러라고 하자."

그러자 마크는 조심스럽게 입을 열었다.

"그럼요, 아빠, 저한테 8달러만 빌려줄 수 없으세요?"

마크의 말에 크루즈는 더 크게 화를 냈다.

"마크, 너 쓸데없는 장난감이나 사려고 아빠한테 그런 질문을 한 거니? 그렇다면 당장 네 방으로 들어가거라! 그리고 네가 뭘 잘못했는지 잘 생각해봐! 아빠는 너하고 놀아줄 시간도 없이 매일 이른 아침부터 늦은 밤까지 힘들게 일하는데 너는 고작 그깟 장난감 때문에 아빠를 귀찮게 하고……. 됐다, 어서 들어가거라!"

마크는 아무 말 없이 자기 방으로 들어가 문을 닫았다.

크루즈는 옷을 갈아입고 거실 소파에 앉았다. 철없는 마크의 행동을 생각하니 좀처럼 화가 풀리지 않았다. 그 후 한 시간 정도가 지나 그제야 안정을 되찾은 크루즈는 마크에게 너무 심했다는 생각이 들었다.

'그래, 어쩌면 쓸데없는 장난감이 아니라 정말 갖고 싶은 물건이 있었는지도 몰라. 평소에는 나하고 말할 기회가 별로 없으니까 돈을 달라고도 못했겠지.'

크루즈는 마크의 방으로 가 침대에 누워 있는 마크에게 조용히 물었다.

"자니?"

그러자 이불 속에 얼굴을 묻고 있던 마크가 대답했다.

"아뇨, 아직이요."

"마크, 아까는 아빠가 너무 심했어. 우리 오늘 나빴던 일은 모두 잊자꾸나, 아빠가 미안하다. 자, 여기 8달러 받으렴."

크루즈가 돈을 내밀자 마크는 몹시 기뻐하며 8달러를 받았다.

"아빠, 고맙습니다!"

"그런데 마크, 너 아직 용돈이 남아 있지 않니? 12달러 정도는 남은 것 같은데, 왜 돈이 필요한 거니?"

크루즈가 차근차근 묻자 마크도 순순히 입을 열었다.

"그걸로는 부족하거든요. 하지만 이젠 괜찮아요. 아빠가 8달러를 주셔서 그걸 살 수 있어요."

어리둥절한 표정을 짓는 크루즈에게 마크가 웃으며 말했다.

"아빠, 제가 20달러 드릴 테니까 내일 저한테 아빠의 한 시간만 팔 수 있으세요? 내일 조금만 일찍 들어오셔서 저하고 같이 저녁 먹어요. 아빠랑 같이 저녁 먹고 싶어요."

잘되는 사람의 생각

가족에 대한 바람과 그에 부응하고자 하는 노력이 없다면 화목한 가정을 이룰 수 없다. 일분일초도 할애할 수 없을 만큼 바쁘다 해도 사랑하는 가족에게 끊임없이 관심을 기울여라. 그리하면 언제나 당신의 가정에 웃음이 끊이지 않을 것이다.

진정한 사랑에는 수많은 눈물이 담겨 있다

금혼식을 맞이한 어느 부부가 서로 술잔을 기울이며 벅차오르는 감정을 금치 못하고 있었다. 남편은 사랑스러운 눈빛으로 아내를 물끄러미 바라보면서 식탁에 놓인 생선 요리의 머리 부위를 집으며 말했다.

"여보, 당신에게 고백할 비밀이 하나 있소. 우리가 결혼한 뒤 생선 요리에 나오는 생선 머리는 항상 내 몫이었단 사실을 기억하오? 사실 내가 생선 머리를 좋아한다고 말했던 건 당신에게 맛있는 몸통을 먹이기 위한 거짓말이었소. 내가 정말 좋아하는 부위는 머리가 아니라 몸통이라오."

감동한 아내가 눈물을 흘리며 남편의 손을 꼭 잡고 말했다.

"여보, 저도 당신에게 고백할 비밀이 있어요. 당신이 생선 머리를 먹겠다고 했을 때 제가 먹기 싫었던 차에 잘됐다고 했던 말 기억하지요? 사실 그건 거짓말이었어요. 전 어릴 때부터 생선 머리를 가장 좋아했거든요."

아내의 말을 들은 남편 역시 깜짝 놀랐다.

"아니, 여보! 왜 진작 말하지 않았소?"

50년 동안 서로만 바라보며 서로를 위해 살았던 노부부는 오랜 시간 감춰두었던 비밀을 고백한 뒤 한참 동안 서로를 꼭 안아주었다.

잘되는 사람의 생각

사랑의 감정은 매우 심오하다. 그래서 오랜 시간이 흘러야만 사랑의 진정한 가치를 깨달을 수 있다. 또한 진정한 사랑은 그것을 간직한 마음속에 영원히 머물러 있다.